평신도 지도자를 위한
리더십 첫걸음

국제제자훈련원은 건강한 교회를 꿈꾸는 목회의 동반자로서 제자 삼는 사역을 중심으로
성경적 목회 모델을 제시함으로 세계 교회를 섬기는 전문 사역 기관입니다.

Leadership Essentials
평신도 지도자를 위한
리더십 첫걸음

초판 1쇄 발행 2010년 4월 5일
초판 3쇄 발행 2017년 9월 13일

지은이 그레그 옥던 · 대니얼 마이어
옮긴이 김창동

펴낸이 박주성
펴낸곳 국제제자훈련원
등록번호 제2013-000170호(2013년 9월 25일)
주소 서울시 서초구 효령로 68길 98(서초동)
전화 02)3489-4300 **팩스** 02)3489-4329
이메일 dmipress@sarang.org

Originally published by InterVarsity Press as *Leadership Essentials: Shaping Vision, Multiplying Influence, Defining Character* by Greg Ogden and Daniel Meyer
Copyright © 2007 by Greg Ogden and Dan Meyer
Translated and printed by permission of InterVarsity Press, P.O. Box 1400, Downers Grove, IL 60515, USA
All rights reserved.

Korean Edition Copyright © 2010 by DMI Press, Seoul, Republic of Korea
Translated and used by permission of InterVarsity Press through arrangement of rMaeng2, Seoul, Republic of Korea.

이 한국어판의 저작권은 알맹2 에이전시를 통하여 InterVarsity Press와 독점 계약한 (사)사랑플러스에 있습니다.
신저작권법에 의하여 한국 내에서 보호받는 저작물이므로 무단전재와 무단복제를 금합니다.

ISBN 978-89-5731-442-5 03230

※ 책값은 뒤표지에 있습니다. 잘못된 책은 구입하신 곳에서 교환해드립니다.

평신도 지도자를 위한
리더십 첫걸음

그레그 옥던 · 대니얼 마이어

국제제자훈련원

차례

서문 • 6

1부 리더의 성품

1과 거룩 그리스도를 닮은 성품 개발하기 • 21
2과 습관 리더십을 키우는 영적 훈련 개발하기 • 43
3과 겸손 자신의 영혼을 살피기 • 65

2부 리더의 자세

4과 무릎 꿇기 예수님처럼 섬기는 사랑으로 끌어안기 • 91
5과 팀 세우기 공동의 사명을 성취하도록 팀 만들기 • 113
6과 청지기로 섬기기 은사, 열정, 개성 관리하기 • 137

3부 리더의 비전

7과 그리스도께 사로잡힘 그리스도를 뜨겁게 사랑하기 • 165

8과 하나님 나라 끌어안기 사명 안에서 만나는 사람 포용하기 • 187

9과 다른 사람이 보도록 돕기 사람들을 무기력과 타성에서 끌어내기 • 209

4부 리더의 단련

10과 유혹 길들이기 돈, 섹스, 권력의 유혹 물리치기 • 235

11과 비난 이겨내기 겸손과 인내로 비난 다루기 • 259

12과 낙심 극복하기 낙심, 좌절, 분노, 스트레스 대처하기 • 283

부록 주 • 308

심비에 새기는 말씀 • 313

과제물 점검표 • 314

서문

영향력을 배가하는 기술

리더십을 갈망하는 문화

지역 신문과 전국적인 뉴스 매체는 리더십의 필요성을 끊임없이 설파하고 있다. 정치에 뛰어든 후보자와 공직자의 의회 승인 청문회에서 항상 중심을 차지하는 주제는 리더십이다. 현직에 앉은 모든 공직자를 평가하는 잣대도 리더십이다. 사람들은 알고 싶어한다. '이 사람의 사상은 건전한가? 그는 신뢰할 만한 성품을 소유하고 있는가? 그는 일을 해내기 위해 필요한 자원들을 합당하게 사용하는가?'

이런 질문들은 정부를 향해서만 제기되는 것이 아니다. 오늘날 사방 어디를 둘러보아도, 우리의 문화는 리더십을 갈망하고 있다.

가정에도 리더가 필요하다. 우리 사회는 자녀들의 성품과 재능을 키워주고, 건강한 삶의 모범을 세워주며, 자신과 가정의 테두리를 뛰어넘어 사회에 공헌할 수 있도록 이끌어주는 부모가 필요하다는 사실을 점점 더 확실히 인식하고 있다. 만일 부모들이 더 원숙한 리더십을 갖추었다면 흔히 거론되는 가족의 아픔과 가정의 붕괴들이 얼마나 더 많이 치유되었을지 상상해보라.

기업과 시민 단체에도 리더가 필요하다. 최근에 일어난 기업 스캔들이나 조직의 실패를 큰 소리로 떠들어대고 있는 신문의 헤드라인은 우리에게 공적 분야에서 새로운 세대의 리더, 즉 가치 있는 우선순위를 분별하고, 지혜로운 원리를 활용하고, 핵심 조직이 그 사명을 완수하도록 인도할 수 있는 기술과 내적인 활력을 가진 사람이 필요하다는 것을 상기시켜준다. 그런 기관들이 최고의 리더들로 채워질 때 얼마나 창조적인 능력이 발휘될지 상상해보라.

교회와 사역에도 리더가 필요하다. 교회와 기독교 사역 기관, 교육 기관은 가정과 공공부문 모두에 필요한 리더를 길러내는 데 도움을 주었다. 그러나 오늘날 거의 모든 사역은 성숙한 제자와 역동적인 리더를 길러낼 자질을 갖춘 사람들이 절실하게 필요하다. 만일 교회와 기독교 사역이 자격을 갖춘 리더들을 재생산하는 일에 공헌할 수 있다면 어떤 일이 일어나겠는가?

개인에게 리더십 결핍이 일어나는 다섯 가지 이유

그렇다면 우리는 어째서 리더십 결핍상태에 처해 있는 것일까? 수많은 사람들과 대화해본 결과, 사람들이 리더의 역할을 맡기 꺼리는 이유는 다음과 같다.

- **준비 부족** : "난 아직 준비가 안 됐어." 사람들은 자신이 리더의 자질들을 갖추지 못했다고 생각하며, 어떤 경우에 그런 생각은 절대적으로 옳다. 그를 준비시켜줄 사람이 아직 나타나지 않은 것이다.
- **설명 부족** : "내가 어떤 일을 해야 하는지 명확한 직무 설명이 주어지지 않았어." 사람들은 자신이 리더로서 실제로 어떤 일을 해야 하는지 정확하게 알지 못한다.
- **자아상 문제** : "나는 리더감이 아니야." 사람들은 리더라는 직분에 대해 지나치게 크게 생각하거나 자신에 대해 지나치게 낮게 생각하여, 자신을 리더로 여기지 않거나 자신이 제공해야 하는 것을 보지 못한다.
- **코칭 문제** : "만일 내게 좋은 멘토가 있었다면…." 대부분의 사람들에게는 리더가 어떤 자리인지를 바로 곁에서 보고 배울 기회가 없고, 또 어떤 단계를 거쳐 리더의 세계로 나아가는지 자세히 보여주는 스승에게 차근차근 배울 기회가 없다.
- **열정 문제** : "나는 절박한 필요성을 느끼지 못해." 어떤 사람들은

자신이 나서야 할 긴급한 필요성을 느낄 때 얼마든지 리더가 되기 위해 한걸음 나설 것이다.

사역 기관에서 리더십 결핍이 나타나는 네 가지 이유

이 시대가 필요로 하는 더 많은 리더가 나타나지 않는 이유 중 일부는 그리스도인들이 교회 안팎에서 사역을 '하는' 방식과 관련되어 있다.

- **제자 만들기의 공백 : "내가 먼저 제자가 되어야 한다."** 리더가 되고픈 열망은 제자가 되어가는 실천 과정에서 자연스럽게 흘러나온다. 우리가 예수님을 사랑하고 그분의 가르침을 따르는 이들을 만들어가는 환경과 과정에 더 많은 관심을 쏟기 전에는 리더가 되기란 어려운 일이다. 그리스도의 제자가 되는 것이 그리스도를 위한 리더가 되는 것보다 우선한다.

  본서의 교육 과정은, 성장하는 제자에게는 내용과 환경 모두 필수조건이라는 전제에 바탕을 두고 있다. 리더는 제자가 된 사람들 중에서만 만들어질 수 있다. 제자의 무리를 재생산하고 배가시키는 조직은 전도유망한 리더들이 배출될 '2군 합숙소' 역할을 한다.

- **초점이 흐려짐 : "그 어떤 목회자도 나의 리더십을 개발시켜준 적이 없다."** 교회의 일꾼들, 특히 목회자들은 스스로의 힘으로 사역을 '행할' 수 있도록 몇 년에 걸쳐 훈련을 받고, 그 일에 초점을 맞추고, 또한 그에 대한 보상을 받아왔다. 그들은 "만일 내가 몇몇 사람들을 훈련시키는 일에 나 자신을 쏟아 붓는다면, 다른 많은 사람들이 내게서 기대하는 일들을 할 시간을 어떻게 낼 수 있을까?"라고 생각하면서, 제자와 리더를 '개발하라'는 성경의 부르심에서 벗어나고 있었다. 심지어 리더를 양성해야 할 필요성을 인식하고 있는 분야에서조차 종종 그 선한 의도를 실천하는 데 필요한 지식이나 도구, 혹은 훈련이 부족하다고 고백한다.

- **전문화의 함정 : "사역자들이 리더십을 제공한다."** 많은 사역들이 리더 양성을 어렵게 생각하는 것은 기독교 사역의 전문화 때문이다. 전

문가와 자격증에 집착하는 우리 사회의 풍조는 교회 안까지 밀려들어와서 직업적인 일꾼과 평신도 일꾼 사이에 경쟁의 골을 만들어내고 말았다. 그 분열은 특히 대형 사역에서 극명하게 나타난다. 그래서 평신도 리더들은 '프로들'에게 자신의 리더 직분을 넘겨주어야 한다는 생각을 종종 하게 된다.

- **근본적인 수수께끼** : "나는 리더가 된다는 것이 무엇을 의미하는지 잘 모르겠어." 리더십의 본질이 무엇인지에 대해서는 심각한 혼란이 존재한다. 리더십이란, 세상에서 권위 있는 어떤 학자가 주장한 것처럼, 내가 원하는 것을 얻는 기술인가? 혹은 단순히 모임을 주관하거나 전략적인 계획을 도출하는 훈련인가? 리더십이란 기본적으로 조직의 생명과 연관된 ABC 곧 참여(Attendance), 세우기(Building), 헌신(Contribution)을 키워가는 일인가? 리더십의 본질을 규정하는 일은 여전히 수수께끼로 남아 있다.

당신에게 부족한 리더십을 평가하라

잠시 시간을 내어 당신이 처한 상황에서 리더십이 부족한 이유가 무엇인지를 살펴보라. 필요를 느끼면 문제를 해결하려는 동기가 유발된다.

1. 당신은 앞에서 살펴본 리더십이 부족한 **개인적인** 이유와 **사역적인** 이유들 가운데 어느 모습에 가장 가까운가?

2. 리더십 결핍이 나타나는 이유 가운데 당신의 사역이나 기관에 가장 부합되는 것은 어떤 것인가?

크리스천 리더십이란 무엇인가?

가장 기본적인 의미에서, 리더십이란 영향력이다. 따라서 크리스천 리더십이란 그리스도를 닮은 영향력을 발휘하는 것이다.

최근 몇 년 동안 기독교 공동체는 권위주의적이며 위계질서를 중시하는 과잉 리더십을 바로잡는 일을 지혜롭게 진행해왔다. 그래서 '섬기는 리더십'(servant leadership)이 유행처럼 번졌다[1]. 그것은 물론 도움이 되지만, 의도하지 않은 약간의 부작용을 만들기도 한다. 중요한 일을 책임지는 자리에 있는 어떤 이들은 섬기는 부분에는 준비를 잘 갖추지만, 리더로서 필요한 다른 차원의 준비는 갖추지 못하기도 한다. 그리고 '섬기는 리더'라는 용어 때문에 리더로서 타고난 은사를 가진 사람이 혹시 섬기는 마음이 부족한 것처럼 보일까봐 자신의 주장을 내세우지 못하기도 한다.

본서가 다루는 리더십은 힘으로 밀어붙이거나, 반대로 수동적이 되는 함정을 피하려고 노력한다. 리더는 공통적인 사명이나 비전을 중심으로 개인과 팀을 모아 그들의 재능을 결합시켜, 개인이 혼자서 이룰 수 있는 것보다 더 큰 무엇을 성취할 수 있게 도모한다.

우리가 생각하는 리더십은 우리 사회의 주요 분야 모두에 그리스도인의 영향력을 끼치는 것이다. 그러므로 리더십의 영역은 우리가 기독교 사역이라고 생각하는 분야로만 한정되어서는 안 될 것이다.

리더십 성장 과정

비록 리더십이 근본적으로 '영향력'이고 기존의 역할에 국한되지 않도록 하는 것도 중요하지만, 좀더 나아가 기독교 조직이나 기관 안에서의 리더십을 성장의 단계로 보는 진보적인 관점이 필요하기도 하다.

1. **먼저 제자를 삼는 일부터 시작한다.** 이것은 매우 명확한 단계처럼 보이기도 하지만 제자, 곧 그리스도를 따르는 사람을 만드는 것이 그리스도를 닮은 리더십의 기초가 된다. 이것은 예수님이 제자들에게 "가서 모든 민족을 제자로 삼아"(마 28:19)라고 명령하신 사명, 곧 교회에 맡기신 사명이다. 그리고 만일 우리가 리더십의 선결조건인 그리스도를 닮아가는 것과 다른 사람을 믿음의 훈련으로 이끄는 일에 실패하면 문제가 생긴다. 이 단계를 건너뛰면, 크리스천

리더십은 사라진다.

2. **제자는 다른 사람들이 따라야 할 모범이 된다.** 예수님은 제자들의 발을 씻기심으로 모범을 보여주셨다. 그분은 친히 본을 보이시면서 제자들도 그와 같은 일을 하도록 명하셨다(요 13:1~17). 사도 바울은 이렇게 말했다. "내가 그리스도를 본받는 자가 된 것 같이 너희는 나를 본받는 자가 되라"(고전 11:1). 그리스도를 따르는 이들이 가진 생명력은 비록 그것을 재생산해내려는 분명한 전략이나 목표가 없더라도 큰 영향력을 끼치게 된다.

3. **이끄는 제자를 만든다.** 재생산이란, 예수님의 제자라는 정체성에 대한 기본적인 이해 위에 세워지는 것이다. 제자는 다른 사람들을 통하여 자신의 영향력을 어떻게 재생산하고 배가시키는지를 배워야 한다.2)

4. **재능 있는 리더는 강력한 팀을 만든다.** 서너 명으로 이루어진 소그룹을 인도하든, 10여 명으로 구성된 구역 성경 공부를 인도하든, 혹은 만 명을 대상으로 하는 조직의 전략팀 지도자이든, 리더라는 역할은 자신의 영적 은사를 활용하여 그 모임에 속한 모든 구성원이 동의하는 사명을 수행하도록 모임의 방향을 정하는 것이다. 그러한 결과에 이르기까지는 다양한 길과 방식이 존재한다. 어떤 팀장은 팀원들이 자신의 비전을 분명하게 인식하고 자원을 결집하여 사명을 완수하도록 도와주는 행정가의 모습을 보인다. 또 어떤 리더는 스스로 사명의 중심이 되어, 반복적으로 그 모임의 존재 이유를 강조하여 열정을 전달하고 비전을 생생하게 유지한다.

5. **몇몇 사람은 특별한 영향력을 끼치도록 하나님께 기름부음을 받는다.** 세상에는 하나님께서 따로 구별하신, 특별한 능력을 가진 리더도 있다. 성경을 보면 하나님은 자기 백성을 새로운 곳으로 인도하시기 위해 유능한 리더를 택하시고 사용하셨다. 그런 일은 지금도 일어나지만, 그런 특별한 리더는 말 그대로 드물다.

이 책은 누구를 위한 책인가?

이 책은 앞에서 언급한 대로 개인적인 이유들과 사역적인 이유들로 인해 크리스천 리더의 길에 들어서는 데 낙심한 이들과 예수님처럼 사람들을 인도하기를 갈망하는 기존의 리더들을 위한 책이다. 구체적으로 말하면 본서는 다음과 같은 이들을 위한 것이다.

- 교회나 직장, 시민 단체나 가정을 불문하고 크리스천 리더십의 주요 원리와 훈련에 대한 기본적인 이해가 필요한 성도들.
- 영향력을 확장시키기 위해 보편적이며 성경적인 틀을 찾고 있는 교회나 기독교 단체의 사역자.

이 책은 어떤 상황에 사용할 수 있나?

- **현행 리더십 팀** : 현재 활동 중인 사역팀 구성원들의 모임(장로, 부교역자, 사역팀이나 선교팀 등)에서 그들의 소명을 명확히 하고 더 큰 영향력을 발휘할 수 있도록 도와준다.
- **예비 리더 그룹** : 잠재력 있고 엄선된 예비 리더들의 모임에 방향을 제시하고 자극을 주어 그들이 공식적인 리더가 될 수 있도록 준비시켜 준다.
  - **멘토 관계** : 멘토와 멘티 사이에 학습과 토론의 불을 지핀다.
  - **소그룹이나 성경 공부반** : 전통적인 그룹 구성원의 생각이나 관행에 촉매제가 되어 자신의 삶을 예수님이 보이신 모범과 더욱 일치시키고 하나님 나라를 위해 더 큰 영향력을 끼칠 수 있는 방법이 무엇인지 생각하게 만든다.
  - **열심 있는 개인** : 리더로서의 영향력을 개발하고자 하는 개인의 성장을 유도한다.

이 책을 어떻게 사용하는가?

각 과는 다음과 같은 내용으로 구성되어 있다.

핵심 진리 각 과에는 중심 주제를 구성하는 진리의 정수가 주의 깊게 제시되어 있다. 이어지는 모든 내용들은(심비에 새기는 말씀, 자유케 하는 진리의 말씀, 어깨를 딛고서는 독서, 리더십 트레이닝) 이 핵심 진리의 확장에 지나지 않는다. 각 과는 참석자들이 핵심 낱말이나 어구를 논의하는 것으로 시작한다. 이 과정은 모든 참석자가 동일한 기반 위에서 핵심 진리가 촉발하는 질문이나 논점을 토론할 수 있게 해준다.

심비에 새기는 말씀 이 책은 『영적 성장을 향한 첫걸음』과 마찬가지로 성경 암송을 강조하고 있다. 그렇지만 이 책에서는 더 많은 분량을 다룬다. 성구 암송은 값진 훈련이다. 요즘에는 전자 매체를 통해 손쉽게 정보에 접속할 수 있기 때문에 암기할 필요가 없다고 생각할 수도 있다. 그러나 우리의 지성은 가장 강력하고 즉각적인 도구이므로, 제자도와 리더십을 개발하는 것만큼 우리의 지성도 제어해야 한다. 우리 머리를 성경의 지혜와 진리로 채우는 일은 우리가 할 수 있는 가장 중요한 일이다. 성구 암송은 하나님의 말씀을 깨닫는 아주 중요한 방법이다.

자유케 하는 진리의 말씀 각 과는 성경의 핵심 본문과 대화하도록 돕는다. 본문은 말씀의 전체적인 맥락 안에서 핵심 진리에 초점을 맞추고 있다. 귀납적 방식은 단지 '빈칸 채우기'가 아니라 더 깊은 사고를 이끌어내기 위한 것이다. 이곳에서 당신의 의견은 다각도로 검증을 받게 된다. 그런 다음 말씀을 더 깊이 파고들어가도록 권면을 받고, 마지막으로 그 진리를 당신의 삶 가운데 철저하고도 진솔하게 적용시켜 줄 것이다.

🔵 *어깨를 딛고서는 독서* '어깨를 딛고서는 독서'는 그 과의 핵심 진리를 최대한 상세하게 설명해준다. 각 과의 읽을거리는 성경적인 시각에 근거를 두고 있지만, 오늘날의 상황에 맞추어 제시되어 있어 현실 세계에서 우리의 리더십 성숙도를 확인할 수 있다. 여기서는 기독교 리더십과 세상의 리더십의 차이점이 강조된다. 대중매체는 시종일관 우리 삶의 기반이 물질의 획득, 명성, 권력, 외모라고 부추긴다. 그런데 기독교 리더십은 종종 우리 문화의 지배적인 가치관과 상충된다. 그래서 각 장의 읽을거리는 우리에게 현 상황에 도전하게 한다.

🔵 *리더십 트레이닝* 아마도 각 과에서 가장 중요한 부분은 리더십 트레이닝일 것이다. 최소한 각 과는 '어깨를 딛고서는 독서'에 대한 묵상을 통해 개인적인 적용을 요구한다. 또한 리더십 기술을 연마하고 점검할 수 있도록 주로 실제적인 임무가 주어진다. 리더십에 관해 생각하는 것으로는 충분하지 않다. 연습을 통해 리더십에 필요한 '근육'을 단련할 필요가 있다.

이 책을 어떻게 적용시킬 수 있는가?

이 책은 리더를 발굴하고 개발하기 위한 다양한 그룹 여건에 맞추어 사용할 수 있다. 세 가지 대표적인 경우는 다음과 같다.

현행 리더십 팀 리더 그룹은 일반적으로 완수해야 할 사역과 업무상의 현안을 갖고 주기적으로(예를 들어 한달에 한 번) 모임을 갖는다. 당신은 리더십 팀이 완수해야 할 임무가 그들의 개인생활 및 팀 활동에서 영적 성장과 균형을 이루기를 원한다. 12명 내외의 그룹이라면, 각 과의 내용을 45분 내로 다룰 수 있을 것이다. 리더십 그룹에 속한 이들에게 모임에 앞서 '심비에 새기는 말씀'을 포함한 모든 내용을 미리 풀어오게 하라. 그리고 모두 모인 시간에는 '리더십 트레이닝'에 집중할 것임을 알리라. 45분은 이렇게 나누어 사용할 수 있다.

1. **전체 그룹 토론**(10분)
   (1) 당신은 이 과가 다루고 있는 전체 내용을 어떻게 요약하겠는가?
   (2) 당신에게 들려주신 특정한 진리나 영적 깨달음이 있는가?
2. **서너 명씩 조별 모임**(30분)
   (1) 암송한 성구를 외운다. 그 말씀을 암송하는 것이 어떤 의미를 갖는가?
   (2) 이어서 '리더십 트레이닝'으로 넘어가 리더십과 팀의 발전에 가장 적합한 질문이나 활동을 선택하라.
3. **전체 그룹 마무리**(5분)
   각 조에서 얻은 깨달음이나 행동 단계 가운데 전체 리더십 팀이 들으면 도움이 될 만한 것들을 발표하게 하라.

특별 리더십 팀이나 소그룹 형식 어떤 경우에는 새로운 리더십 개발 과정을 시작하는 데(예비 리더십 시스템) 사용할 수도 있으며, 기존의 소그룹이라면 이 과정을 4분기에 맞추어 적용할 수도 있다. 그러기 위해서는 그룹이 12명 이내여야 한다는 전제 조건이 있다. 공부할 시간이 90~120분 정도 주어진다면 다음과 같은 순서로 진행해도 좋다.

1. **핵심 진리**(전체 그룹, 10분) 전체 참석자들에게 자신에게 와 닿은 핵심 낱말이나 어구를 서로 나누게 하라. 핵심 진리 가운데 가장 와 닿은 핵심 진리나 영적 깨달음은 무엇인가?
2. **심비에 새기는 말씀**(2인 1조, 15분) 서로 암송한 구절을 외우고 이어서 귀납적 질문을 주고받으라.
3. **자유케 하는 진리의 말씀**(전체 그룹, 25분) 성경 본문을 중심으로 귀납적 질문들을 주고받으며 중심 내용을 파악하라.

"크리스천 리더는 구체적인 하나님의 백성들의 모임에 영향력을 발휘하여 그 모임을 향한 하나님의 목적을 이루어가도록 하나님이 주신 능력과 책임을 함께 가진 사람이다."
– 로버트 클린턴, 『영적 지도자 만들기』 중에서

4. **리더십 트레이닝**(3인 1조, 30분) 인도자는 적용 질문 혹은 활동 가운데 어느 것이 참석자들의 리더십 성품과 능력을 확장시켜주는지 가려내어 제시하라.
5. **마무리**(전체 그룹, 10분) 다시 한 자리에 모여 리더가 마무리를 하거나 참석자들이 리더십 활동을 통해 자라거나 확장된 부분이 있으면 서로 나누게 하라.

교실이나 강의 형식 이 책은 교실과 같이 비교적 공식적인 환경에서 인도자가 리더십과 관련된 성경적인 깨달음을 교과 과정으로 전달하는 데 사용할 수 있다. 만약 참석하는 인원이 12명이 넘는다면 다음과 같은 순서로 진행하는 것이 좋다.

1. **도입**(2인 1조, 5분) 인도자는 둘씩 짝지어 이 과가 다루는 주제에 대해 스스로 요약한 것을 나누게 한다. 추가로, 특별히 가슴 깊이 와 닿은 핵심 진리나 영적 깨달음을 나누도록 요청할 수도 있다.
2. **핵심 진리**(5분) 인도자는 핵심 진리의 중요성을 강조하는 핵심 낱말과 어구를 강조한다.
3. **심비에 새기는 말씀**(2인 1조, 15분) 서로 암송한 구절을 외우고 이어서 귀납적 질문을 주고받는다.
4. **자유케 하는 진리의 말씀**(전체 그룹, 25분) 인도자는 참석자들이 본문을 분명히 해석하기 위해 스스로 찾고 깨달은 것에 더해 그룹 차원에서 주고받을 수 있도록 귀납적인 지침을 사용한다.
5. **리더십 트레이닝**(3인이나 4인 1조, 30분) 인도자는 제시된 항목들 중에서 적절한 리더십 내용을 선택하여 적용시킨다.
6. **마무리**(전체 그룹, 10분) 인도자는 참석자들이 이번 시간을 통해 경험한 모든 성장 과정을 서로 나누게 한다. 그런 다음 권면으로 마무리하거나 핵심 진리를 보충하는 말을 덧붙일 수 있다. 마지막으로, 다음 시간까지 해올 숙제를 정해준다.

결론

리더십은 단순히 몇 번의 수업을 듣고 다른 사람들과 진솔한 교류를 하는 가운데 약간의 연습을 하는 것만으로 개발되는 것이 아니다. 이 교육 과정은 앞으로 변화가 일어날 여건을 제공하기 위한 도구이지만, 당신의 마음을 붙들고 삶을 변화시키는 것은 오직 성령님이시다. 그러므로 이 과정을 시작하면서 이렇게 기도하기 바란다.

"사랑의 주님, 당신이 원하시는 그런 리더가 되기 위한 여정을 시작하오니 이 길 가운데 저와 함께하옵소서. 정직하게 자신을 살필 수 있도록 은혜를 허락하시고, 진리를 좇고 당신이 제 삶 가운데 세우실 훈련 과정들을 모두 마칠 수 있도록 힘을 주옵소서. 예수 그리스도의 이름으로 기도합니다. 아멘."

The Character of a Leader

1 리더의 성품

우리가 리더의 성품부터 시작하는 데에는 한 가지 분명한 이유가 있다. 성경이 바로 성품에 초점을 맞추고 있기 때문이다. 특히 신약은 리더가 무엇을 하는지에 대해서는 최소한의 관심만을 보이고 있다. 목사, 장로, 혹은 감독의 역할에 대한 자세한 직무 설명은 신약 어느 곳에서도 찾아볼 수 없다. 리더의 역할에 대해 우리가 발견할 수 있는 지표로는 진리를 가르치는 일(행 20:27~31, 딤전 3:2, 딛 1:9)과 성도들을 사역할 수 있도록 준비시키는 일(엡 4:11~12)에 대한 언급만 살짝 나타날 뿐이다. 성경 어느 곳에서도 리더가 반드시 갖추어야 할 10가지 기법이라든가 은사 점검표 같은 것은 발견할 수 없다.

성경은 리더가 무엇을 하느냐보다는 어떤 사람인가에 더 많은 관심을 기울인다. 왜 그럴까? 신약의 리더는 양떼의 목자이자 리더이신 예수 그리스도의 성품을 반영하는 사람이다. 바울은 목회서신(디모데전후서와 디도서)에서 교회의 장로가 되기 위한 자격 요건들을 제시하고 있다. '가르치기를 잘하는 것' 외에 다른 모든 자격은 도덕적이며 영적인 성품과 관련이 있다.

그래서 1부에서는 리더의 세 가지 특징적인 성품을 공부하려고 한다. **거룩(1과)** 예수 그리스도는 거룩하신 하나님의 현현이며, 따라서 우리가 살아야 할 거룩한 삶의 근거이자 모범이 되신다. 참된 리더는 예수님을 반영하는 사람이다. 만일 예수님이 태양이라면, 우리는 달, 곧 자기 자신의 빛이 아니라 태양의 빛을 반사할 때에만 보이는 존재가 된다. 우리에게는 스스로 발하는 빛이 없기 때문에 빛의 근원이신 그분에게 항상 연결되어 있는지 확인할 필요가 있다. 그러므로 우리의 첫 번째 연구는 성령의 열매, 곧 예수 그리스도의 인격을 간단히 요약한 9가지 아름다운 성품을 키우는 일에 매진하는 것이다.

습관(2과) 크리스천 리더는 자신이 섬기는 예수님 안에서 참된 생명과 기쁨을 발견한다. 그들은 그리스도와 맺은 풍성한 관계의 리듬과 습관을 키워감으로써 다른 사람들이 "그분의 삶 가운데 있는 기쁨을 나도 갖고 싶어"라고 말하게 만든다. 이 과는 우리를 새롭게 하여 "그 배에서 생수의 강이 흘러나오(게)"(요 7:38) 하는 훈련 프로그램을 개발하는 방법들을 살펴볼 것이다.

겸손(3과) 좋은 리더는 자신의 힘과 영향력을 정당하게 행사한다. 세상에서 말하는 힘은 다른 사람 위에 군림하는 것을 가리킨다. 그래서 다른 사람들을 통제하기 위해 두려움, 협박, 강압 등을 사용한다. 하나님이 기뻐하시는 힘은 리더를 높이는 것이 아니라 섬김을 받는 사람들에게 능력을 부여한다. 한마디로 말해서, 그리스도를 닮은 리더는 겸손하다.

1 거룩

[심비에 새기는 말씀 베드로전서 1:14~19
자유케 하는 진리의 말씀 이사야 6:1~8
어깨를 딛고서는 독서 가장 높은 기준
리더십 트레이닝 거룩 지수 점검]

 핵심 진리

그리스도의 성품 가운데 다른 사람을 인도하는 제자의 삶에서 대표적인 모습은 어떤 것인가?

'이끄는 제자'는 그리스도의 거룩하심에 시선을 고정시키며, 그 거룩을 자신의 삶에서 성품과 행실로 드러내려고 애쓴다. 거룩은 도덕적 순결, 영적 재생산, 고귀한 목적, 초월적 능력이 합쳐진 것이다.
[그리스도께서 우리를 부르신 바로 그런 모습의 리더십을 설명하기 위해 본서는 '이끄는 제자'(leading disciples)란 말을 사용한다. 리더십과 제자도는 떼려야 뗄 수 없을 정도로 밀접하게 연결되어 있다. 우리는 먼저 우리 자신을 그리스도의 제자로 보고, 그 다음에 다른 사람들을 인도하도록 부르심을 받은 제자로 보아야 한다.]

위에서 제시한 질문과 대답의 핵심 문구가 무엇인지 확인해보라.

심비에 새기는 말씀

심비에 새기는 말씀 전체를 이곳에 적어보라.
베드로전서 1:14~19

_____
_____
_____
_____
_____
_____
_____
_____
_____
_____
_____

사도 베드로는 자기 자신의 죄를 뼈저리게 느낀 사람이다. 그는 예수님께 십자가를 지지 마시라고 말씀드렸고, 자기가 다른 제자들보다 얼마나 더 충성스러운지 호언장담했지만, 위협을 느끼자 그분을 철저히 배신했다. 그는 또한 하나님의 놀라운 은혜를 몸소 체험한 사람이다. 그 체험으로 그는 본문에서 가장 주목할 만한 호소를 한다.

1. 어떻게 '무지'가 '사욕을 본받게'(14절) 하거나 '헛된 행실'(18절)을 좇게 만드는가? 예를 들어보라.

_____
_____
_____
_____

2. 당신 자신의 경험이나 다른 사람을 관찰한 것을 떠올려 볼 때, 리더의 자리에 있는 사람의 행동 뒤에 숨은 '사욕'은 어떤 것들인가?

3. '거룩하다'(15~16절)는 말은 당신에게 무엇을 의미하거나 시사하는가?

4. "너희가 나그네로 있을 때를 두려움으로 지내라"(17절)는 말은 어떤 의미라고 생각는가?

5. 본문에서 베드로가 제시하고 있는 거룩해야 하는 이유를 두 가지 이상(가능하면 더 많이) 들어보라.

자유케 하는 진리의 말씀

이사야 6장 1~8절은 하나님을 섬기는 일에 이사야를 부르신 장면을 기술하고 있다. 이 사건은 이스라엘 백성이 사랑하는 왕 웃시야가 서거한 직후에 일어난 것이다. 그때까지 웃시야 왕은 이사야가 알고 있던 사람들 가운데 가장 큰 두려움의 대상이었다. 뛰어난 정치가요, 누구도 따라잡을 수 없는 강력한 도덕성과 많은 매력을 가진 리더 웃시야는 50년이라는 긴 세월 동안 이스라엘을 목자처럼 보살폈다. 그런 그가 죽자, 이사야를 비롯해 온 이스라엘은 큰 슬픔에 잠겼다. 그들은 다시는 그런 위대한 인물을 만날 수 없을 것이라 여겼다. 바로 그러한 때에 이사야가 이 비전을 받았다.

1. 당시 예루살렘 성전은 웃시야 왕의 복구 작업 덕분에 이사야가 본 가장 거대하고 빛나는 건축물이 되어 있었다. 그렇지만 1절은 하나님의 영광과 광대하심에 관하여 무엇을 암시하고 있는가?

   _____
   _____
   _____

   하나님의 영광을 묘사하기 위해 어떤 표현들이 사용되었는가?

   _____
   _____
   _____

2. '스랍들'은 놀라운 힘과 속력을 가진 천군천사들이다. 4절은 그들의 음성이 성전 안에 충격과 두려움을 만들어냈다고 말씀한다. '(자기의) 발'이라는 말은 그들의 '은밀한 부분'을 가리키

는 완곡한 표현으로 보인다. 당신은 자기 얼굴과 '발'을 가리고 있는 이 강력한 존재가 무엇을 의미한다고 생각하는가?

_____
_____
_____
_____

3. 3절에서 스랍들은 하나님의 성품과 능력에 대해 무엇이라 말하는가?

_____
_____
_____
_____

그들이 '거룩하다'를 세 번 반복하여 외치는 것은 어떤 의미인가?

_____
_____
_____
_____
_____

4. 이 만남을 통해 이사야가 받은 최초의 감정적, 영적 반응은 어떤 것이며, 그 이유는 무엇인가?

_____
_____
_____

당신은 하나님의 속성을 묵상할 때 이와 비슷한 느낌을 가진 적이 있는가? 그런 예배 체험이 있다면 나눠보라.

5. 6~7절에 의하면 여호와께서 이사야가 느낀 도덕적 자괴감을 어떻게 누그러뜨려 주셨는가?

6. 당신은 하나님께서 부르실 때 왜 이사야가 자발적으로 나섰다고 생각하는가?(8절)

7. 이 본문에서 당신에게 떠오른 질문이나 토론거리가 있는가?

어깨를 딛고서는 독서

가장 높은 기준

몇 십 년간 습관적으로, 몇 년마다 한 번씩 아테네를 찾아오는 한 노인에 관한 이야기가 있다. 그는 매번 아크로폴리스의 정상에 기어올라가 그곳에 놓인 고대의 석조물 위에 걸터앉아 방대하게 펼쳐진 받침돌과 하늘을 찌를 듯한 기둥 그리고 판테온의 완벽한 비율을 넋을 잃은 듯 두어 시간씩 바라보곤 했다. 왜 그런 일을 하는지 이유를 물어보는 사람에게 이 나이든 신사는 눈가에 주름진 미소를 지으며 이렇게 말해주었다. "내가 이렇게 하는 이유는, 이렇게 해야만 내 기준이 높게 유지되기 때문이오."

마찬가지 이유로, 하나님께 리더로 쓰임받기를 바라는 이들은 그 시선을 항상 예수님께로 돌린다. 그분은 우리가 한 사람의 인격자이자 리더가 되는 데 가장 훌륭한 기준이 되신다. 사실 이런 주장은 다른 사람들에게도 제기된 바 있다. 1924년 블라디미르 레닌이 모스크바에서 사망했을 때, 썩지 않도록 방부처리되어 유리관 안에 안치된 그의 시신 옆에는 이런 문구가 새겨져 있었다. "여기 모든 시대 모든 사람들의 가장 위대한 지도자가 잠들어 있다. 그는 새로운 인류의 주재이며 세상의 구세주다."[1]

레닌이나 다른 지도자에게 붙여진 그런 수식어는 오늘날 공허하게만 들린다. 그렇지 않은가? 그들은 죽어서 땅에 묻혔다(혹은 장차 그렇게 될 것이다). 시계 바늘은 여전히 째깍거리며 움직이고 있지만 그들이 세운 왕국은 역사 속으로 사라졌다(혹은 사라질 것이다). 그러나 예수님의 인격과 영향력은 그분이 예루살렘 성전 입구에 처음 모습을 드러내셨던 그날과 마찬가지로 오늘날에도 생생하게 살아 있다. 21세기가 시작될 무렵

타임지는 이런 기사를 내보냈다.

> 모든 시대에 대한 기억은 결국 수많은 이름들의 목록으로 귀결되며, 지난 2천년을 되돌아보는 가장 유용한 방법은 가장 커다란 힘을 소유했던 사람들을 하나씩 떠올리는 것이다. 그러면 무하마드, 예카테리나 2세, 마르크스, 간디, 히틀러, 루스벨트, 스탈린, 마오쩌둥 등의 이름이 얼른 떠오른다. 이 인물들이 수많은 사람들의 삶을 변화시켰으며, 숭배에서 증오에 이르기까지 다양한 반응을 불러일으켰다는 데에는 의문의 여지가 없다.
>
> 그렇지만, 2천년뿐 아니라 전 인류 역사상 가장 강력한 인물이 나사렛 출신의 예수임을 부정하기 위해서는 매우 특이한 사고 작용이 필요하다.… 이를 바탕으로 예수의 삶만큼 강력하고 오래 지속되는 삶을 산 사람은 없다는 주장이 진지하게 펼쳐지게 된다.2)

리더십은 영향력을 배가시키는 기술이며, 이 기준에 의하면 예수님이야말로 최고의 스승으로 간주되어야 마땅하다. 바로 이런 이유에서 많은 이들은 예수님이 다른 리더들보다 "더욱 영광을 받을 만한"(히 3:3) 분이라고 기록하고 있는 히브리서 기자와 의견을 같이한다. 우주의 창조주이신 예수님이 육체로 태어나셨다(요 1:1~3, 14)는 기독교의 핵심 주장을 받아들이지 못하는 사람들도 예수님의 삶과 리더십이 보여준, 시대를 초월한 영적, 사회적 영향력과 그분의 뛰어난 윤리적 사상체계, 우뚝 솟은 도덕적 모범 앞에 압도되어 그분을 존경하지 않을 수 없다. 유명한 영국인 웰즈(H. G. Wells)가 한번은 이런 말을 한 적이 있다. "적어도 1900년이 지난 뒤에, 심지어 자신을 그리스도인으로 여기지 않는 나와 같은 역사가조차도 세상이 이 사람의 삶과 인격을 중심으로 돌아가고 있음을 본다.… 역사가들이 위대함을 평가하는 시금석은 '그는 무엇을 자라나게 하였는가?' 하는 것이다. 그는 사람들이 새로운 노선으로 활기차게 계속해서 그를 좇게 만들었는가? 이런 기준에서 볼 때, 예수님은 그 기준의 맨 앞에 서있는 분이다."3)

그분이야말로 가장 위대하신 분이다.

새 나라의 건설자가 되는 것

위대함이란 신비스러운 속성이다. 그러나 오늘날 위대한 리더십을 일련의 기술이나 방법론으로 격하시킨 책들을 너무나 쉽게 만나게 된다. 심지어 예수님조차도 이런 식으로 상품화되어 그분의 리더십이 근사하고 실용적인 도구 모음으로 포장되기도 한다. 우리는 이제 예수님이 하신 일들을 자세히 살펴보겠지만, 그리스도의 삶을 기록한 성경을 자세히 연구해보면 반드시 이런 결론에 도달하게 될 것이다. 예수님이 특별한 건설자인 것은 그분 자체가 무엇보다 특별한 존재이셨기 때문이다. 그분의 영향력은 그분의 본성에서 흘러나온 것이다. 그분이 남긴 영향력은 그분의 정체성이 흘러넘친 것이며, 그분의 행동은 인격의 분출이다. 그래서 만일 우리가 그분을 따르고자 한다면 먼저 그분의 '거룩하심'에서부터 시작해야 하는 것이다.

'거룩하다'는 말은 우리 시대에는 사어(死語)가 되고 말았다. 그리고 어쩌다 사용될 때는 "광신도"(holy roller) 혹은 "거룩한 체하는 사람"(holier than thou)처럼 경멸의 의미로 사용된다. 많은 사람들에게 그 낱말은 '꽉 막힌', '위축된' 혹은 '독실한 체하는' 사람을 암시한다. 이것은 유감스런 일이 아닐 수 없다. 왜냐하면 성경적인 의미의 거룩함은 실제로 광대한 위엄과 영감을 불러일으키는 의미를 담고 있기 때문이다. 그 말은 파르테논 신전이 한낱 사무실이 아닌 것처럼, 차원이 전혀 다른 것이다. 루이스(C. S. Lewis)는 한 미국인 친구에게 이런 말을 했다. "거룩함

"스스로 그리스도인이라 생각한다면 하나님이 우리에게 가장 원하시고 요구하시는 것이 거룩한 삶을 지속적으로 추구하는 것이며, 그분의 거룩함을 드러내는 것이라는 사실을 깨달아야 한다."
– 허버트 로커 1세, 출처 미상

을 지루한 것이라고 생각하는 사람은 아는 것이 거의 없는 사람이다. 거룩함을 실제로 만나게 되면 감히 거역할 수 없게 된다. 만일 세상 사람들 가운데 10%만이라도 거룩하다면 온 세상은 일년도 되지 않아 완전히 변화되어 더 행복해지지 않겠는가?"4)

성경은 거룩에 대해 언급할 때 실로 다양한 의미로 말씀한다. 거룩함의 모든 차원은 예수님의 인격과 행동 가운데 생생하게 드러난다. 그 두 가지는, 많은 사람들이 그분의 리더십에서 거부할 수 없는 영향력을 발견한다는 사실을 설명하는 데 도움이 된다.

예수님의 순결(죄 없으심)

가장 친숙한 개념으로 말하자면, 거룩함은 순결이다. 순결이란 도덕적으로 완전한 상태이며 죄가 전혀 없는 것이다. 그리고 맑고 시원한, 불순물이 전혀 없는 깨끗한 생수와 같다. 예수님의 성품 가운데 이런 모습은 그분과 처음으로 함께 시간을 보낸 사람들을 깜짝 놀라게 만들었다. 당신은 마태(세리)나 (귀신 들렸던) 막달라 마리아 혹은 다른 제자들(장사꾼들)이 (인간의 본성에 대해) 순진했을 것이라고 생각하는가? 그들은 분명 인간의 겉치레, 복잡성과 허세에 대해 잘 알고 있었을 것이다. 그들 가운데 어떤 사람은 예수님과 부대끼면서 3년을 살았다. 그러나 사도 베드로는 예수님에 대해 "그는 죄를 범하지 아니하시고 그 입에 거짓도 없으시며"(벧전 2:22)라고 말하게 되었다. 사도 요한은 "그에게는 죄가 없느니라"(요일 3:5)라고 말했다. 히브리서 기자는 그리스도의 첫 제자들의 일관된 경험과 가르침을 요약하면서 예수님은 "모든 일에 우리와 똑같이 시험을 받으신 이로되 죄는 없으시니라"(히 4:15)라고 말하였다.

우리 가운데 자기 식구들이나 룸메이트 혹은 직장 동료에 대하여 이런 말을 할 수 있는 사람이 얼마나 될지 상상해보라. 오늘날 언론에 대고 "한번 해보시죠, 자신 있습니다. 내게서 단 하나의 티끌이라도 찾을 수 있을지 어디 해보십시오"라고 말할 수 있는 리더가 얼마나 있을지 상상해보라. 그렇지만 예수님은 언젠가 자신의 리더십에 손상을 입히려고 애쓰던 몇몇 바리새인들과 대결을 벌이시면서 분명히 이렇게 말씀하셨다. "너희 중에 누가 나를 죄로 책잡겠느냐"(요 8:46). 얼마나 많은 지도자들이 자신이 남긴 많은 업적과 명언에도 불구하고, 그들의 삶 가운데 무언가 숨겨진 것, 어두운 것, 진실성이 결여된 것으로 그 영향력이 축소되거나 사라진 예가 얼마나 많은지 생각해보라. 그러나 예수님에게서는 그 누구도 전혀 죄를 찾을 수 없었다. 그분은 참으로 거룩하신 분이었다.

예수님이 거두신 것(열매의 존재)

거룩함이란 단지 죄가 없는 것 그 이상이다. 거룩함은 영광의 나타나심이다. 흑암과 사망을 찾아볼 수 없는 공간은 빛과 하나님의 생명으로 가득 차 있다. 이것이 바로 사도 요한이 다른 사도들과 함께 예수님 안에서 본 것으로, 그가 다른 사도들을 대신하여 전하려 했던 바로 그것이다. "말씀이 육신이 되어 우리 가운데 거하시매 우리가 그의 영광을 보니…은혜와 진리가 충만하더라"(요 1:14).

사도 바울은 하나님의 성령이 거하시는 곳에는 죄가 물러나고 그 대신 선한 열매가 그 자리를 가득 채운다고 말한다. "오직 성령의 열매는 사랑과 희락과 화평과 오래 참음과 자비와 양선과 충성과 온유와 절제니…"(갈 5:22~23). 이런 거룩함의 모습들은 바로 예수님 안에서 풍성하게 찾아볼 수 있는 것들이다. 그리고 그런 모습들은 마치 배고픈 사람이 그릇에 담긴 과일에 끌리듯이 사람들이 그분에게 끌리는 이유가 된다.

많은 사람들은 거룩함이 무엇인지도 모른 채 그것을 갈망한다. 나(댄)는 오랫동안 교회에 다닌 사람들에게 이런 질문을 해보았다. "여러분은 거룩해지기를 원합니까?" 그러면 사람들은 멋쩍은 듯이 어깨를

"우리는 그리스도께서 온전한 주인이실 때 온전한 우리 자신이 된다."
– 존 스토트, 오크브룩 그리스도 교회에서 행한 설교에서

으쓱이곤 했다. 그리고 몇 사람은 부끄러운 듯 손을 들었다. 그러면 나는 다시 다음과 같은 질문을 던진다. "여러분은 사랑, 희락, 화평, 인내, 자비, 양선과 같은 것을 삶 가운데 풍성하게 누리기를 원하십니까?" 이때는 그 안에 있는 모든 사람이 즉시 손을 번쩍 든다. 언제나 말이다!

예수님은 바로 그런 분이다. 그분의 첫 번째 제자들은 그분 안에서 너무도 매력적인 모습을 발견하자 들고 있던 그물을 기꺼이 내던지고 그분을 좇았다. 그들은 너무도 좋은 열매로 가득한 사람을 만났기에 3년이라는 긴 시간을 그분과 함께 돌아다녔다. 그들은 아마도 그분과의 진솔한 만남을 통해 그러한 성품을 얻기 원했을 것이다. 루이스의 말이 옳다. 거룩함은, 올바로 이해하기만 하면, 전혀 따분한 것이 아니다. 거룩함은 다른 곳으로 눈을 돌릴 수 없는 아름다움과 우리가 본받아 마땅한 하나님의 성품으로 충만한 것이다.

예수님의 목적(온전한 헌신)

성경은 또한 거룩함을 '구별하다' 혹은 '거룩한 목적으로 바쳐지다'라는 말로 정의한다. 구약에서 성막과 성전 같은 특정한 장소는 '거룩한' 곳으로 간주되었다. 그곳은 하나님의 임재와 예배를 위해 온전하게 드려진 곳이다(출 26:33). 마찬가지로, 이스라엘 백성은 특정한 물건들을 구별하여 오로지 하나님을 예배하는 데에만 사용하라는 명령을 받았다. "너는 또 번제단과 그 모든 기구에 발라 그 안을 거룩하게 하라 그 제단이 지극히 거룩하리라"(출 40:10). 특정한 환경과 대상물을 구별하는 것은 하나님은 사람과 다르며 구별된다는, 즉 초월적인 존재임을 드러내기 위함이다. 또한 진정으로 하나님의 영광과 소원하시는 것들을 높이기 위해서는 이따금씩 고개를 끄덕이는 것 이상이 필요하다는 사실을 인식하는 수단이 된다. 그 일을 위해서는 본질적인 헌신과 다짐이 요구되는 것이다.

이러한 이유로 유대인들은 또한 사람들을 하나님의 목적을 위해 구별, 혹은 '성별'하였다. 출애굽기 40장은 아론의 가문이 어떻게 하나님의 제사장으로 봉헌되었는지를 서술하고 있다. 그리고 우리는 훨씬 나중에, 누가복음에서 이런 구절을 만나게 된다. "(요셉과 마리아가) 모세의 법대로 정결예식의 날이 차매 아기를 데리고 예루살렘에 올라가니 이는 주의 율법에 쓴 바 첫 태에 처음 난 남자마다 주의 거룩한 자라 하리라 한 대로 아기를 주께 드리고"(눅 2:22~23).

예수님은 이러한 거룩을 분명히 인식하며 사셨다. 예수님은 전 생애를 통해 자신이 하나님의 뜻을 성취하기 위해 구별되었다는 높은 수준의 인식을 드러내셨다. 예수님은 자신이 이 땅에 오신 목적을 이렇게 설명하셨다. "내가 하늘에서 내려온 것은 내 뜻을 행하려 함이 아니요 나를 보내신 이의 뜻을 행하려 함이니라"(요 6:38). 예수님은 자신에게 진정한 충족감을 주는 것이 무엇인지 밝히셨다. "나의 양식은 나를 보내신 이의 뜻을 행하며 그의 일을 온전히 이루는 이것이니라"(요 4:34). 예수님은 자신의 흔들리지 않는 목적의식을 담대하게 선포하셨다. "내가 항상 그가 기뻐하시는 일을 행하므로"(요 8:29). 그리고 히브리서 기자는 이렇게 증거했다. "그는 자기를 세우신 이에게 충성하시기를 모세가 하나님의 온 집에서 한 것과 같이 하셨으니"(히 3:2).

예수님의 능력(놀라운 잠재력)

그러나 거룩함에는 이보다 한 단계 중요한 차원이 있다. 이사야 6장에서 본 것처럼, 거룩함은 종종 하나님의 놀라운 능력과 연결된다. 감리교 목사인 데이비드 헤드(David Head)는, 다음과 같은 사이비 기도문에서 보듯이 안타깝게도 많은 사람들이 거룩함의 이런 차원을 놓치고 있다고 지적한다.

"분명한 거룩이야말로 하나님의 교회를 가리키는 지표가 되어야 한다. 거룩한 교회는 그 중심에 하나님을 모시고 있다."
– 찰스 해돈 스펄전, *Holiness, the Law of God's House* 중에서

자비로우시고 너그러우신 [하나님], 우리는 가끔씩 심판하는 잘못을 저지릅니다. 우리는 유산을 박탈당하고 열악한 환경 가운데 살고 있습니다. 때로는 상식적으로 행동하는 일에 실패하기도 합니다. 우리는 주어진 환경 가운데 가장 잘 할 수 있는 것들을 행하고, 예의범절의 일반적인 기준을 벗어나지 않으려고 애씁니다. 그리고 자신이 무척 평범하다는 생각에 기뻐합니다. 오 주님, 제발 어쩌다 한번씩 있는 우리의 일탈을 가볍게 보아주십시오. 자신이 완전하지 않다는 것을 인정하는 이들에게, 우리가 당신에게서 기대하는 무한한 인내심을 가진 부드러운 분이 되어주십시오. 그리고 관대한 부모로서 지금부터 우리가 탈 없고 행복한 삶을 살며 우리의 자존심을 지킬 수 있도록 허락하옵소서. 아멘.5)

복음서들을 읽고 예수님의 본성이 이것과 전혀 다르다는 사실을 의심하기란 어려운 일이다. 성령과 성자와 함께 한분이신 성부 하나님과 마찬가지로 예수님은 만만히 볼 만큼 어수룩한 분이 전혀 아니시다. 그분은 우리의 필요에 따라 언제라도 꺼내 사용할 수 있는 상자 안에 결코 들어가시지 않을 것이다. 그분은 누군가에게 꼭지만 돌리면 물이 펑펑 쏟아지는 수도꼭지나 '공짜 은행'의 현금자동 출납기가 되어주시지도 않을 것이다. 그분은 속임을 당하거나 웃음거리가 되거나 조작을 당하실 분이 아니시다. 어떤 경우에도 그리스도의 삶 가운데 나타난 성령의 열매는 그분이 놀라운 능력을 가지신 분이라는 분명한 사실을 드러낸다. 예수님은 거룩하시다.

우리는 마가복음 1장에서 예수님과 악한 영의 세력들, 너무도 치명적이어서 꿈에 만나도 몸서리쳐지는 세력과의 만남을 볼 수 있다. 이 어둠의 세력이 예수님께 어떻게 반응했는지 살펴보라. "나사렛 예수여 우리가 당신과 무슨 상관이 있나이까 우리를 멸하러 왔나이까 나는 당신이 누구인 줄 아노니 하나님의 거룩한 자니이다"(막 1:24). 귀신들은 예수님을 무서워했다. 다른 사람들, 심지어 그분의 제자들마저도 예수님이 자연의 힘을 다스리시는 것을 보고 두려워 떨었다. "그들이 심히 두려워하여 서로 말하되 그가 누구이기에 바람과 바다도 순종하는가 하였더라"(막 4:41).

예수님은 단순히 '여호와'의 일을 위하여 테스트를 받으신 것이 아니다. 그분은 육체를 입고 우리를 만나러 오셨으며, 오늘날에도 성령의 능력을 통하여 역사하고 계시는, 우리가 두려워할 만한 거룩한 하나님이시다. 전에 신학자 칼 바르트(Karl Barth)가 말한 것처럼 "커다란 목소리로 그 사람됨에 관하여 말하는 것만으로는 [예수님]에 대해 올바로 말할 수 없다."6) 우리가 그리스도 안에서 만나는 하나님은 천사들과 귀신들의 무릎을, (비록 서로 다른 이유이긴 하지만) 동시에 무력하게 만드신다. 우리는 오직 그분의 놀라운 은혜로 말미암아 그분의 임재 앞에서 생명을 유지할 수 있다. 그분은 장차 심판주로 오시기 전에, 그분의 은혜로 현재 우리에게 구세주로서 자신을 드러내신다. 그리고 우리는 오직 그분의 은혜를 통하여 그분의 나라에 생명으로 참여할 기회가 주어진다.

예수님의 길(거룩함에 이르는 단계)

마지막으로 하나님 나라 안에서, 리더십은 제자됨의 기반 위에 세워진다. 사도 베드로는 예수님이 "너희에게 본을 끼쳐 그 자취를 따라오게"(벧전 2:21) 하셨다고 말씀한다. 크리스천 리더에게 예수님의 거룩한 길을 따른다는 것은 어떤 모습일까? 네 가지 중요한 명령을 생각할 수 있다.

부정함을 제거하라. 우리 가운데 누구도 이 땅을 살아가면서 완벽하게 거룩할 수는 없을 것이다. 죄는 우리의 성품과 행동에 지속적으

"오직 너희를 부르신 거룩한 이처럼 너희도 모든 행실에 거룩한 자가 되라 기록되었으되 내가 거룩하니 너희도 거룩할지어다 하셨느니라"
– 베드로전서 1장 15~16절

로 흠집을 낼 것이다. 그리스도인인 우리는 하나님께서 최종적으로 우리를 판단하실 때 우리 자신의 의가 아니라 그리스도의 의를 기준으로 삼으신다는 사실에 감사한다. 그리고 이와 동시에 예수님이 우리를 '거룩하신 소명으로 부르'셨다(딤후 1:9)는 사실을 기억한다. 우리가 순결을 추구하는 것은 무엇보다 주인이신 그분을 닮고자 하는 우리의 열정이 있다는 증거다. 또한 그 과정은 우리가 리더로서 우리의 진실성을 지키는 중요한 일부분이다. "우리가 이 직분이 비방을 받지 않게 하려고 무엇에든지 아무에게도 거리끼지 않게 하고 오직 모든 일에 하나님의 일꾼으로 자천하여"(고후 6:3~4). 우리는 리더로서 모든 올바른 기법과 훌륭한 기술 같은 엄청난 은사들을 가질 수도 있지만, 만일 교만, 시기, 탐욕, 정욕, 분노, 욕심, 게으름 혹은 그밖에 다른 죄악들이 우리 안에 함부로 자라게 내버려둔다면 우리의 창조적인 영향력은 감소되거나 심지어 사라지기까지 할 것이다. 이끄는 제자들은, 순결이란 고상한 체하는 사람의 열정이 아니라 예수님과 같은 삶을 살고 유산을 남기기를 원하는 사람의 소원이라는 것을 기억한다.

성령의 열매를 가꾸라. 우리는 2장에서 거룩한 성품을 키우는 습관들을 살펴볼 것이다. 일단 여기서는 목적을 가지고 성령의 열매를 가꾸어 나가는 것이 리더로서 해야 할 가장 중요한 일이라는 말을 하는 것으로 충분하다. 그것은 단순히 리더들이 그러한 열매를 드러낼 때 사람들이 크리스천 리더들의 불완전함과 실수를 더 잘 참아주기 때문이거나, 이런 의미에서 거룩하다고 할 수 있는 리더들과 함께 일하고자 하는 사람이 더 많기 때문이 (비록 이 두 가지는 사실이긴 하지만) 아니다. 오히려 이 '열매 맺음'은 그 어떤 프로그램보다 영향력이 크다. 사람들이 진정한 사랑, 기쁨, 평화 같은 것들을 몸소 체험할 때 예수님의 인격을 만나게 되고 그분의 수준에 다가가게 된다. 사람들에게 이러한 영적 교감을 맛볼 수 있게 해주는 것이 바로 리더의 특권이다.

자신을 매일 거룩히 구별하라. 예수님은 당신의 길을 따르는 이들은 반드시 거룩해져야 한다고, 즉 하나님의 목적을 향해 구별되고 드려져야 한다고 분명히 밝히신다. 그리고 예수님은 이를 더욱 강조하기 위해 이렇게 말씀하신다. "누구든지 나를 따라오려거든 자기를 부인하고 매일 자기 십자가를 지고 나를 따르라"(눅 9:23, 쉬운성경). 그래서 크리스천 리더십은, 때로는 고통스럽지만 동시에 다른 사람들에게 엄청난 영향을 끼칠 수 있는 이 길을 따르기로 매일, 그리고 의식적으로 선택하는 것이다.

자신이 누구 앞에 서 있으며 누구를 섬기는지 기억하라. 그런 놀라운 순결과 능력을 가지신 주님을 알 때 자신에게 합당한 책임을 질 수 있게 된다. 우리는 "하늘과 땅의 모든 권세"(마 28:18)가 예수님께 있으며, 우리가 이 땅에서 특별히 누리는 모든 권력과 영향력은 그분에게서 온다는 사실을 잘 알고 있다. 언젠가 그분은 우리에게 맡겨주신 자원과 관계들을 우리가 어떻게 사용했는지 하나도 남김없이 점검하실 것이다(마 25:14~46). 그리고 바로 그 하나님은 자신의 거룩함이 하늘에서 이미 이루어진 것같이 땅에서도 이루어지게 되기를 기대하신다(마 6:9~13). 따라서 그분의 제자된 우리로서는 겸손한 마음에서 우러난 감사와 경외함과 거룩한 목적이 한데 어우러진 가운데 리더로서의 직분을 감당하는 것이다.

"그러므로 함께 하늘의 부르심을 입은 거룩한 형제들아 우리의 믿는 도리의 사도이시며 대제사장이신 예수를 깊이 생각하라"(히 3:1). 그렇게 할 때 당신은 그것이 당신의 기준을 높게 유지시켜 주고 있음을 알게 될 것이다.

리더십 트레이닝

거룩 지수 점검

1. 예수님의 여러 성품들 가운데 특히 당신에게 가장 강렬하게 다가오는 것은 무엇인가?

   _____
   _____
   _____
   _____

2. 당신의 성품 가운데 순결성을 도덕적으로 철저히 재고해보라. 그 가운데, 만일 제대로 대처하지 못하면 당신을 따르는 이들에게 걸림돌이 될 수 있는 것들을 두 가지 이상 들어보라.

   _____
   _____
   _____
   _____

3. 당신의 삶 가운데 나타난 성령의 열매들을 평가해보라. 다음 목록 가운데 당신의 현재 생활에서 가장 풍성하게 나타나고 있는 열매에 표시하라.

   _____ **사랑** 나는 그리스도께서 나를 사랑하신 것같이 다른 사람을 사랑하고 다른 사람이 잘 되기를 바라며 이것을 나의 행동으로 표현하려고 한다.

   _____ **희락** 나는 어려운 여건 가운데서도 만족하고, 희망을 잃

지 않으며 감사한다.

_____ **화평** 나는 하나님의 임재와 약속, 공급하심을 믿음으로써 과거, 현재 그리고 미래에 대한 걱정에서 벗어난다.

_____ **인내** 나는 다른 사람의 범죄, 두려움, 한계를 보았을 때, 하나님께서 나에게 오래 참아주신다는 것을 알기 때문에 인내한다.

_____ **자비** 나는 다른 사람들의 필요를 그들이 느끼는 방식으로 채워줌으로써 그들에게 실질적인 관심과 긍휼을 표현한다.

_____ **양선** 나는 내가 가진 것들을 예수님의 방식으로 사용하여 내가 받은 은혜에 대한 감사를 하나님께 표현하고 다른 사람에게 전한다.

_____ **충성** 나는 하나님의 말씀과 소명에 충성을 다하여 내가 한 약속을 지키고, 시련을 당해도 견딘다.

_____ **온유** 나는 다른 사람들을 대할 때 자칫 나타날 수 있는 폭력을 억제하고, 민감함과 부드러움을 드러낸다.

_____ **절제** 나는 나의 열정과 관심이 나를 향하지 않도록 성령님이 인도하시는 대로 능력을 발휘한다.

4. 앞에서 나온 열매들 가운데 특히 당신이 가꿔야 할 필요가 있다고 느끼는 것들에 표시하라. 지금 당장 하나님께 기도하여 그 열매를 더욱 풍성하게 거둘 수 있도록 도와달라고 간구하라.

_____
_____
_____
_____
_____

5. 당신의 생활 가운데 하나님께 대하여 거룩하다(구별되었다 혹은 드려졌다)고 여기는 부분은 어떤 것인가?

   그것은 어떤 모습으로 나타나는가?

6. 당신이 아직도 붙잡고 있는 것, 즉 하나님께 드리기를 주저하거나 아직 드릴 수 없는 것은 어떤 것인가?

> ■ 더 깊이 나아가기
>
> 제리 브릿지즈의 『거룩한 삶의 추구』를 읽어보라.
> 골로새서 3:1~17절을 암송하라.

2 습관

[
심비에 새기는 말씀 고린도전서 9:24~27
자유케 하는 진리의 말씀 마가복음 4:1~20
어깨를 딛고서는 독서 그리스도인으로 살기 위한 '노력' vs '훈련'
리더십 트레이닝 삶의 리듬을 개발하라
]

 핵심 진리

크리스천 리더는 어떻게 거룩함을 키워나가는가?

이끄는 제자들은 심겨진 말씀의 씨앗이 뿌리를 내리고 열매를 많이 맺을 수 있도록 마음 밭을 쟁기로 갈아엎어 고랑을 만든다. 이 고랑은 전통적인 영적 훈련(습관)으로 만들어진다. 그 훈련은 성령께서 우리를 변화시키는 사역을 행하실 수 있도록 속사람을 준비시키고 마음문을 여는 것이다.

위에서 제시한 질문과 대답의 핵심 문구가 무엇인지 확인해보라.

"그리스도 안에서 영적으로 성숙해져가는 과정은 자기 섬김으로부터 그리스도 중심의 자기 부인으로 나아감과 동시에 옮겨지는 과정이다. 그리스도 중심이란 하나님의 임재하심과 영원한 나라의 일반적인 상태를 말한다."
— 달라스 윌라드, 『마음의 혁신』 중에서

심비에 새기는 말씀

심비에 새기는 말씀 전체를 이곳에 적어보라.
고린도전서 9:24~27

_____
_____
_____
_____
_____
_____
_____
_____
_____
_____

그리스도인으로 살아가는 것과 리더가 되기 위해 준비하는 것은 훈련이라는 생활방식을 어떻게 받아들이느냐에 달려 있다. 이 암송 구절에서 바울은 그리스도 안에서 성장하는 훈련을 운동선수가 대회에 나가기 위해 훈련하는 것에 비유한다.

1. 고린도전서 9:1~23을 보라. 복음을 향한 바울의 헌신은 어떻게 '절제'(25절, NIV는 strict training으로 번역함)하는 리더의 훌륭한 본보기가 될 수 있는가?

_____
_____
_____
_____

2. 바울은 그리스도인의 삶을 운동선수의 삶과 비교함으로써 우리가 어떤 점을 분명히 깨닫기 원하는가?

　　_____
　　_____
　　_____
　　_____

3. 바울은 25절에서 운동 경기의 목표와 그리스도인의 삶의 목표를 서로 비교하고 있다. 이 사실은 우리의 동기에 어떤 영향을 끼치는가?

　　_____
　　_____
　　_____
　　_____

4. 현재 당신이 그리스도인으로서 살아가는 태도나 접근 방식은 어떠한 특징을 갖고 있다고 보는가?

　　_____
　　_____
　　_____
　　_____

5. 당신은 이 구절을 통해 자신에게 어떤 마음가짐의 변화가 필요하다고 느끼는가?

　　_____
　　_____
　　_____
　　_____

자유케 하는 진리의 말씀

우리의 삶을 향한 예수님의 분명한 의도는 우리가 열매를 많이 맺는 것이다(요 15:8). 예수님이 생각하는 열매는 양적인 측면(더 많은 제자)과 질적인 측면(더 좋은 제자) 모두를 포함한다. 열매는 살아있는 생명체이기 때문에 농사일은 열매 맺는 일이 어떻게 일어나는지를 이해하도록 도와주는 가장 좋은 예화가 된다. 이 비유에서 예수님은 땅을 준비하는 일이 가장 중요한 변수라는 사실을 가르쳐주신다. 그분은 우리가 마음밭을 준비해야 하며, 그래야 말씀의 씨앗이 그 본래의 능력을 발휘할 수 있다는 것을 지적하고 계신다.

1. 마가복음 4장 1~20절에서 예수님은 네 종류의 밭을 설명하시는데, 그것은 여러 상태의 마음을 가리킨다. 그 가운데 세 개의 밭은 말씀의 씨앗이 자라지 못하도록 여러 방식으로 방해하고 있다. 그 중 첫 번째 밭은 길 가의 굳은 땅이다(4, 15절). 이런 마음의 상태는 어떠한가?

   _____
   _____
   _____
   _____

   현대인의 삶 가운데 이와 유사해 보이는 것이 있다면 어떤 것인가?

   _____
   _____
   _____
   _____

2. 두 번째 밭은 돌밭이다(5~6, 16~17절). 깊이 뿌리 내리지 못한 삶이란 무엇을 의미하는가?

뿌리가 얕다는 것이 드러나는 계기는 무엇인가?

개인적으로 이런 경험을 해본 적이 있는가? 있다면 나눠보라.

3. 세 번째 밭은 가시덤불이다(7, 18~19절). 결실을 방해하는 것으로 예수님이 언급하신 다음 요소들에 관해 토론하라.

   a. '세상의 염려'

b. '재물의 유혹'

c. '기타 욕심'

4. 네 번째 밭은 좋은 땅이다(8, 20절). 우리의 마음밭을 준비하여 하나님의 말씀의 씨앗이 충만하고 풍성한 열매를 맺게 하기 위해 우리가 할 수 있는 것은 무엇인가?

만일 좋은 땅을 준비하는 일이 나쁜 땅의 질을 개선하는 것이라면, 당신의 삶 가운데 굳은 땅과 돌밭 그리고 가시덤불에 어떻게 대처하겠는가?

가장 큰 관심을 쏟아야 할 것은 어느 것인가?

_____
_____
_____
_____

5. 이 본문에서 당신에게 떠오른 질문이나 토론거리가 있는가?

_____
_____
_____
_____
_____

"영적 훈련이란 우리 자신을 하나님께 산 제물로 드리는 가장 중요한 방법이다.…그러면 하나님은 우리가 드린 이 간소한 제물을 받으시고, 우리가 할 수 없는 것을 행하셔서 우리 안에 성령이 주시는 평화와 사랑과 기쁨의 습관이 깊이 뿌리박히게 하신다."
– 리처드 포스터, 『영적 훈련과 성장』 중에서

어깨를 딛고서는 독서

그리스도인으로 살기 위한 '노력' vs '훈련'

존 오트버그는 대부분의 그리스도인들이 그리스도인다운 삶을 살기 위해 훈련(training)을 받지는 않고 노력(trying)만 하고 있다고 말했다. 그 차이는 무엇인가? '노력한다'는 것은 무언가 새로운 것에 '눈길'을 한번 주는 것, 무언가를 시도해보는 마음자세를 말한다. 우리는 새로운 도전에 직면할 때면, 이렇게 말하곤 한다. "한번 해볼 거야." 한번 해본다는 생각은 종종 주일 설교에 대한 반응에서 잘 드러난다. 설교자가 우리에게 더욱 인내하라고 권면하면, 우리는 자기를 성가시게 하는 세 살 박이 아이에 대해 좀더 인내하거나, 짜증스러운 직장 동료를 좀더 참아주어야겠다고 결단한다. 그러나 그런 노력은 겨우 화요일까지만 지속된다.

우리 삶에는 노력하는 것만으로는 안 되는 분야가 많이 있다. 어느 토요일 아침에 일어나 신문을 펼쳐들고 그날 마라톤 경기가 열린다는 기사를 보고는 "이야, 난 마침 오늘 할 일이 없으니 이 경기에 한번 참가해 봐야겠는데"라고 말하는 사람은 없다. 42.195km를 달리기 위해서는, 얼마나 빨리 달리느냐와 상관없이 몇 개월에 걸친 신중한 준비가 필요한 법이다. 오트버그는 이렇게 결론을 내린다. "예수님처럼 생각하고 느끼고 행동하는 법을 배우는 일은 마라톤을 완주하거나 피아노를 배우는 일처럼 많은 수고를 들여야 한다."1)

우리는 이런저런 이유로, 예수님을 따르는 일이 비교적 손쉬울 것이라고 예측한다. 우리는 삶의 다른 분야에서 무언가 가치 있는 것을 얻기 위해서는 엄격한 훈련과 땀이 필요하다는 것을 알고 있지만, 리더가 되는 것은 말할 것도 없고, 예수님의 제자가 되는 일에도 그보다 높은 기준은커녕 동등한 기준조차도 적용하지 않는다.

그리스도인의 삶은 마치 경기를 앞둔 운동선수가 훈련을 하는 것과 같은 방식으로 접근해야 한다. 그래서 연습과 훈련, 반복과 짜여진 일과가 필요하다. 마이클 조던은 경기가 끝날 때마다 매번 승리를 거머쥐었다. 그 이유는 무엇일까? 경기가 끝날 때 더 열심히 경기를 하려고 했기 때문일까? 그렇지 않다. 그는 체육관에서 입에 단내가 나도록 연습한 것들을 경기장에서 실행할 수 있었다. 그는 헤아릴 수 없이 많은 시간을 사람들이 보지 않는 곳에서 자신의 점프슛과 자유투가 자동으로 들어갈 때까지 연습하는 데 썼다.

훈련받은 삶의 모습들

사도 바울은 제자의 훈련에 관해 설명할 때 종종 운동선수의 모습을 제시하곤 했다. "운동장에서 달음질하는 자들이 다 달릴지라도 오직 상을 받는 사람은 한 사람인 줄을 너희가 알지 못하느냐 너희도 상을 받도록 이와 같이 달음질하라 이기기를 다투는 자마다 모든 일에 절제하나니 그들은 썩을 승리자의 관을 얻고자 하되 우리는 썩지 아니할 것을 얻고자 하노라"(고전 9:24~25).

여기서 바울이 '얼마나 더 많이'라고 말하는 논리에 주목하라. 사람들이 펼치는 운동 경기에서 어떤 사람은 그 순간에 많은 환호를 받지만, 그것은 곧 덧없이 사라지고 마는 것이다. 몇 년 전도 아니고 바로 지난해에 그 경기에서 우승한 사람을 누가 기억하고 있겠는가? 그러나 우리가 좇는 면류관은 영원히 계속되는 것이다. 그러니 우리는 우리가 좇아야 할 그분을 본받기 위해 '얼마나 더 많이' 훈련을 받아야 하겠는가?

훈련받는 삶에 관한 모습들은 성경 전체에 걸쳐 나타난다. 바울은 우리의 삶을 예수 그리스도라는 기초 위에 집을 짓기 위해 양질의 재료를 선택해야 하는 건축자에 비유하고 있다. 우리는 심판의 불을 통과하지 못할 나무나 풀 혹은 짚을 고를 것인가, 아니면 금이나 은 같은 보석으로 집을 지을 것인가?(고전 3:10~15) 바울은 삶을 마감하기 직전에 믿음의 아들인 디모데에게 자신이 전해주는 복음의 바통을 이어 받으라고 권면했다. 그리고 반대에 부딪쳤을 때 주님의 은혜 안에서 강건하라고 격려했다. 그런 다음 바울은 디모데가 취해야 할 믿음의 자세를 그가 쉽게 이해할 수 있도록 하나씩 열거했다. (1) 지휘관의 명을 받은 군인처럼 주님께 순종하라. (2) 규칙에 따라 경쟁하여 승리를 거둔 운동선수처럼 훈련을 받으라. (3) 수고하여 열매를 거둔 농부의 본을 받으라(딤후 2:3~6).

달리 말하자면, 예수 그리스도의 멋진 제자가 되려면 반드시 엄격한 훈련 프로그램을 거쳐야 한다. 예수 그리스도를 닮기 위해서는 단순히 대학 졸업장을 얻거나 전문의가 되거나 혹은 성공한 음악가가 되는 것보다 더 많은 노력과 훈련이 필요하다. 무언가를 잘하기 위해서는 "한 방향으로의 오랜 순종"2)이 요구된다. 이제 이것을 그리스도의 제자가 되는 일에 적용시켜 보자.

훈련을 받는다는 것은 경건한 습관을 개발하고 연마하는 것을 말한다. 바울은 에베소 교인들에게 보내는 편지에서 이렇게 말한다. "너희는 유혹의 욕심을 따라 썩어져 가는 구습[습관]을 따르는 옛 사람을 [매일매일, 지속적으로] 벗어 버리고…하나님을 따라 의와 진리의 거룩함으로 지으심을 받은 새 사람을 [매일매일, 지속적으로] 입으라"(엡 4:22,24). 이 모습은 더러워진 낡은 옷가지(옛 습관)를 벗어버리고 하나님이 주신 빛나는 생명을 나타내는 새 정장을 차려입는 것을 말한다.

바울은 경건한 습관을 몸에 익히기 위한 방법으로 교체의 원리를 반복적으로 사용한다. 그는 우리가 처음 가졌던 핵심을 놓치지 않도록

영적 성장이란 얼마나 열심히 노력하느냐가 아니라 얼마나 지혜롭게 훈련하느냐의 문제이다.
— 존 오트버그, 『평범 이상의 삶』 중에서

다섯 가지 예화를 추가로 사용한다. (1) 거짓을 버리고 참된 것을 말하라(25절). (2) 화를 오래 끌지 말고 신속하게 해소하라(26~27절). (3) 도둑질을 그만두고 열심히 일하라(28절). (4) 해로운 말을 그치고 덕을 세우는 말을 하라(29절). (5) 악독과 노함과 분냄과 떠드는 것과 비방하는 것을 버리고 용서하라(31~32절). 날마다 우리 안에서는 이런 동일한 싸움이 벌어진다. '나는 어떤 나쁜 습관을 버리고 그것 대신에 하나님이 기뻐하시는 습관을 익힐 것인가?'

우리는 이런 연습을 영적 훈련이라고 부른다. 영적 훈련은 성령님이 변화시키시는 역사가 우리 가운데 일어날 수 있도록 우리를 준비시키는 연습 혹은 습관이다. 그러면 이제 우리는 올바른 습관, 곧 영적 훈련을 우리 삶에 적용하여 자신의 영적 변화를 이끌어낼 수 있는 것처럼 보인다. 그런데 존 오트버그는 또 다시 서로 비교되는 비유를 통하여 영적 훈련의 역할을 이해할 수 있도록 도와준다. 그는 엔진의 힘으로 움직이는 모터보트를 조정할 때와 바람의 힘으로 움직이는 돛단배를 조정할 때의 차이점을 생각해보라고 말한다. 모터보트는 자기 힘으로 프로펠러를 돌려 움직이는데, 이와 마찬가지로 우리는 자기 인생을 자기 스스로 작동하려고 시도할 수 있다. 그러나 그리스도인의 삶은 여러 가지 면에서 돛단배와 매우 닮았다. 돛단배는, 마음대로 방향을 바꾸는 바람에 의지한다. 돛단배를 모는 우리는 키를 조정하고 돛을 높이 세울 수는 있지만 바람이 불게 할 수는 없다. 영적 훈련은 성령의 바람을 받으려고 높이 올린 돛과 같다. 바꾸어 말하면, 영적 훈련 그 자체는 그리스도를 닮아가는 변화를 만들어내지 못하지만, 우리로 하여금 삶을 변화시키는 분이신 하나님과 만나도록 우리를 인도한다.

활력(VIM)과 원기

달라스 윌라드는 활력을 의미하는 VIM이라는 합성어를 사용하여 그리스도의 제자들에게 신뢰할 만한 변화의 틀을 설명한다.3)

비전(Vision)을 붙잡으라. 첫째, 제자는 반드시 비전을 갖고 있어야 한다. 크리스천 리더의 비전은 그리스도를 닮은 거룩한 삶, 곧 하나님 나라에서 사는 모습에 초점이 맞추어져 있다(1장을 보라). 달라스 윌라드는 그리스도를 닮아가는 데에는 두 가지 중요한 목표가 있다고 말한다. 첫 번째 목표는 우리가 확신의 자리로 나아가는 것이다. 그것은 '하늘 아버지'께서 예수 안에서 실제로 나타나셨다는 사실 때문에 항상 기뻐하며 그분을 진심으로 사랑하고 그분의 선한 의도와 전능하심을 신뢰하는 것이다. 우리의 마음이 이 크고 아름다우신 하나님으로 가득하게 될 때 나타나는 자연스러운 반응은, 일단 모든 내적 장애물이 사라지고, '내(주)가 너희(우리)에게 분부한 모든 것'을 행하게 되는 것이다.4)

목적의식(Intention)을 개발하라. 거룩을 향한 비전은 자연스럽게 목적의식 혹은 이 왕국의 실재 가운데 살고자 하는 의지를 개발하는 일로 이어진다. 목적의식이란, 천국 생활의 실재에 순종하기로 혹은 그에 합당하게 살아가기로 작정하고 의도적으로 이 비전을 붙잡는 것이다. 그렇지만 어떻게 그 일을 실행하는가? 이 일을 위해서는 우리의 영적 삶에 틀을 만드는 훈련이 반드시 뒤따라야만 한다.

따라서 두 번째 목표인 '그리스도를 닮아가는 교육 과정'은 우리의 몸을 성령님의 사역에 맞추는 것이다. 바울은 우리의 몸을 '산 제물'로 드리라고 말한다. 그 제물은 '우리가 드릴 영적 예배'이다(롬 12:1). 운동선수들은 자신의 몸이 자동으로 반응할 때까지 같은 동작을 반복하고 또 반복한다. 체육 분야에선 이것을 '근 기억'(muscle memory)이라고 한다. 영적 훈련 역시 영적인 근육에 기억을 새긴다. 우리 몸에 반복적으로 새겨질 자동응답의 목표는 예수님처럼 느끼고 생각하고 행동하는 것이다. 오트버그는 말한다. "예수님을 따르는 것은, 나의 삶이 성령의 열매를 맺게 해주는 행동들을 중심으로 살아가도록 단순히 그분에게서 배우는 것을 의미한다. 우리 삶에 있어 영적 훈련은 운동 경기를 대비하는 연습과 같다."5)

방법(Means)을 붙잡으라. 달라스 윌라드는 우리의 몸으로 성령님의 추진력을 확장하려면, 우리가 '하나님과 멀어진 세상에서 오랫동안 살아왔기 때문에 우리 몸에 밴 범죄와 악한 행동들이 갖는 힘'6)을 반드시 깨뜨려야 한다고 말한다. 그런데 어떻게 그렇게 하는가? 우리의 영적 근육에 배어있는 나쁜 습관들을 버리고 절제와 참여의 훈련을 통해 하나님을 기쁘시게 하는 습관을 영적 근육에 기억시켜야 한다.

우리는 주로 절제 훈련, 즉 고독과 침묵 훈련을 통하여 우리 안에 있는 '범죄와 악이라는 틀'에 민감해진다. 고독은 사람들과의 만남을 오랫동안 피하는 일도 포함되는데, 이것은 침묵, 즉 주의를 산만하게 하는 소음과 소리를 제거함으로 더욱 증진된다. 왜 이 두 가지가 그렇게 중요한가? 우리가 침묵 가운데 들어가면 우리 마음의 자동적인 반응들이 수면 위로 떠올라 평소에는 숨겨져 있던 것들을 만나게 된다. "평소의 생각들은 반드시 깨져야 한다"고 달라스는 말한다. 『고독과 침묵으로의 초대』(Invitation to Solitude and Silence)의 저자인 루스 할리 바튼(Ruth Harley Barton)은 침묵의 피정 시간에 영성 지도자에게 들은 한 예화를 전한다. 그녀는 몹시 힘든 가운데 피정 시설에 도착했기 때문에 조용한 시간을 갖는 것이 매우 어려웠다. 그녀를 담당한 영성 지도자는 그녀에게 '당신의 삶은 물살이 소용돌이 치고 있는 항아리와 같다'고 말했다. 그렇게 급하게 살고 있었기에 그녀는 자신의 삶이 마치 흙탕물처럼 느껴졌다. 간신히 침묵 가운데 자리를 잡고 나서야 흙탕물은 항아리 바닥에 가라앉았고 그녀의 삶은 맑아졌다.7) 침묵이 자리 잡을 때에만 흙탕물이 항아리 바닥으로 가라앉기 시작하고 그제야 물이 맑아지게 된다.

그리고 절제의 훈련은 우리가 참여의 훈련(disciplines of engagement)으로 나아가도록 준비시켜준다. 고독과 침묵은 하나님의 말씀이 우리를 관통하게 만드는 장이 된다. 이 훈련들은 우리 마음밭의 단단한 고랑을 파헤치는 쟁기와 같다. 쟁기질을 한 다음에야 말씀의 씨앗이 우리 마음과 심령을 가득 채울 수 있으며, 그것을 시작으로 우리의 반응이 자동으로 나오게 된다. "일단 고독이 활동하기 시작하면, 이 진행 과정의 핵심이 되는 것은 공부다. 우리의 마음을 하나님과 그분의 나라로 충만히 채우라(비전). 공부의 자연스러운 완성은 예배이다."8) 윌라드는 공부란 단순히 정보를 수집하는 것과는 다르다고 지적한다. 공부란, 하나님의 성품이 내면화되어 우리의 생각과 감정과 행동을 형성하는 몸의 반응에 영향을 미치는 것이다. 예컨대 하나님의 선하심을 공부하게 되면 자연스럽게 예배로 나아가게 된다. 예배는 공부의 완성이다. 사도 바울은 하나님의 원대한 구원 계획을 고찰한 다음, 로마서 11장의 마지막 부분에서 느닷없이 하나님을 찬미하고 있다. 그는 자신의 예배를 속으로 품고만 있을 수가 없었다. "깊도다 하나님의 지혜와 지식의 풍성함이여"(롬 11:33).

훈련 체계를 받아들이려면 선하고 전능하신 하나님의 '비전'을 우선으로 삼고 우리 삶을 여기에 맞추겠다는 '목적의식'을 확고히 해줄 '방법'들을 중심으로 우리 삶을 재구성해야 한다.

리더의 영혼을 강하게 하는 것

나(그레그)는 나의 리더 직분을 정리하고 우선순위를 재정립하게 만드는 경험을 한 적이 있다. 그 일은 1993년 여름에 일어났는데, 당시 나는 담임목사로 5년간 봉직한 후 안식년을 선물로 받았다. 그것은 내가 처음 맞이한 안식년이었기 때문에 나는 그 시간을 어떻게 활용하는 것이 가장 좋을지 제대로 알지 못했다. 내가 섬기고 있는 교회의 한 성도는 내게 3일 동안 침묵 피정을 가져보라고 권했다. 그 일은 내가 안식년에 반드시 가져야 할 어떤 것처럼 들렸지만, 솔직히 말해서 그 시간은 매력적이기보다는 공포로 다가왔다. 나는 이렇게 생각했다. 해야 할 일이 주어지지 않은 그 오랜 침묵의 시간 동안 과연 무엇을 해야 할까? 72시간은커녕 단 한 시간만에 지루해지지 않을까? 사람과 만나 어울리는 최고의 자리인 식사 시간에도 침묵을 지켜야 하나?

"우리는 침묵하는 가운데, 다른 사람들과 함께 살면서 요구되는 것들로부터 멀어질 수 있고, 자신의 생각과 애써 노력하는 것과 억지로 하는 것들에서 비롯된 소음들을 가라앉혀 더 참되고 의지할 만한 목소리를 들을 수 있게 된다."
– 루스 할리 바튼, *Invitation to Solitude and Silence* 중에서

묵상의 습관 그러나 나는 그 도전을 받아들였고, 근처에 있는 피정 센터에 등록했다. 해야 할 일들이 잔뜩 적혀 있는 목록에 이끌려 살아가던 나는 거기서 이런 질문을 던졌다. "주님, 다음 5년 동안 우리 교회를 향한 당신의 비전은 무엇입니까?" 그것은 얼핏 타당한 질문처럼 보였다. 무엇보다 나는 담임목사로서 이끌어야 할 책임을 맡고 있었으니 말이다. 리더에게는 비전이 필요하다. 리더십은 상당부분, 사람들을 어딘가로 인도하는 일임이 분명하다. 사람들을 하나님이 원하시는 곳으로 인도하는 것은 좋은 생각일 것이다. 그러나 계속 이어지는 나무 그늘 아래에서 느긋하게 산책하는 동안 주님은 문득문득 내게 말을 걸어 오셨다. 조용한 가운데 나는 주님께서 내게 말씀하시는 것을 들을 수 있었다. "그레그, 네 질문은 잘못되었다. 네가 물어야 할 질문은 '저를 향한 하나님의 비전은 무엇입니까?'가 아니라 '하나님을 향한 나의 비전은 무엇인가?'이다." 이것은 차원이 전혀 다른 질문이었다.

그리고 그 질문은 지금까지 나를 사로잡고 있다. 왜냐하면 그것은 내가 그때까지 한 번도 해본 적이 없는 방식으로 나의 삶을 살펴보게 만들었기 때문이다. 나의 삶은 다른 사람들에게 내가 섬기고 또 대언한다고 주장하는 하나님에 관해 무엇을 전달하고 있는가? 그에 대한 내 대답은 솔직히 내 마음에 들지 않았다. 그리고 다른 사람들에게서 받은 대답은, "당신은 너무 열정적이어서 접근하기가 어렵다"는 것이었다. 나는 무언가에 사로잡혀 움직이는 사람이었고, 그 과정에서 다른 사람들에게 내가 가진 비전을 성취하도록 밀어붙였다. 내가 의식하지 못하는 가운데 사람들은 너무나 쉽게 내 열정을 성취하는 도구가 되어간 것이다.

일단 자기 성찰에 눈을 뜨자 다음과 같은 일련의 질문들이 폭포수처럼 내게 쏟아졌다. (교육가이자 사회운동가요, 『삶이 내게 말을 걸어올 때』의 저자인 파커 파머의 말을 내 식으로 하자면) 내 삶이 말하고 있는 것은 무엇인가? 나는 그리스도와의 관계 안에서 기쁨을 경험하고 전달해왔는가? 만일 다른 사람들에게 내가 어떤 사람인지 설명해보라고 한다면 내게서 '기쁨'을 거론할 사람은 거의 없을 것이라는 결론을 내릴 수밖에 없었다. 그리고 또 이런 생각이 들었다. 만일 나의 삶이, 내가 그리스도와의 관계 가운데 기쁨을 발견하고 있다는 것을 전해주지 못한다면 무슨 의미가 있겠는가? 프로그램, 계획, 목표, 꿈, 예산, 건물, 이런 것들은 어떤 목적이 있는가?

안식일 습관 나는 안식년을 마치고, 이제는 내 삶의 속도와 틀을 달리하여 예수 그리스도로 충만한 삶을 살겠다는 다짐을 안고 돌아왔다. 그러기 위해서는 두 가지 영적 훈련이 즉시 시행되어야 했는데, 그 가운데 실질적으로 가능한 것들이 내 생활의 리듬이 되어야 했다. 그 첫 번째 훈련은 매주마다 안식을 지키는 것이었다. 나는 오늘날 대부분의 크리스천 리더들이 그렇듯이 안식을 지키지 않을 때 따라오는 결과를 감수하고 그것을 어겨왔다. 일은 내가 쉬기로 정한 날에도 마구 밀고 들어왔다. 나로서는 그것을 차단하기가 힘들었다. 참된 안식은 노동을 그치고 쉬는 것을 의미한다. 나는 일주일에 하루는 일에서 벗어난 시간으로 만들겠다고 다짐했다.

나는 나의 정체성을 리더의 역할과 같은 자리로 내려보내지 않겠다고 결심했다. 나는 내 일이 아니다. 설령 그 일이 하나님이 내게 주신 소명일지라도 말이다. 나는 무엇보다 아버지 하나님이 사랑하는 자녀이며, 내 삶을 통해 아버지 하나님께 기쁨을 드릴 뿐 아니라 그분의 즐거움을 누리며 살기를 원한다. 이는 곧 내가 안식일에 내게 생명을 주는 일들을 하겠다는 뜻이다. 그리고 그 일은 설교 준비와 상관없는 묵상과 공부로 하루를 시작하는 것을 의미했다. 그리고 심지어는 약간의 글쓰기를 의미하기도 했는데, 그것은 글쓰기가 대체로 그날의 경험에 가치를 더해주기 때문이다. 또한 자전거를 타기도 했다. 안전모를 쓰고 안장 위에 올라 앉아 길가의 먼지를 헤치고 달려가는 것은 내게 더할 나위 없이 상쾌한 기분을 안겨주었다.

이런 안식의 일과를 수행하는 것은 곧 믿음의 발자국을 크게 내딛는 것과 같다. 나로서는 아무런 방해도 받지 않는 온전한 안식을 갖기 위해 쉬는 날을 금요일에서 목요일로 바꾸어야 했다. 이 변경에 가장 커다란 방해가 되는 것은 설교 준비 마감이었다. 나는 어떤 임무가 있으면 지나치게 집착하는 편이다. 나는 일을 마치기 전까지는 쉴 수가 없는 사람이다. 특히 설교와 씨름할 때는 그 일을 마치기까지 마치 불독처럼 집요해진다. 그러나 한 주간의 흐름상, 만일 쉬는 날을 목요일로 바꾼다면 목요일에는 설교 준비를 제쳐두고 다시 금요일이 되면 그 마무리를 해야 할 것이다. 이미 굳어진 습성을 생각할 때, 내가 진정으로 새롭게 된다면 시도 때도 없이 나의 관심을 앗아가는 것들로부터 과연 자유를 얻을 수 있을까? 따라서 만일 하나님께서 의도하신 틀에 걸맞은 분별력 있는 새 삶을 살려고 한다면 안식을 받아들이는 것은 '신뢰'와 '순종'이 둘 다 포함된 중요한 행동이 된다.

나는 하나님이 신실하신 분임을 발견했다. 평소라면 일주일 내내 마음속에서 떠나지 않고 신경 쓰고 있었을 것들을 과감히 제쳐둘 수 있는 은혜를 받은 것이다. 주님은 내게 신뢰와 순종에 관한 질문을 던지셔서 개인적으로 도전하셨다. "그레그, 만일 네가 내 가르침(말씀)에 일관되게 살아간다면 내가 약속(말씀)을 신실하게 지킬 것이라고 신뢰할 수 있겠니?"

침묵과 고독의 습관 나는 또한 분기당 36시간 내지 48시간 동안 침묵 피정을 실시하는 여름 안식휴가를 다녀왔다. 그 첫 경험은 매우 혁명적인 것이어서 나는 그 시간이 나의 장기적인 리듬에 일부분이 되어야 한다는 것을 분명히 알게 되었다. 그래서 달력에 표시해두고, 주일 설교를 하지 않는 주간에는 그곳에 가기로 계획을 세웠다. 이것 역시 결코 쉬운 일이 아니었다. 그 일을 위해서는 월요일과 화요일이 가장 적당해 보였지만, 그 날은 다음 주일을 준비하기 위한 예배 팀과 교역자들과의 정기 모임이 있는 날이었다. 이 거룩한 시간을 무턱대고 침범해 들어올 만한 일들은 항상 있었다. 그렇지만 나의 일정 중에 미리 계획된 휴식을 통하여 이런 시간들을 지킬 수 있었다. 나는 그 시간을 '서두르지 않는 고독'의 시간으로 여기게 되었다. '서두르지 않는'이라니, 이 얼마나 시대의 흐름에 역행하는 말인가! 일단 이 연습이 본궤도에 오르자 나는 더욱 신속하게 마음을 가라앉히고 침묵을 끌어안을 수 있는 방법을 배우게 되었다.

묵상과 일기쓰기 습관 나는 기도와 묵상 가운데 주님께 들고 나가 깊이 생각할 필요가 있는 복잡한 문제들을 모아 정기적으로 일기에 적었다. 그렇게 복잡해 보이던 것들이 고독 가운데에서는 무척이나 단순해보였다. 나는 침묵 가운데, 평상시에는 급히 스쳐 지나치는 사람들에게 새로이 관심을 기울이게 되었다. 그리고 손에 찬송가를 들고 나의 주님께 노래를 부르며 유유자적 걷는 것을 즐기게 되었다. 또한 짧은 침묵의 순간을 찾기 위해 치러지는 매일의 전투 가운데 한 자리에서 훨씬 더 많은 성경 본문을 소화할 수 있게 되었다. 변하지 않는 것은, 집에 돌아올 때마다 내가 직면해야 하는 것들에 대해 훨씬 더 분명한 시각을 가지게 되어 한결 새로워진 기분을 느낀다는 것이다. 그러고 며칠 동안은 나라는 존재에서 배어나오는 따뜻함과 생명력을 느낄 수 있게 되었다. 그것은 마치 내가 햇볕을 듬뿍 받은 바위가 되어서, 저녁이 되면 내가 받은 것을 다시 그대로 내놓는 기분이었다.

삶의 자리로 가져오라

모든 크리스천 리더에게 지속적으로 다가오는 질문은 이런 것이다. 당신의 삶은 예수 그리스도 안에 있는 기쁨에 관해 무엇을 전달하고 있는가? 당신은 그분과의 관계 가운데 기쁨을 발견하고 있는가? 당신은 그분과의 사랑 가운데 머물 수 있도록 시간을 배열하는 가운데 살고 있는가? 계시록에서 에베소 교회를 향한 예수님의 메시지는 다음과 같다. "너를 책망할 것이 있나니 너의 처음 사랑을 버렸느니라"(계 2:4). 이 말씀이 혹시 당신에게도 해당되지 않는가? 어쩌면 당신은 그리스도의 성품에 대한 비전을 붙잡을 수 있다. 그리고 그분을 닮은 리더가 되겠다는 목적의식을 가질 수도 있다. 그렇지만, 당신은 크리스천 리더라는 직분의 근원이 되는 이 일차적 관계를 지키고 함양하기 위한 어떤 수단들을 갖고 있는가? 만일 사람들이 우리가 그리스도와의 관계를 누리는 것을 보지 못한다면 리더가 된들 무슨 소용이 있겠는가? 그리고 만일 우리가 그것을 누리지 못한다면 이 모든 것이 무슨 의미가 있겠는가?

 리더십 트레이닝

삶의 리듬을 개발하라

영적인 훈련과 연습이 있는 삶은, 오직 성령님만이 하실 수 있는 일들에 하나님께서 우리를 사용하시도록 하는 데 도움이 된다. 그러나 영적 훈련 그 자체가 하나님과의 만남을 보증하지는 않는다. 그것은 단지 우리를 하나님께서 말씀하시는 것이라면 무엇이든 열린 마음으로 들을 수 있게 만든다. 다음 연습은 당신이 제자로서의 삶을 계획하는 데 도움이 되는 것들이다. 이 훈련 계획은 철저히 개인적인 것이어야 한다. 당신 자신에게만 적용되며 다른 사람에게 그대로 적용시키려 해서는 안 된다. 이 훈련 계획은 또한 균형이 필요하다. 이 말은 매일, 주간, 월간, 분기 간 그리고 연간 흐름을 확립해야 한다는 의미다. 그리고 현실적이어야 한다. 독신자의 계획과 어린 자녀를 둔 부모의 계획은 매우 다를 것이다. 마지막으로, 당신의 훈련 계획은 유동적이어야 한다. 인생이란 우연의 연속이다. 당신에게 어떤 훈련 계획이 적절한지 계속 살펴보고 조정하라. 다음 질문에 깊이 생각하고 답해보라(이 질문들은 루스 할리 바튼과 알버그 캘혼의 도움을 얻어 만들었다).

1. **갈망** 예수님은 베데스다 연못가의 한 중풍병자에게 이렇게 물어보셨다. "네가 낫고자 하느냐?"(요 5:6) 그리고 거지 바디매오에게 이렇게 물어보셨다. "네게 무엇을 하여주기를 원하느냐?"(막 10:51)
   현재 당신이 하나님께 원하고 있는 것을 하나의 낱말이나 어구나 문장 혹은 그림, 그밖에 당신의 영적인 갈망을 알아볼 수 있는 비유로 풀어서 나타내보라.

   _____
   _____
   _____

당신이 하나님의 임재를 느끼도록 이끌어준 경험과 훈련들에 주의를 기울이라. 하나님을 향해 당신의 마음이 활짝 열리게 만드는 특별한 훈련이 있다면 그것은 무엇인가?

_____
_____
_____

2. **무력함** "나의 자녀들아 너희 속에 그리스도의 형상을 이루기까지 다시 너희를 위하여 해산하는 수고를 하노니"(갈 4:19).
당신은 어느 분야에서 변화가 가장 필요한가? 또한 스스로 변화를 불러일으킬 수 없다는 것을 절실히 느끼고 있는가?

_____
_____
_____
_____

3. **계획** "두렵고 떨림으로 너희 구원을 이루라 너희 안에서 행하시는 이는 하나님이시니 자기의 기쁘신 뜻을 위하여 너희로 소원을 두고 행하게 하시나니"(빌 2:12~13).
당신이 자신의 삶 가운데 포함시키고 싶은 훈련이나 연습은 무엇인가?

매일 얼마나 시간을 할애할 수 있는가? 당신은 언제, 어디서 하나님을 만나겠는가?

_____
_____
_____

주간 당신이 일에서 벗어난 공간이라고 선언한 곳에서 당신의 생명을 회복시키는 것들만 하는 자신의 모습을 상상할 수 있는가? 상상할 수 있다면, 혹은 상상하기 어렵다면 왜 그런가? 그 장소에 가기 위해서는 무엇이 필요한가? 당신이 그날을 어떻게 '당신 영혼을 회복시키는 일'로 채울지 상상해보라.

_____
_____
_____
_____
_____

월간/ 분기간 어떤 훈련이 당신을 그리스도께 민감한 제자로 살도록 이끌어주는가? 이런 연습들은 대체로 장기간의 고독과 침묵 혹은 참여와 봉사 훈련으로 이루어진다.

_____
_____
_____
_____
_____

연간 일년 정도의 기간이 필요한 다음 훈련들 가운데 당신이 하나님께 마음을 여는 데 도움이 되는 것은 어떤 것인가?

_____ 강습회

_____ 단기 선교 여행

_____ 침묵과 고독 피정

_____ 지역 봉사 활동

_____ 개혁 그룹

_____ 그 밖에(   )

이런 흐름을 지속하기 위해 다음 단계로 해야 할 행동들은 무엇인가?

매일 : _____
_____
_____

주간 : _____
_____
_____

월간/ 분기간 : _____
_____
_____

연간 : _____
_____
_____

당신이 '삶의 리듬'을 만들어내는 데 도움이 되며 당신의 계획을 함께 나눌 수 있는 대상으로 당신에게 필요한 사람은 누구인가?

_____ **영적 친구**: 서로 마음이 통하는 동역자

_____ **영성 지도자**: 당신의 말을 듣고 하나님이 당신의 삶 가운데 행하시는 것을 보고 이야기해줄 수 있는 훈련 받은 안내자

_____ **멘토**: 당신이 존경하며 삶의 모범으로 삼고 본받기 원하는 사람

3 겸손

[
심비에 새기는 말씀 마태복음 7:1~5
자유케 하는 진리의 말씀 빌립보서 2:1~11
어깨를 딛고서는 독서 그는 흥하여야 하겠고 나는 쇠하여야 하리라
리더십 트레이닝 자기 마음을 살펴보라
]

 핵심 진리

크리스천 리더들이 가진 가장 큰 야망은 무엇인가?

이끄는 제자들은 그리스도와 그의 나라의 명성과 평판을 높이려는 야망을 갖고 있다. 우리는 그 야망이 자기과시와 교만으로 이어질 수 있음을 잘 알기에 신중할 필요가 있다. 올바른 동기가 이처럼 중요하므로 크리스천 리더는 자신의 영적 상태를 정기적으로 점검해줄 수 있는 사람들과의 관계를 중요하게 여긴다.

위에서 제시한 질문과 대답의 핵심 문구가 무엇인지 확인해보라.

심비에 새기는 말씀

심비에 새기는 말씀 전체를 이곳에 적어보라.
마태복음 7:1~5

_____
_____
_____
_____
_____
_____
_____
_____
_____
_____

인간 본성의 이면에는 교만이 자리 잡고 있다. 이런 교만의 한 가지 증거로, 다른 사람들을 판단할 때는 자신을 판단할 때보다 더 엄격한 잣대를 사용하는 성향이 우리에게 있다는 것이다. 우리는 자신을 정당화하기 위해 다른 사람의 허물을 캔다. 이 암송 구절에서 예수님은 우리에게 다른 사람들을 바로잡기에 앞서 먼저 자기 자신을 살피는 데 힘쓰라고 명하신다.

1. 예수님은 1~2절에서 이렇게 명령하신다. "비판하지 말라." 당신은 예수님이 '비판'이라는 단어를 어떤 의미로 쓰셨다고 생각하는가?

_____
_____
_____

2. 다른 사람의 행위를 평가하고 바로잡아야 할 합당한 이유가 있는가? 만일 그렇다면 그것은 비판과 어떻게 다른가?

   _____
   _____
   _____
   _____

3. 예수님이 제시하신, 비판하지 말아야 할 이유는 무엇인가?

   _____
   _____
   _____
   _____

4. 3~5절은 1~2절에서 언급된 비판하지 말아야 할 이유를 어떻게 보충하고 있는가?

   _____
   _____
   _____
   _____

5. 예수님은 "자기 허물은 항상 작게 보고 다른 사람의 허물은 항상 크게 보는 것이 인생의 법칙이다. 우리는 자기 자신을 더 호의적으로 판단하는 경향이 있다"라고 말씀하시는 것처럼 보인다. 당신은 이 말이 옳다고 생각하는가? 이유는 무엇인가?

   _____
   _____
   _____

6. 당신의 삶에서는 이런 모습을 어디서 찾아볼 수 있는가?
   _____
   _____
   _____
   _____

7. 당신이 다른 사람을 특별히 엄격하게 대하는 경우가 있는가? 그렇게 하는 이유는 무엇인가?
   _____
   _____
   _____
   _____

8. 우리는 어떤 근거로 다른 사람의 삶에 대해 바로잡아야 할 부분을 지적할 수 있는가?
   _____
   _____
   _____
   _____

자유케 하는 진리의 말씀

빌립보서 2장 1~11절은 겸손하기를 권하고 그 모범을 제시하는 신약의 대표적인 구절이다. 우리는 이 본문에 "리더의 낮아짐"이란 제목을 붙일 수 있다. 바울은 빌립보 공동체에 '겸손한 자세를 바탕으로 연합하라'고 명하고 있다. 그런 다음 동기를 부여하기 위해 예수 그리스도의 모범이라는 최고의 카드를 제시한다. 그분은 자기 영광을 포기하고 우리와 같이 되셨다. 겸손에 관한 한 예수님보다 더 큰 모범이 또 있을까?

1. 바울은 1~2절에서 하나됨을 호소한다. 그는 무엇을 근거로 그런 호소를 하고 있는가?

   _____
   _____
   _____
   _____
   _____
   _____

2. 바울은 3절에서 먼저 우리가 피해야 할 것을 바탕으로 겸손을 규정한다. 다음 두 문구를 당신 자신의 말로 설명하고 예를 들어보라.

   '다툼'(selfish ambition, NIV)

   _____
   _____
   _____
   _____
   _____

'허영'(vain conceit, NIV)

___
___
___
___
___

3. 바울은 3~4절에서 겸손을 두 부분으로 정의하고 있다. 당신의 삶에서는 어떤 모습으로 나타나고 있는가?

___
___
___
___
___

"자기보다 남을 낫게 여기고". 당신은 바울이 '낫게'라는 말을 어떤 의미로 쓰고 있다고 생각하는가?

___
___
___
___
___

"각자 자기 일(interest, NIV)을 돌볼 뿐더러 또한 각각 다른 사람들의 일을 돌보아". 우리가 어떻게 해야 다른 사람의 일을 잘 알 수 있겠는가?

___
___
___
___
___

4. 6~7절에 의하면 예수 그리스도께서는 무엇을 포기하시고 무엇을 취하셨는가?

   _____
   _____
   _____
   _____

5. 당신은 예수님이 십자가에서 죽기까지 자신을 낮추시기 위해 (8절) 필요했던 것이 무엇이라고 생각하는가? 이 사실을 깊이 묵상하라.

   _____
   _____
   _____
   _____

6. 바울이 겸손한 삶의 본질에 관해 우리가 붙잡기를 원하는 것이 무엇인지 요약해보라.

   _____
   _____
   _____
   _____

7. 예수님의 겸손에 따른 보상은 무엇이었는가?

   _____
   _____
   _____
   _____

우리에게도 그와 비슷한 것이 있는가?

___
___
___
___
___

8. 이 본문에서 당신에게 떠오른 질문이나 토론거리가 있는가?

___
___
___
___
___

"겸손이 사람을 자신의 말과 명성에 대한 집착에서 건져낼 때, 우리는 비로소 우리가 자기 자신을 완전히 잊을 때에만 참 기쁨을 누릴 수 있다는 것을 발견하게 된다. 그리고 우리가 자신의 목숨과 명성과 탁월함에 더 이상 관심을 두지 않을 때에야 비로소 우리는 오직 하나님을 위하여 그분을 온전히 마음껏 섬기게 된다."
– 토마스 머튼, 팀 한셀 *Through the Wilderness of Loneliness* 중에서

어깨를 딛고서는 독서

그는 흥하여야 하겠고 나는 쇠하여야 하리라

"그는 흥하여야 하겠고 나는 쇠하여야 하리라"(요 3:30). 세례 요한의 말은 이끄는 제자들이 가져야 할 자세를 한마디로 요약하고 있다.

요한과 예수님의 관계 그리고 하나님 나라와 관련해서 선구자이자 예수님의 사자(使者)로서의 역할은 우리가 본받아야 할 최고의 모범이 된다. 요한은 진정한 겸손이 어떤 모습이며 교만이라는 함정을 어떻게 피하는지를 잘 보여준다.

요한의 겸손은 인간의 심리 구조를 생각할 때 정말 대단한 것이다. 그 누가 대중의 환호를 기꺼이 포기하겠는가? 그러나 요한은 바로 그 일을 했다. 마가는 "온 유대 지방과 예루살렘 사람이 다 나아가 자기 죄를 자복하고 요단강에서 그에게 세례를 받더라"(막 1:5)라고 전한다. 이스라엘을 향한 하나님의 침묵은 요한의 음성을 통해 깨졌다. 그때는 하나님께서 선지자 말라기를 통해 마지막으로 말씀하시고 400년이 지난 때였다. 이제 하나님은 이 상당히 특이한 인물을 통해 다시 말씀하시기 시작하셨다. 말씀의 기근은 해소되었다. 많은 사람들이 회개하고 천국의 삶을 준비하라는 요한의 메시지를 듣기 위해 무리 지어 몰려들었다. 경험상, 일단 칭찬의 노래가 시작되면 사람은 자만해지기 마련이다. 인기는 곧 권력으로 이어진다. 우리는 자신이 자신의 진짜 모습보다 더 위대하다고 생각하기 시작한다. 누구도 피할 수 없는 하나의 경구가 있다면 그것은 액튼 경(Lord Acton)의 금언이다. "권력은 부패하며, 절대 권력은 절대적으로 부패하기 마련이다."

그러나 세례 요한은 인도자이신 예수님이 무대 중앙에 자리를 잡으시자 곧바로 무대를 떠났다. 어떻게 이런 일이 가능하며, 그 일이 우리에게 주는 교훈은 무엇인가?

첫 번째 교훈

요한이 갖고 있던 자기 소명에 대한 명확한 인식은 그의 정체성을 확실히 규정하고 있다(요 1:19~28, 3:27~29). 그의 마음은 진리에 뿌리내리고 있었다. 요한이 강력하고 권위 있는 메시지를 전하자 사람들은 '그가 누구인가' 하는 의문을 제기했다. 종교 지도자들이 물었다. "네가 엘리야냐…네가 그 선지자[메시아를 의미]냐…누구냐 우리를 보낸 이들에게 대답하게 하라 너는 네게 대하여 무엇이라 하느냐?"(요 1:21~22). 요한은 처음부터 이렇게 말했다. "나는 그리스도가 아니라…너희 가운데 너희가 알지 못하는 한 사람이 섰으니 곧 내 뒤에 오시는 그이라 나는 그의 신발끈을 풀기도 감당치 못하겠노라"(요 1:20, 26~27).

요한의 제자들조차도 예수님이란 별이 떠올랐을 때 요한이 자기별의 광채가 사라지는 것을 싫어했을 것이라고 생각했음이 분명하다. 요한의 제자 가운데 하나가 이 문제를 거론했다. "랍비여 선생님과 함께 요단 강 저편에 있던 이 곧 선생님이 증언하시던 이가 세례를 베풀매 **사람이 다 그에게로 가더이다**"(요 3:26, 강조는 저자의 것).

요한은 아무런 동요가 없었다. 왜냐하면 그는 자신에게 주어진 임무를 분명히 알았기 때문이다. "요한이 대답하여 이르되 만일 하늘에서 주신 바 아니면 사람이 아무 것도 받을 수 없느니라 내가 말한 바 나는 그리스도가 아니요 그의 앞에 보내심을 받은 자라고 한 것을 증언할 자는 너희니라 신부를 취하는 자는 신랑이나 서서 신랑의 음성을 듣는 친구가 크게 기뻐하나니 나는 이러한 기쁨이 충만하였노라 그는 흥하여야 하겠고 나는 쇠하여야 하리라 하니라"(요 3:27~30). 요한은 자신의 역할은 신랑의 친구가 되는 것이며, 예수님을 따르는 사람들은 그분의 신부라고 말한다. 그가 와서 할 일은 서로를 소개시켜 주는 것이 전부다. 그의 일은 이제 완성되었다.

요한이 한 일은 자신이 부르심을 받은 일 그 이상도, 이하도 아니었다. 그는 자신의 일이 완성된 것을 보고 기쁨이 충만했다.

리더에게 가장 중요한 문제는 그 뿌리가 무엇이냐는 것이다. 우리는 우리가 누구이며, 무엇이 우리를 천국 사역에 동참하도록 동기를 부여했는지 알고 있는가? 고든 맥도날드는 기독교의 고전이 된 그의 저서 『내면세계의 질서와 영적 성장』(Ordering Your Private World)에서 길을 잃는 것의 미묘한 위험성을 분명히 강조하고 있다. 그는 부르심을 받은 사람과 쫓겨다니는 사람이 되는 것의 위험을 비교한다. 한마디로 말해서, 부르심을 받은 사람은 안에서 밖으로 살아가지만, 쫓겨다니는 사람은 밖에서 안으로 살아간다. 부르심을 받은 사람은 자신의 내면세계에 질서를 부여하고, 거기서부터 중심을 잡은 존재로서 자신의 바깥 세계에 참여하게 된다. 쫓겨다니는 사람은 바깥에 초점을 맞추는데 그것은 이 세상의 성공 기준이 그들의 동기를 형성하기 때문이다.

당신이 부르심을 받은 사람인지 끌려 다니는 사람인지 어떻게 알 수 있을까? 맥도날드는 쫓겨다니는 사람의 증상을 제시한다. 가장 두드러진 증상은, 쫓겨다니는 사람은 자기가 지금 하는 일보다 훨씬 더 재미있는 일들이 많이 있기 때문에 스트레스를 받고 짜증을 낸다는 것이다.

당신의 삶에는 이런 쫓겨다님의 징후들이 얼마나 있는지 점검해 보라.

- **성취에 만족을 얻음** 업적을 잔뜩 쌓는 것은 쫓겨다니는 사람들을 분발하게 만드는 당근이다. 이런 사람들은 업적에 따라 보상을 받는다는 사실을 배우게 되며, 그에 따르는 사람들의 인정을 사랑하게 된다.
- **성취를 나타내는 상징물에 만족을 얻음** 당신이 땀 흘리는 현장에서 성취를 나타내는 중요한 상징은 무엇인가? 사무실의 크기, 사무실에 대형 창문이 있는지의 여부? 조직 내 서열, 특별 수당, 급여? 저택의 크기와 위치와 호화스러움, 별장, 자동차의 종류, 휴가 기회? 찰스 콜슨(Charles Colson)은 1960년대 닉슨이 백악관에 있던 시절에 자신이 높은 자리에 올라갔던 이야기를 들려준다. 닉슨이 권좌에 오른 지 몇 달 뒤 대통령법률자문팀에 합류하게 된 콜슨은 대통령 집무실에서 한참 떨어진 곳에 그의 사무실이 있었다. 그러나

치열한 권력 다툼 후 마침내 그의 자리는 대통령 바로 옆자리가 되었다. 언론은 즉시 그 사실을 알아챘다. 그는 권력 바로 옆에 있었기 때문에 중요한 인물이 된 것이다. 그는 주목받았고, 그것은 그를 타락시켰다.

• **무분별한 확장 욕구에 사로잡혀 있음** 무엇을 추구하든, 그것은 이전보다 더 크고 더 좋은 것이어야 하며, 항상 다음 기회를 노린다. 고든 맥도날드는 19세기 영국의 설교자인 찰스 스펄전의 말을 인용한다. "우리가 만일, 일을 성취하시는 분은 하나님이시라는 것을, 그분은 내 도움 없이도 그 일을 계속하실 수 있음을, 그리고 그분이 나를 그 자리에서 잘라내기 원하시면 언제라도 다른 방법으로 그 일을 해내실 수 있다는 것을 기억하지 않는다면, 성공은 우리를 자만하게 만들 수 있으며, 또한 반드시 그렇게 하고 말 것이다."[1] 확장할 필요를 느낀다는 것은 내적인 만족감이 결핍되어 있다는 증거다. 내적 만족감은 겉으로 아무리 확장해도 결코 채워지지 않는다. 그럴 때 찾아오는 중압감은 당신을 짓누를 뿐 아니라 그 자체로 당신의 동료들과 부하들에 대한 불만의 표시가 된다. 그들은 이미, 확장을 향한 당신의 욕망을 채우는 도구로 전락했기 때문이다.

• **청렴함을 소홀히 함** 우리의 성숙도보다 세속적인 야망이 더 클 때 청렴함은 결여된다. 우리가 소중하게 간직하고 있다고 생각했던 가치관들은 얼마든지 쉽게 타협이 된다. 속임수가 끼어들고 우리는 그 첫 희생자가 된다. 이 진리는, 하루가 멀다 하고 기업 총수들과 정치 지도자들이 자신이 전에 높이 평가했던 그 기준을 어겼다고 스스로 시인하며 고개를 숙이고 감옥에 가는 장면들이 매스컴에 오르내리는 것만 봐도 알 수 있다. 도덕의 나침판은 방향을 가리키는 바늘을 잃어버렸다.

• **사람을 대하는 기술이 부족하고 미성숙함** 쫓겨다니는 사람은 목표, 대상, 임무에 초점을 맞추며, 주변 사람들을 단순히 자신이 거기에 도달하는 데 필요한 도구나 자원의 하나로 간주하는 경우가

빈번하다. 이것은 특히 비전을 가진 사람에게 위험한 것이다. 처음에는 하나님이 주신 비전으로 시작했던 일이 어느 순간, 무슨 수를 써서라도 달성해야 할 목표로 바뀌게 된다! 그리고 그 결과로, 한 번 쓰고 버려진 사람들이 행렬을 이루고, 피고용인들이 드나드는 회전문이 된다. 나는 절망닷컴(despair.com)이라는 씁쓸한 우스개 소리를 다루는 사이트를 좋아한다. 그곳에 걸린 사진들 가운데 이집트의 피라미드를 찍은 사진이 있는데 거기에 '성취'라는 제목이 붙어 있었다. 그리고 그 밑에는 이런 글이 달려 있다. "당신에게 비전과 결단, 그리고 무제한의 노동력이 주어진다면 당신이 마음에 정한 것은 무엇이든 할 수 있다." 애석하게도 기독교 기관을 운영하는 많은 리더들이 일을 진행하다가 자기 임무를 마친 사람을 가차 없이 버리는 경우가 종종 있다.

- **화산처럼 폭발하는 분노** 분노는 사람을 대하는 기술이 부족하거나 미성숙하다는 증거에 지나지 않는다. 이런 리더는 만일 사람들이 자신이 원하는 기능을 성취하지 못하면 그들을 제거하고 다른 도구를 찾는다. 리더의 목표를 방해하는 것처럼 보이는 사람은 리더의 전진을 가로막는 것이므로 리더의 진노를 받게 된다.

- **지나치게 바쁨** 몇몇 리더들은 이 점을 불평하기도 하고, 자신이 미처 챙기지 못하고 지나친 일정을 아쉬워하지만, 그들은 기회가 주어져도 분주함에서 벗어나려 하지 않는다. 그들에게는 분주하다는 것이 곧 중요한 사람이라는 의미와 같아서 분주함을 명예로운 훈장처럼 달고 다닌다.

세례 요한은 이런 쫓겨다님의 징후와 대조적으로, 자신에게 미리 정해진 역할 내에서만 살아가는 놀라운 능력을 보여주었다. 그는 하나님께서 자기에게 명하신 일들만 성취했다. 그는 끝없는 확장 대신 선구자의 역할에만 충실했고, 자신이 메시아라는 생각에 현혹되지 않았다. 그의 성실함은 한결같았는데, 그것은 그가 자기 뒤에 오시며 또한 자기보다 위대하신 분에게 항상 초점을 맞추고 있었기 때문이다. 그가 분노할 때도 있었는데, 그것은 사람들을 거룩하신 하나님과 분리시키는 죄에 대한 분노였다.

야망에 관해 간단히 살펴보자. '쫓겨다님'과 '부르심' 모두 야망을 드러낸다. 야망은 하나님이 주신 특성이다. 야망은 단지 성공을 거두기 위한 열정, 혹은 남들보다 뛰어나고 더 많은 영향력을 끼치려고 노력하는 열정일 뿐이다. 쫓겨다니는 사람들은 세상의 명성을 얻으려는 야망을 갖고 있다. 부르심을 받은 사람은 하나님의 영광을 드러내는 일을 야망으로 삼는다. 그들은 주님 앞에 서는 날을 바라보며 산다. 19세기의 가장 위대한 복음전도자이자 기독교 정치인인 존 모트(John R. Mott)는 철저하게 다음 세 문장을 중심으로 자신의 삶을 살아냈다. "젊은이들이여, 제군들은 자신을 위하여 위대한 것을 구하는가? 그런 것들을 구하지 말라. 먼저 하나님의 나라를 구하라."

두 번째 교훈

세례 요한은 자기 자아가 예수님과 경쟁하도록 내버려두지 않았다. 요한의 역할은 예수님이 등장하기 전에 잠깐 등판하는 중간 계투가 되는 것이었다. 그는 자신의 일시적인 인기를 보고 자신이 매우 중요한 인물인 양 착각하지 않았다. 예수님이 무대 위에 등장하셨을 때 요한의 자기 평가는 그분께 조금도 방해가 되지 않았다.

요한복음 1장에는 주목할 만한 장면이 전개된다. 요한이 종교지도자들에게 자신은 그리스도가 아니며, 그분의 신들메 푸는 것도 감당하지 못할 만큼 작은 존재로 그분을 기다리고 있다고 설명한 다음날, 요한은 자기를 향해 나아오시는 예수님을 보았다. 요한은 즉시 예수님을 알아보았는데, 그것은 성령께서 비둘기 모양으로 그분 위에 내려오셨기 때문이다. 그래서 그는 이렇게 외쳤다. "보라 세상 죄를 지고 가는 하나님의 어린 양이로다! 내가 전에 말하기를 내 뒤에 오는 사람이 있는데 나보다 앞선 것은 그가 나보다 먼저 계심이라 한 것이 이 사람을 가리킴이라"(요 1:29~30). 바로 그 다음날, 요한은 자기 두 제자와 함께 있다가 다시 이렇게 외쳤다. "보라 하나님의 어린 양이로다"(요 1:36). 그리고 그 두 제자는 요한의 곁을 떠나 예수님을 좇았다.

주목할 만한 것은, 요한은 자기 제자들이 예수님께 가는 것을 허락하지 않을 수도 있었지만 오히려 그들이 그분을 따르도록 준비시켰다는 사실이다. 요한은 자기 우리 안에 있던 이들이 예수님을 향해 떠나기 시작했을 때 마치 자기 인생이 끝이 난 것처럼 느낄 수도 있었다. 그러나 그런 줄다리기는 없었다. 이것이 바로 진정한 겸손의 표시다.

겸손의 반대는 교만과 소유다. 우리는 이런 충동 때문에 위험에 빠지게 되는데, 그것이 어느새 우리의 중심이 되기 때문이다. 겸손과 자만은 서로 정반대이다. 루이스는 교만을 "하나님과 완전 반대인 마음 상태"라고 불렀다.2)

교만은 우리의 업적이 무시당하거나 모른 채 지나가거나 인정받지 못할 때 고개를 쳐든다. 그런 상황에서 우리는 내심 이렇게 속삭이기도 한다. "내가 누군지 모르세요?" 교만의 본성은 가만히 있지 못한다는 것이다. 교만은 인정받기를 추구한다. 개인적인 고백을 하자면, 나(그레그)는 한 교회 강습회에 참석해서 사람들이 내 이름을 알아주기를 바라는 교만이 내 속에 있음을 발견했다. 무엇보다 나는 책을 낸 저자이고 특정 분야에서 널리 알려진 사람이었다. 우리는 우리가 얼마나 중요한 사람인가를 말해줄 누군가에게 얼마나 의존하고 있는지 모른다. 나는 나 자신에게 이런 질문을 던져야 했다. '나의 가치는 하나님 아버지의 사랑받는 자녀라는 사실 위에 세워지는 것이므로 내가 무명의 존재가 되어 잊혀져도 그것으로 만족할 수 있지 않을까?' 우리가 군중들의 환호를 필요로 하지 않고, 오직 우리 안에 있는 그리스도의 기쁨 가운데 든든히 설 때에만 하나님이 원하시는 그런 리더가 능히 될 수 있다.

오늘날 크리스천 리더십을 괴롭히는 한 가지 행동양식이 있다. 너무 많은 리더들이 자기 자신을 과장해서 바라본다. 그것은 그들의 자아도취에서 드러난다. 과장이란 자신의 중요성을 지나치게 부풀려서 바라보는 것을 의미한다. 자아도취에 빠진 사람은 거울에 비친 자신의 모습에 푹 빠진 사람이다. 이것은 병든 자기사랑이다. 그런 사람은 다른 사람이 자기와 함께 각광 받는 것을 용납하지 않는데, 그들의 자아가 경쟁자를 허용하지 않기 때문이다.

내가 이 문제를 제기한 것은, 기독교 공동체가 세상이 열망하는 추진력 있는 리더를 갖고자 하는 것처럼 보이기 때문이요, 그리하여 우리가 그 카리스마 넘치는 리더십에 아무런 힘을 들이지 않고 끌려다닐 수 있기 때문이다. 우리는 자기 자신을 성령의 에너지에 연결시키는 대신 다른 사람의 에너지를 빌린 다음 그들에게 끌려 다니기도 한다. 사람들은 수동적인 구경꾼이 되는 경향이 있기 때문에 교회는 특히 자아중심적인 리더에게 피해를 입기 쉽다. 일반적으로 그리스도인들은 자아도취적인 일꾼들을 바라보는 것만으로 만족한다.

루이스는 자기 안에 이런 성향이 존재함을 매우 분명하게 인식했다. 한번은 월터 후퍼가 루이스에게, 그가 의도했든 하지 않았든 그의 유명한 책 때문에 '매력적인 숭배의 대상'이 되고 있음을 인식하고 있는지 물어보았다. 후퍼는 루이스가 조용하고 낮은 목소리로, 이제껏 본 사람들 가운데 가장 완벽한 겸손의 모습으로 이렇게 대답하였다고 전한다. "아무리 조심해도 그것에 대해 생각하지 않을 수가 없다네."3)

세례 요한은 자신이 누구를 위해 살고 있는가에 관한 깊은 문제를 해결했다. 그는 자신에게 주어진 역할이 무엇인지 알았고, 자신의 가치는 그 몫을 정해주신 하나님 아버지로부터 오는 것임을 알았다. 요한의 정체성은 사람들에게 받는 인기에 뿌리를 두지 않았으며, 따라서 리더가 되려고 예수님과 경쟁할 필요도 없었다.

"사람들이 일관되게 자신의 허물은 과소평가하고 다른 사람의 허물은 과대평가하는 것이 인생의 법칙이다. 우리 모두는 자기에게 유리하도록 생각하는 결정적인 판단 기준을 가지고 있다."
— 프레드릭 데일 부르너, *Matthew: A Commentary, The Christbook, Matthew 1~12* 중에서

세 번째 교훈

세례 요한은 자기 영혼에 회의를 가지고 있었음이 분명했다. 비록 요한은 메시아의 선구자라는 특별한 임무를 부여받았지만 다른 모든 사람과 마찬가지로 죄인이었다. 그가 베푼 회개의 세례는 장차 임할 진노를 피해야 할 필요가 있는 '독사의 자식들'뿐 아니라 자기 자신에게도 필요한 것이었다. 예수님이 세례를 받기 위해 요한에게 나타나셨을 때, 요한은 이런 생각을 하며 움찔했다. "내가 당신에게서 세례를 받아야 할 터인데 당신이 내게로 오시나이까"(마 3:14). 죄 없으신 분이 나타났을 때 요한은 서로의 역할이 바뀌어야 함을 잘 알았다.

겸손한 리더는 자신이 진흙으로 만들어졌으며, 따라서 자신의 영혼이 가진 성향에 대해 항상 주의를 기울여야 한다는 것을 잘 알고 있다. 외적인 상급을 추구하는 은밀한 충동과 경쟁 가운데 드러나는 교만은 우리를 하나님 나라의 리더로 이바지하게 하는 겸손과 상극을 이룬다.

조나단 에드워즈는 이제껏 미국이 배출한 학자들 가운데 가장 뛰어난 신학적 지성과 열정을 가진 사람일 것이다. 에드워즈는 1차 대각성 운동(1720~1740년대)의 주도적 참여자이자 신중한 목회자였다. 에드워즈는 부흥이 원활하게 진행되는 중에도 영적 교만이야말로 주님의 부흥 사역의 가장 커다란 적이라고 경고했다. 그는 교만을 피하는 방법을 가르쳐주었고 영적 겸손에 대한 놀라운 지혜를 전해주었다. "영적으로 교만한 사람은 다른 사람의 영적 건강 상태에 정신이 팔려 있다. 그들은 자신이 영적으로 무언가를 이루었다고 보고, 다른 사람의 허물을 쉽게 발견하고 그들은 자기와 같은 수준의 열심을 갖고 있지 않다고 생각한다. 반면에 겸손한 사람은 자신이 가야할 길이 아직 멀며, '다른 사람의 일로 분주할' 겨를이 없다는 것을 잘 알고 있다."[4]

에드워즈가 깨달은 영적 겸손은 우리가 지향해야 하는 존재의 바탕이 된다. 잠언의 저자는 우리에게 이렇게 권면한다. "무릇 지킬 만한 것 중에 네 마음을 지키라 생명의 근원이 이에서 남이니라"(잠 4:23). 이를 달리 표현하면, 사람들의 마음에서는 맑고 깨끗한 물만큼이나 구정물도 흘러나올 수 있다는 것이다. 마음의 정결을 유지하기 위해 신경

쓰라. 선지자 예레미야의 경고는 우리에게 항상 유효하다. "만물보다 거짓되고 심히 부패한 것은 마음이라 누가 능히 이를 알리요마는"(렘 17:9). 달리 말하면, 우리 인간이라는 존재는 자기기만에 관해 무제한에 가까운 능력을 갖고 있는 것처럼 보인다.

그렇다면 우리는 어떻게 우리의 영혼이 경건한 겸손에 초점을 맞추도록 감시하겠는가? 자기 성찰만으로 충분할까? 서구문화의 철저한 개인주의로 한층 강화된 복음주의 전통은 개인적인 경건생활이나 경건의 시간을 강조하며, 마치 그것으로 충분하다는 듯한 경향이 있다. 그 생각은 하나님과 가까이 하기 위해 성경을 가지고 다니고, 경건서적과 반성을 위한 기도일지를 지녀야 한다는 것이다. 나는 그런 것이 중요하지 않다는 것이 아니라, 그것만으로 충분하지 않다는 것이다. 이런 '나와 예수님' 형식의 믿음은 이미 왜곡된 자아상에 단순히 무언가를 더하는 것에 지나지 않을 수 있다.

우리는 우리의 영혼을 감시하는 일을 도와줄 다른 사람이 필요하다. 다행히도 오늘날 우리는 '영혼의 치유'에는 솜씨 좋은 영적 의사가 필요하다는 것을 재발견하고 있다.

우리가 겸손이라는 미끄러운 장대를 올바로 깨달았다면, 우리의 마음을 정결하게 유지하도록 도와줄 사람들을 열심히 찾을 것이다.

잘난 체하기는 성공에 대한 교만의 반응이다. 그리고 자기 연민은 고통에 대한 교만의 반응이다. 잘난 체하기는 말한다. "나는 칭찬받아 마땅해. 왜냐하면 많은 것을 성취했으니까." 자기 연민은 말한다. "나는 칭찬받아 마땅해. 왜냐하면 많은 것을 희생했으니까." 잘난 체하기는 강자의 마음에 있는 교만이 내는 목소리이다. 그리고 자기 연민은 자기를 희생한 사람의 마음에 있는 교만이 내는 목소리이다.

— 존 파이퍼, 『여호와를 기뻐하라』 중에서

리더십 트레이닝

자기 마음을 살펴보라

교만은 숨어 있는 범죄다. 교만은 자기 인식의 장막 뒤에서 활동한다. 루이스는『순전한 기독교』에서 교만을 이렇게 말한다. "우리 안에는 [교만보다] 우리가 의식하지 못하는 더한 잘못은 존재하지 않는다.…만일 누구든지 겸손을 얻고 싶어하는 사람이 있다면, 나는 그에게 그 첫 번째 단계를 말해줄 수 있다. 그것은, 인간은 교만하다는 것을 깨닫는 것이다. 그리고 그것은 가장 중요한 단계이기도 하다."
이번 리더십 트레이닝에서는 우리의 마음을 살피는 한 가지 방편으로 교만이 우리 가운데 어느 곳에 도사리고 있는지 살펴볼 것이다.

쫓겨다님의 징후

"어깨를 딛고서는 독서"에 나타난 쫓겨다님의 징후들을 살펴보라. 당신에게는 어떤 징후가 있는지 체크해보고 삶에서 구체적인 예를 들어보라.

_____ 쫓겨다니는 사람은 성취에 만족을 얻는다.
_____ 쫓겨다니는 사람은 성취를 나타내는 상징물에 만족을 얻는다.
_____ 쫓겨다니는 사람은 무분별한 확장 욕구에 사로잡혀 있다.
_____ 쫓겨다니는 사람은 청렴함을 소홀히 한다.
_____ 쫓겨다니는 사람은 사람을 대하는 기술이 부족하고 미성숙한 경우가 많다.
_____ 쫓겨다니는 사람은 화산처럼 폭발하는 분노를 가진 경우가 많다.
_____ 쫓겨다니는 사람은 지나치게 바쁘다.

이런 쫓겨다님의 징후들을 살펴볼 때, 자신에 대해 어떤 결론을 내릴 수 있는가?

___
___
___
___
___

외적인 것보다 내적인 것을 더 중요하게 여기는 삶을 살기 위해 당신이 할 수 있는 것은 무엇인가?

___
___
___
___

교만에서 비롯된 경쟁심

겸손과 교만은 종종 우리의 정체성과 그에 따른 우리의 가치관과 의미가 어디에 있는지를 보여준다. 다른 사람들과의 경쟁심이나 비교의식은, 우리가 자신 안에 있는 그리스도의 확증에 참된 가치를 부여하지 못하고 있다는 증거일 수도 있다.

필자는 자신이 최근 한 강습회에서 느낀, 인정받고 싶어하는 욕망에 관한 예화를 들었다. 당신은 어떤 경우에 자신이 중요한 사람이라는 인정을 받고 싶어하는가?

___
___
___
___

자기 영혼을 살피기 위해 다른 사람에게 도움 구하기

개인적으로 자신의 영혼을 살피는 것만으로는 충분하지 않다. 우리는 다른 사람이 필요하다. 우리에게는 우리가 대답하기 힘든 질문을 던져줄 사람이 필요하다. 우리의 죄를 고백하고 그리스도 안에서 받은 용서의 선포를 들어줄 누군가가 있어야 한다. 당신이 '자기 영혼을 감시하는 일'을 도와줄 수 있는 인간관계를 맺으려면 어떻게 해야 하는가?

_____
_____
_____

다음 항목들은 우리가 자신의 영혼을 감시하는 데 도움이 될 수 있는 여러 인간관계들을 나타낸다. 이 가운데 당신이 특히 추구해야 할 관계는 무엇인가?

- **멘토** 멘토란 섬기고 제공하고 권면하는 마음을 가진 존재로, 당신이 그에게서 배울 것이 있다고 믿는 사람이다. 멘토는 자신의 경험에서 우러난 지혜를 나눌 뿐 아니라 당신에게 통찰력 있는 질문을 던질 수 있다. 이런 일대일 관계는 멘토가 절실한 사람이 먼저 시작해야 한다. 지금 생각나는 사람이 있는가?

- **신앙의 친구 혹은 신뢰할 수 있는 동역자** 신앙의 친구나 신뢰할 수 있는 동역자는 서로 간에 고민과 실패와 유혹들을 털어놓을 수 있는 사람을 말한다. 경건한 친구를 찾아보라. 당신이 대답하기 힘든 질문을 당신에게 단호하게 물어볼 수 있는 사람, 곧 당신에게 기꺼이 도전을 던지고 권면하고 기도하기를 좋아하는 사람을 찾으라. 이런 관계에서 진솔하게 고백하고 용서의 말을 받아들이는 자리에 이르는 것이 중요하다. 당신과 기꺼이 그런 자리에 함께할 사람이 있는가?

- **영적 지도자 혹은 감독자** 영적 지도자나 감독자는 보통 이런 방면에서 검증된 훈련을 받은 사람들이다. 영적 지도자는 훈련 단체나 교역자들 그리고 훈련받은 평신도 지도자들 가운데서 찾을 수 있다. '감독자'라는 호칭은 다소 잘못 붙여진 명칭이다. 왜냐하면 그 호칭은 '지시하는 역할'이 실제보다 더 강조되기 때문이다. 영적 감독사는 영을 분별하고, 하나님께서 우리 마음의 소원 가운데 어떻게 역사하시는지 볼 수 있도록 도와주고, 그 사람이 그런 소원을 가질 수 있도록 도와준다.
- **약속 그룹 혹은 책임 그룹** 약속 그룹이나 책임 그룹은 서로 협력하면서 영적 친구로 활동하는, 보통 동성(同性)의 서너 명으로 구성된다. 그룹의 행동 강령은, 영적 여정을 함께 나누고, 유혹과 시련에 함께 맞서고, 성령의 능력이 심령을 가득 채우도록 기도로 중보하는 일 등이 포함된다. 모임의 빈도는 참가자의 제반 여건에 따라 다르다.
- **그 밖에** _____

당신에게는 어느 항목이 적절해보이는가? 당신은 어느 단계를 밟겠는가?

_____
_____
_____
_____

> ■ **더 깊이 나아가기**
>
> 고든 맥도날드의 『내면세계의 질서와 영적 성장』과 C. S. 루이스의 『순전한 기독교』를 읽어보라.

# 리더의 자세

자세란 무엇을 의미하는가? 이번 단원은 예의범절 그 자체를 다루는 것은 아니지만 (그리고 앞으로 보게 되겠지만) 그것과 아무 관련이 없는 것 또한 아니다. 자세란 우리가 몸을 지탱하거나 유지하는 방식이며, 리더십에서는 우리가 인도하도록 맡겨진 사람들과 함께 어떻게 자리하고 처신하는가가 포함된다. 세상의 기준으로 볼 때 효과적인 리더십은 종종 그가 일을 완수했는가 하는 최종 결과물로 측정된다. 기업에서 효과적인 리더십이란 투자 수익률을 계속 증가시켜서 주주들을 만족시키는 것을 의미한다. 그리고 정치 분야에서 리더십의 목표는 선거에 당선되고 재선되는 것인데, 이는 곧 자기 선거구에서 계속 인기를 얻는 것을 말한다.

그러나 크리스천 리더십은 '목적'만큼이나 그 '방법'에 대해서도 관심을 기울인다. 달리 말해서, 사람들을 어떻게 인도하는가는 그가 무엇을 성취하는가 만큼이나 중요하다. 예를 들면, 어떤 행사를 위해 기금을 마련하는 일이 성공을 거둘 수도 있지만, 그 달성 방식이 사람들과의 관계에 치명적인 해를 끼쳐 결국 사람들을 분열시킬 수도 있다. 성경을 기준으로 보면, 분열은 곧 리더가 리더로서의 지위를 상실한 것을 의미한다. 리더는 다른 사람들이 자기 뜻을 따르도록 협박하거나 위협을 가하여 공포심을 조장하기도 한다. 그리고 이사회는 그렇게 하는 것이 '효과적'이기 때문에 그를 용인하게 된다. 그러나 그것은 크리스천 리더십이라 볼 수 없다.

그래서 우리는 2부에서 크리스천 리더들이 그들이 통솔하는 사람들 앞에서 취하는 세 가지 방식을 연구하게 될 것이다.

무릎 꿇기(4과) '섬기는 리더십'(Servant Leadership)이란 말은 너무 많이 사용되어 사람들이 자주 오해하는 용어다. 4장에서는 섬기는 리더십이란 리더십을 발휘하지 않는다는 의미가 아님을 보여주려고 한다. 리더십은 힘과 영향력을 효과적으로 사용하여 사람들이 특정 목표를 달성하게 만드는 것이다. 크리스천 리더십은 그 힘과 영향력에 있어 섬김의 최고 모범이 되시는 그분을 얼마나 반영하는가와 관련이 있다. 이 행동은 그들의 미래의 품행을 보여주는 시각적인 표본이 된다. 4장은 섬기는 리더가 어떻게 자신을 따르는 이들에게 능력을 부여하여 그들이 모두 공헌할 수 있게 만드는지를 다룬다.

팀 세우기(5과) 신약에 나타난 리더십의 모범은 서부 영화의 주인공인 존 웨인이나 론 레인저처럼 갈등을 향해 돌진하지 않는다. 크리스천 리더십이란 하나님과 대면한 뒤에 시내산을 내려오는 모세라기보다는 오히려 모든 구성원의 은사가 적재적소에 배치되어 임무를 수행할 수 있는 하나의 팀을 이루는 것과 같다. 신약의 리더들은 (비록 비전을 품은 사람들이었지만) 먼저 하나님은 그리스도의 몸을 통해 역사하신다는 사실을 올바로 알았다. 삼위일체 하나님이 성부, 성자, 성령의 영원하신 사랑의 공동체인 것처럼, 그리스도의 몸의 실체는 교회라 불리는 공동체 안에서 구현되어야 한다. 리더에게 동역자들이 번성하는 것을 보는 것보다 더 큰 기쁨을 주는 것은 없다.

청지기로 섬기기(6과) 리더는 그 어느 때보다 하나님께서 자신들을 향해 계획하신 모습에 충실할 때 가장 큰 공헌을 하게 된다. 리더가 자기 팀원들이 하나님이 주신 달란트와 은사, 그리고 개성과 열정에 맞게 임무를 수행하고 헌신하는 것을 보기를 간절히 원하는 것만큼이나 그 자신 역시 그렇게 되어야 마땅하다. 크리스천 리더들이 자신이 가장 탁월한 방식으로 섬기기를 바라는 것은 이기적인 것이 아니다. 리더가 섬기는 공동체는 그 리더가 부름 받은 목적에 합당한 선한 청지기가 되도록 공동체가 그를 돕는 것이 현명하다. 6장은 리더들이 하나님 나라를 세우는 일에 자신의 독특함을 따라 헌신하는 데 매진할 수 있도록 도와줄 것이다.

4 무릎 꿇기

[
심비에 새기는 말씀 마가복음 10:42~45
자유케 하는 진리의 말씀 요한복음 13:1~17
어깨를 딛고서는 독서 섬기는 리더십이란 무엇인가?
리더십 트레이닝 우리가 맡은 리더십의 근거와 방식 살피기
]

 핵심 진리

크리스천 리더의 동기와 자세는 무엇인가?

리더가 제자를 이끄는 동기는 지배와 권력을 통한 자기 확장, 혹은 결핍이나 자기 가치를 채우기 위함이 아니다. 섬기는 리더는 다른 사람들에게 권한을 부여하고 그들을 무장시켜 하나님께 온전히 헌신하게 만드는 것에서 기쁨을 누린다. 섬기는 리더가 되는 특권은 실제로 하나님의 사랑받는 자녀가 되어본 사람만이 누릴 수 있다.

위에서 제시한 질문과 대답의 핵심 문구가 무엇인지 확인해보라.

"하나님은 사람들에게 알려지기를 바라며 행한 수천 가지 위대한 행동보다는, 그 수가 얼마 되지 않더라도 침묵과 은밀함 가운데, 그리고 사람들이 알아주기를 바라는 마음 없이 행한 어떤 행동을 더욱 기뻐하신다."
— 십자가 위의 요한, *Three Mystics* 중에서

심비에 새기는 말씀

심비에 새기는 말씀 전체를 이곳에 적어보라.
마가복음 10:42~45

_____
_____
_____
_____
_____
_____
_____
_____
_____

인생에 가장 큰 영향을 미치는 삶의 교훈은 우리가 미처 생각지 못하는 순간에 종종 주어진다. 예수님은 주로 우리의 일상생활 속에서 잘못된 것을 바로잡으시고 옳은 것과 그른 것을 비교하는 최고의 가르침을 주셨다. 예수님은 마가복음 10장 42~45절에서 큰 자가 되고자 했던 야고보와 요한의 욕심을 하나님 나라의 가치관에 따라 리더십의 개념을 재정립할 수 있는 기회로 삼으셨다.

1. 마가복음 10장 35~45절에서 예수님은 세상 사람들이 따르고 있는 기준과 대조되는 참된 리더십의 모범을 제시하신다. 세상의 기준은 무엇이며, 야고보와 요한은 어떻게 그것을 받아들이게 되었는가?

_____
_____
_____

2. 세상이나 교회 안에서 리더십을 "지배자로 군림하는" 혹은 "권세를 휘두르는" 방식으로 보는 접근법이 존재하는 증거는 어떤 것인가?

3. 예수님은 당신의 나라에서 다른 방법으로 사람들을 인도하는 이들을 부르고 계심이 분명하다. 하나님 나라에서 큰 자(혹은 먼저 된 자)는 어떠한 모습으로 비칠지 여러분 자신의 말로 써 보라.

4. 만일 누군가가 여러분에게 "종이나 하인이 된다는 것은 다른 사람의 필요에 항상 응답할 수 있도록 준비하는 것이다"라고 말한다면 여러분은 그 말에 동의하는가, 하지 않는가? 자신의 견해를 설명해보라.

5. 45절에서 예수님이 많은 사람들을 위하여 자기 목숨을 내어주심으로써 그들을 기꺼이 섬기시려 하신 모습은, 우리와 우리가 인도하는 사람들과의 관계에 대해 무엇을 가르쳐주는가?

자유케 하는 진리의 말씀

예수님은 십자가에 달리시기 전날 밤에 제자들에게 섬기는 사랑이 무엇인지 친히 보여주셨다. 그들 가운데 집에서 부리는 하인의 자리에 서서 다른 사람들의 발을 씻기려고 한 사람은 아무도 없었다. 우리는 제자들이 유월절 음식을 먹기 위해 모인 이 중요한 순간에도 누가 더 큰가를 놓고 서로 다투었다는 사실을 잘 알고 있다(눅 22:24).

1. 요한복음 13:1~17을 읽으라. 예수님과 제자들이 처한 극적인 순간을 여러분 자신의 말로 옮겨보라(1~2절).

   _____
   _____
   _____
   _____

2. 어떻게 해서 3절은 예수님이 억지로가 아니라 자원해서 자기 제자들을 섬기신 근거가 되는가?

   _____
   _____
   _____
   _____

   이 사실로 보아 우리는 섬기는 자가 되기 위해 무엇을 알아야 하는가?

   _____
   _____
   _____
   _____

3. 발을 씻어주는 일이 갖는 상징적인 의미는 무엇인가?

4. 당신은 왜 베드로가 자기 발을 씻어주시려는 예수님을 한사코 만류했다고 생각하는가(8절)?

5. 섬김을 받으려는 마음과 다른 사람을 섬기는 능력 사이에는 어떤 상관 관계가 있는가?

"영적 지도자들이 영적으로 지도하고 가르치고 인도할 때, 인도함을 받는 자들에게 권한을 부여하고 양육하기보다 리더의 권한을 강화하고 사람들에 대한 통제력을 얻으려 하면, 그것은 언제나 영성 남용으로 귀결된다."
– 레이 앤더슨, *The Soul of Ministry* 중에서

6. 예수님은 몸소 제자들의 발을 씻어주신 일을 통해 그들이 무엇을 배우기를 원하셨는가(12~15절)?

7. 리더십과 종의 자세를 연결시켜보라. 종의 자세는 리더십에 대해 무엇을 말해주는가?

8. 이 본문에서 당신에게 떠오른 질문이나 토론거리가 있는가?

어깨를 딛고서는 독서

섬기는 리더십이란 무엇인가?

섬기는 리더십이란 말은 종종 비(非)리더십(nonleadership)이란 말로 들린다. 말하자면, '섬기는'이란 수식어는 '리더'라는 지위를 무색하게 만드는 것처럼 보인다. 섬기는 리더란 리더가 종의 자세를 취한다는 것이며, 그것은 다른 사람의 명령에 따른다는 것을 의미한다. 한 목회자는 '목회자가 된다는 것은 무엇을 의미하는가?'라는 제목의 글에서 자신이 이해하고 있는 섬기는 리더십에 관해 이렇게 이야기했다. "비록 나는 가끔씩 당신에게 실망할 수도 있지만, 당신은 내게서 섬김을 기대할 것이다. 나는 그리스도의 종이다. 따라서 나는 또한 당신의 종이기도 하다. 혹시 당신은 '종을 부르기 알맞은 때는 언제인가?'라고 물을 것이다. 나의 바쁜 일정 가운데 편리한 시간에? 내가 편히 쉬고 난 다음날 아침에? 더 중요한 교회정책과 행정업무를 검토한 다음에? 그렇지 않다. 알맞은 때는 바로 당신이 나를 필요로 하는 때이다."1)

처음에는 이것이 훌륭한 종의 초상으로 보이겠지만, 그 모습은 부유한 집안에서 주인이 시도 때도 없이 흔들어대는 종소리에 귀를 쫑긋 세우는 집사장의 이미지를 떠올리게 한다. 이것이 우리가 말하는 섬기는 리더십인가? 아니다.

오브리 맬퍼스는 섬기는 리더십에 관하여 다음과 같은 또 다른 정의를 제공해준다. "크리스천 리더는 자신이 언제 나아가는지 알며(비전) 따르는 이가 있는(영향력) 경건한 개인(인격)이다."2) 달리 말하면, 리더는 사람들을 인도하는 존재다. 리더는 (1) 준비된 미래의 청사진과 (2) 사람들이 그 미래를 받아들이도록 만드는 능력을 갖고 있어야 한다. 그러나 그리스도인다운 리더십이 되기 위해서는 섬기는 리더십의 근간인 우리의 위대한 스승의 모범을 따라야 한다. 섬김은 왜(동기), 어떻게(방식) 리더가 되려고 하는지를 짚어보게 함으로써 리더십에 이르는 자격을 부여한다.

리더십은 하나님이 불어넣어주신 비전을 향하여 힘과 영향력을 발휘한다. 섬기는 리더십이 제기하는 가장 중요한 질문은, 힘과 영향력은 어떻게 그리고 어떤 마음으로 발휘해야 하는가이다. 이 질문들은 예수님이 야고보와 요한과의 만남에서 정면으로 다루신 쟁점이다. 세배대의 아들들은 세상 사람들이 생각하는 리더십 개념에 빠져 있었다.

야고보와 요한은 장차 임할 예수님의 나라에서 특별한 자리를 차지하기 위해 예수님께 은밀히 다가갔다. 예수님은 자신의 영광스러운 보좌로 올라갈 때 열두 사도도 보좌에 앉아 이스라엘 열두 지파를 심판하게 될 것이라고 약속하셨다(마 19:28). 이 말씀을 들은 야고보와 요한은 그 보좌의 서열을 정해야겠다고 생각했다. 그래서 이렇게 아뢰었다. "주의 영광 중에서 우리를 하나는 주의 우편에, 하나는 좌편에 앉게 하여 주옵소서"(막 10:37).

두 사람이 나머지 열 사람을 제치고 앞서나가고자 한 이 말은 금세 소문으로 퍼졌다. 나머지 열 사도는 분개했다. "열 제자가 듣고 야고보와 요한에 대하여 화를 내거늘"(막 10:41). 우리는 베드로가 이 분노한 제자들의 대변인이 되었을 것이라고 충분히 예상할 수 있다. 왜냐하면 두 형제는 베드로, 야고보, 요한으로 이루어진 삼각 구도를 무너뜨렸기 때문이다. 열 사람이 분노한 것은 야고보와 요한이 천국 리더십을 오해해서가 아니라 그들이 선수를 쳤기 때문이었다.

예수님은 이 사건을 가르침을 전할 기회로 삼으셨다. 그래서 권력과 영향력의 관점에서 리더십을 바라보는 세상의 시각과, 리더십의 이유와 방법을 중시하는 당신의 생각을 비교하셨다. "예수께서 불러다가 이르시되 이방인의 집권자들이 그들을 임의로 주관하고 그 고관들이 그들에게 권세를 부리는 줄을 너희가 알거니와"(막 10:42). 예수님은 로마사람들과 유대인 고관들에게서 본 것과 동일한 권력욕이 제자들에게도 있음을 분명히 아셨다. 그 두드러진 패러다임은 '저희를 임의로 주관하고'와 '저희에게 권세를 부리는' 이라는 구절에 담겨 있다. 리더십은 '그들 위에' 서서 그들을 지배하는 것으로 간주되었다.

야고보와 요한은 높은 지위를 갖고자 하는 야망이 있었다. 그것이 잘못된 것은 아니다. 잘못된 것은 그들의 동기이다. 야고보와 요한은 두 가지 점에서 잘못된 생각을 가진 것으로 보인다.

명예 야고보와 요한은 권력의 중심부에 얼마나 가까이 있느냐를 기준으로 자신의 존재 가치를 세우려 했다. 그들은 권좌에 가장 가까운 자리에 있음으로써 그 영광의 반사이익을 누릴 수 있다고 여겼다. 그들의 내적인 결핍은 그들이 최고의 자리에 "도달했기" 때문에 충분히 가려질 수 있게 된다. 이제 많은 이들이 그들에게 경의를 표한다. 물론, 권력이 그들이 원하는 것을 가져다주기 때문에 그들에게 특권이라는 문이 활짝 열려 있다. 한마디로 이것은 마약과 같은 것이라 할 수 있다.

모든 직업에는 저마다 위계질서가 존재한다. 기업의 세계에서 지위란 당신의 이름을 알아보는 사람들, 당신의 비서를 거쳐서 당신에게 오게 되는 일, 안락한 업무 환경, 식당에서 가장 좋은 자리에 앉는 일 등의 형태로 다가온다. 만일 끝없이 이어지는 하소연을 듣고 싶다면 간호사에게 의료계에 존재하는 위계질서에 관해 물어보라. 그러나 학계야말로 학위, 직함, 표창장, 교직원 식당 등 다른 어떤 분야보다 계층화된 분야일 것이다.

지위 상승을 바라는 마음은 우리 주위를 둘러싸고 있다. 그 힘은 너무도 미미해보여서 종종 그 영향력을 인식하지 못하기도 한다. 그러나 그 힘은 분명히 우리를 붙들고 있다.

로버트 레인즈의 시는 우리의 인간관계가 얼마나 계산적인지를 여실히 보여준다.

나는 야고보와 요한과 같습니다,
주님, 나는 다른 사람들을 평가할 때
그들이 나를 위해 무엇을 해줄 수 있는지,

내 계획을 얼마나 앞당기게 해주는지,
나의 자아에 필요한 것을 공급해주는지,
내게 부족한 것을 채워주는지,
전략적인 이익을 제공해주는지를
기준으로 삼습니다.
나는 사람들을 이용하되,
겉으로는 당신을 위한다고 하지만,
실제로는 나 자신을 위하여 했습니다.…
나는 야고보와 요한과 같습니다.3)

권력 명예가 우리 자신보다 더 높은 지위에 관한 가치 기준이라면, 권력은 우리 자신보다 더 낮은 사람들과 비교되는 우리의 지위에 관한 것이다. 교만은 우리의 자아를 증진시키기 위해 사용된 힘이라고 정의할 수 있다. 야고보와 요한은 그 은밀한 요청을 통해 무엇을 하려 한 것일까? 그들은 다른 열 사람보다 높아지기를 원했다. 루이스는 교만의 밑바탕에는 경쟁심이 자리하고 있음을 일깨워준다. 그는 이렇게 말한다.

교만은 무언가를 소유하는 데서 만족을 얻지 못하며, 오직 옆에 있는 사람보다 그것을 더 많이 갖는 데서 만족한다. 우리는 사람들이 부자이거나 똑똑하거나 잘생긴 것을 자랑한다고 말하지만 사실은 그렇지 않다. 그들은 자신이 다른 사람보다 더 부자이거나, 더 똑똑하거나, 더 잘생긴 것을 자랑한다.…당신을 교만하게 만드는 것은 비교, 곧 다른 사람들보다 위에 있다는 데서 오는 즐거움이다.4)

짐 콜린스는 성공한 기업에 관한 저서인 『좋은 기업을 넘어 위대한 기업으로』에서 흥미진진한 연구결과를 보여주었다. 그는 위대한 기업은 '단계 5'(Level 5) 수준의 리더가 이끈다고 주장한다. 비록 콜린스의 준거점이 '섬기는 리더십'이라는 성경적인 패러다임은 아니지만, 그가 설명하는 단계 5의 리더는 예수님이 자기 제자들에게 요구하신 섬기는 리더와 매우 닮은 점이 많다. 콜린스는 단계 5의 리더들은 겸허하면서 적극적이고, 겸손하면서 담대한 이중성을 드러낸다고 말한다.

　이 내용은 잠시 후에 다시 살펴보기도 하고, 일단 여기서 중요한 점은 콜린스가 논의하고 있는 '단계 4'의 리더들이다. 단계 4의 리더는 야고보와 요한이 되고 싶어했던 그런 지도자의 모습과 흡사해보인다. 그들은 자신이 높은 자리에 앉는 것에만 관심을 기울인다. 그들의 초점은 회사의 장기적인 성공이 아니라 현재 이룩한 성공이 자신 때문이라고 사람들에게 인정받는 것이다. "무엇보다, 당신 개인의 위대함을, 당신이 떠난 뒤에 남은 빈 자리보다 더 잘 말해주는 것이 무엇이겠는가."5) 자기 중심적인 리더가 가장 중요시하는 주제는 자기 자신이며, 그는 사람들의 주목을 독차지하기를 좋아한다. 저자는 변화를 인도하는 단계 4의 리더들에 관한 한 논문에서 대명사 나(I)를 44회, 우리(we)를 16회 사용하고 있다. 콜린스는 이런 결론을 내린다. "우리는 비교 사례[즉 훌륭하지만 위대하지는 않은 기업]의 2/3 이상에서, 회사가 몰락하거나 근근이 이어지게 하는 데 공헌한 거대한 인물이 존재한다는 사실에 주목했다."6)

　리더십에 대한 예수님의 접근방법은, 명예를 추구하고 자아를 고양시키려는 노력의 일환으로 권력을 행사하거나 세상의 특권을 추구함으로써 자기 가치를 이끌어내는 것과 정반대이다. "너희 중에는 그렇지 않을지니 너희 중에 누구든지 크고자 하는 자는 너희를 섬기는 자가 되고 너희 중에 누구든지 으뜸이 되고자 하는 자는 모든 사람의 종이 되어야 하리라 인자가 온 것은 섬김을 받으려 함이 아니라 도리어 섬기려 하고 자기 목숨을 많은 사람의 대속물로 주려 함이니라"(막 10:43~45).

　그러면 동기와 수단이라는 틀을 사용하여 섬기는 리더십의 의미를 살펴보도록 하자.

왜? 다른 사람들이 생명을 찾을 수 있도록 하기 위해

섬기는 리더십은 칭찬 받는 것에 관심을 갖지 않는다. 대통령 해리 트루먼(Harry Truman)은 이런 말을 한 것으로 알려진다. "만일 누가 영광을 받는지 염두에 두지 않는다면, 당신은 인생 가운데 무엇이든 이룩할 수 있다."7) 섬기는 리더는 두 가지에 관심을 갖는다. (1) 자신이 인도하는 사람들을 향한 하나님의 꿈이 실재가 되는 것. (2) 모든 사람이 비전을 성취하는 일에 나름대로 공헌하고 있다고 느끼는 것.

여기서 단계 5에 속한 리더의 특징으로 다시 돌아가보자. 위대한 리더의 특징은 콜린스와 그의 팀이 증명하려고 계획한 것이 아니라, 위대한 기업들이 공통적으로 갖고 있는 것들을 살펴보다가 발견한 것이다. 첫째, 단계 5의 리더들은 잘 알려진 사람들이 아니다. 실제로, 만일 당신이 그들과 같은 기업에 속해 있지 않다면 그들을 알아볼 기회는 매우 적을 것이다. 둘째, 단계 5의 리더들은 자신에 대해 말하는 것을 좋아하지 않는다. 그 대신, 그들은 회사와 다른 사람들의 공헌에 초점을 맞춘다. 다음 용어들은 단계 5의 리더들을 설명하는 말이다. 조용하다, 겸손하다, 수수하다, 내성적이다, 부끄러움을 탄다, 너그럽다, 순하다, 표면에 나서지 않는다, 말수가 적다. 그들은 자신에 관한 신문기사를 믿지 않는다. "훌륭함을 넘어 위대함에 이른 리더들은 실제보다 과장된 영웅이 되는 것을 결코 원하지 않는다. 그들은 조용히 특별한 결과를 만들어내는 매우 평범한 사람들처럼 보인다."8)

이러한 모습을 보이는 사람들이 많이 있었다는 것을 감안할 때, 이들 중 특별히 리더로 구별되는 사람들의 특징은 무엇일까? 첫째, 그들

"예수님은 그리스도인들 사이에 위계질서가 자리하는 것을 한마디로 단호하게 거부하시고, 그 대안으로, 가장 높은 영광의 자리를 떠나 십자가에 못 박힌 구세주라는 가장 천한 자리로 찾아오신 것처럼 낮은 곳을 향하여 찾아가는 것을 모범으로 제시하셨다."
– 길버트 빌레지키안, *Community 101* 중에서

은 자신의 영역 확장이 아니라 회사 전체의 성공에 절대적으로 초점을 맞춘다. 둘째, 그들은 회사를 키우기 위해 필요한 일이라면 무엇이든 하겠다는 단호한 결단을 갖고 있다. 이를 달리 말하면, 리더가 된다는 것은 자기 자신에 관한 어떤 것이 아니라 그보다 더 큰 무엇에 관한 것이다. 그들은 자신의 성공에 관해 질문을 받으면 자기 주위를 둘러싸고 있는 훌륭한 팀원들에게(혹은 외부적인 요인에) 영광을 돌리곤 한다. 어째서 단계 5 이상의 리더는 없는가라는 질문에 콜린스는 "수백만 년이 지나도 결코 자신의 이기적인 필요들을 억누르고 자기 자신보다 더 크고 오래 지속되는 무언가를 세우기 위한 더 큰 야망에 자신을 복종시킬 수 없는 사람들이 있다. 이런 사람에게 있어서 일이란 언제든지 자신이 세우고 창조하고 공헌하는 무엇이 아니라 자신이 얻는 것, 즉 명성, 부, 아첨, 권력 등에 관한 것이다"9)라고 말한다.

　섬기는 리더는 자기 백성을 향한 하나님의 비전이 이루어지도록 자신의 삶을 기꺼이 바친다. 예수님은 이에 관해 모범을 제시하신다. "인자가 온 것은 섬김을 받으려 함이 아니라 도리어 섬기려 하고 자기 목숨을 많은 사람의 대속물로 주려 함이니라"(막 10:45). 우리가 위대한 리더들에게서 발견하는 것은 그들은 자신이 섬기는 이들을 깊이 사랑하고, 그들을 자기와 동일시하여 그들을 위해 자기 목숨도 기꺼이 내주기까지 할 수 있다는 것이다. 모세는 하나님께서 히브리 사람들의 우상숭배(금송아지 앞에 절하기)를 심판하기로 작정하셨을 때 섬기는 리더십을 드러냈다. "그러나 이제 그들의 죄를 사하시옵소서 그렇지 아니하시오면 원하건대 주께서 기록하신 책에서 내 이름을 지워버려 주옵소서"(출

"복종하는 것을 기쁨으로 받아들인 사람이 아니면 높은 자리에 있을 때에도 결코 안전하지 않다. 순종하는 것을 기쁨으로 배운 사람이 아니면 확고부동하게 명령을 내릴 수 없다. 힘이 있을 때 기꺼이 침묵하는 사람이 아니라면 결코 확실하게 말할 수 없다."
— 토마스 아 켐피스, 『그리스도를 본받아』 중에서

32:32). 사도 바울은 로마서에서 이와 비슷한 정서를 드러낸다. "나에게 큰 근심이 있는 것과 마음에 그치지 않는 고통이 있는 것을 내 양심이 성령 안에서 나로 더불어 증거하노니 나의 형제 곧 골육의 친척을 위하여 내 자신이 저주를 받아 그리스도에게서 끊어질지라도 원하는 바로라 그들은 이스라엘 사람이라"(롬 9:1~4).

예수님과 모세 그리고 바울은 하나님의 백성들을 향하여 불치병에 걸린 자녀를 둔 부모의 사랑을 보여주었다. 만일 자기 자녀의 신장이 기능을 잃었는데 누군가 신장을 기증하지 않으면 살릴 수 없는 상황이 된다면 그런 희생을 주저할 부모는 없을 것이다. 왜일까? 자녀가 잘 되는 것이 자기가 잘되는 것보다 더 중요하기 때문이다. 예수님은 방황하며 기댈 곳이 없던 이스라엘 백성의 모습에 눈물을 흘리셨다. 그 분은 "암탉이 그 새끼를 날개 아래에 모음 같이 내가 네 자녀를 모으려 한 일이 몇 번이더냐 그러나 너희가 원하지 아니 하였도다"(마 23:37)라고 탄식하셨다. 그리고 비록 이스라엘 백성이 불순종할 때도 모세는 그들이 약속의 땅에 들어가는 것을 보기 원했다. 그리고 바울은 이방인을 섬기도록 부르심을 받았지만, 그의 마음은 이스라엘을 향해 남아 있었다. 섬기는 리더는 하나님께서 예비하신 것들을 충만하게 누리지 못하는 이들을 위해 기도할 때 울분을 느낀다.

어떻게? 다른 사람에게 가장 큰 유익을 가져다준다

섬기는 리더는 다른 사람들이 장차 그렇게 될 수 있는 하나의 모범이 된다. 섬기는 리더는 모범을 통하여 다른 이들에게 능력을 부여한다. 그들은 스스로 모범을 보여 다른 이들에게 동기를 부여한다. 섬기는 리더는 권위를 내세워 사람들을 밀어붙이는 대신 사람들이 본받고 싶을 만한 삶을 보여주어 그들을 자기에게 끌어당긴다. 여기서도 예수님은 모범을 제시하신다. 예수님은 잡히시던 날 저녁에 유월절을 기념하기 위해 제자들과 함께 다락방에 모이셨다. 제자들이 자기들 가운데 누가 가장 큰가로 서로 논쟁하는 동안(눅 22:24), 예수님은 수건을 허리에 두르시고 손에 대야를 들고 그들 앞에 무릎을 꿇으셨다. 그분은 보통 집에서 부리는 하인들이 하는 일을 하시면서, 때와 먼지가 덕지덕지 붙은 제자들의 발을 씻겨주셨다. 이 행동은 말로 할 수 있는 그 어떤 가르침보다 더 큰 교훈을 전해주었다. 그리고 그분은 제자들이 이 행동이 가진 의미를 놓치지 않도록 이렇게 설명하셨다. "내가 너희에게 행한 것을 너희가 아느냐 너희가 나를 선생이라 또는 주라 하니 너희 말이 옳도다 내가 그러하다 내가 주와 또는 선생이 되어 너희 발을 씻겼으니 너희도 서로 발을 씻어주는 것이 옳으니라 내가 너희에게 행한 것 같이 너희도 행하게 하려 하여 본을 보였노라"(요 13:12~15).

한 가지 분명한 것은 우리의 삶은 우리의 말보다 더 큰 소리로 말한다는 것이다. 사람들은 무엇을 보았기 때문에 우리에게 다가오기도 하지만, 우리가 말하는 것이 우리의 삶과 모순 되기 때문에 우리 곁을 떠나기도 한다. 윌로크릭 커뮤니티 교회의 빌 하이벨스 목사는 이렇게 말한다.

우리가 다른 사람들에게 예수 그리스도를 따르라고 초청할 때, 실상 그들에게 자신의 삶을 더 좋은 것과 바꾸든가 더 나쁜 것과 바꾸라고 요청하는 것임을 반드시 기억해야 한다. 그리스도 안에 있는 우리의 삶이 너무도 풍성해서 "당신의 현재 삶을 포기하고 내가 그리스도 안에서 누리는 삶과 바꾸시오!" 라고 말할 수 있는가? 섬기는 리더십은 모범을 보이는 삶에 뿌리내리고 있다.

섬기는 리더는 다른 사람들에게 능력을 부여하여 그들에게 가장 좋은 것을 가져다주는 일에 매진한다. 가장 위대한 선수는 주변에 있는

"만일 어떤 사람이 스스로를 리더라고 말하지만 아무도 그를 따르지 않는다면 그는 리더가 아니다. 어떤 사람이 말한 것처럼 '그는 단지 길을 가고 있는 것에 불과하다.'"
– 오브리 맬퍼스, *Pouring New Wine into Old Wineskins* 중에서

모든 선수를 더 훌륭한 선수로 만든다는 말이 있다. 농구 경기에서 훌륭한 포인트 가드는 모든 팀원이 경기에 집중하게 만들 수 있다. 섬기는 리더는 혼자서는 아무도 이룰 수 없는 일을 팀이 되어 이룰 수 있도록 팀원들과 함께 일하는 것을 기쁨으로 삼는다. 단계 5의 리더들은 자신의 성공에 관해 말해 달라고 요청을 받으면 자신의 공이 아니라 다른 사람들이 한 공헌에 관해 이야기한다는 사실을 기억하라. 사도 바울에 의하면, 교회 리더의 가장 중요한 역할은 그리스도의 몸인 지체들이 그 충만함에 이르는 것이다. 섬기는 리더는 "성도를 온전하게 하여 봉사의 일을 하게 하며 그리스도의 몸을 세우려"(엡 4:12) 한다.

섬기는 리더는 다른 사람들이 하나님께서 그들의 삶에 베푸신 비전을 완성하는 것을 볼 때 가장 큰 기쁨을 누린다. 섬기는 리더의 마음에는, 누군가가 자신의 인도를 받아서 그저 살아가던 삶에서 풍성한 삶으로 바뀌고, 이전에는 존재조차 몰랐던 하나님이 주신 잠재력을 경험하게 되었다는 간증을 듣는 것보다 더 감격스러운 일이 없다.

당신의 리더십의 결과는 무엇인가? 사람들이 무슨 말을 하겠는가? 온통 당신이 얼마나 많은 일을 해냈는지 칭찬하는 이야기들인가? 아니면 팀원들이 함께 무엇을 이루었는지, 그리고 그들이 그 사명을 이루기 위해 공헌한 것에 얼마나 기분이 좋았는지에 관해 대화의 초점이 맞추어져 있는가? 고대 중국의 격언은 이 의미를 잘 포착하고 있다. "사악한 지도자는 사람들에게 미움을 받고, 좋은 지도자는 사람들에게 존경을 받으며, 위대한 지도자는 사람들이 '이건 우리 스스로 해낸 거예요'라고 말하게 한다." 당신의 리더십을 가늠하는 척도는 단순히 당신이 존재할 때 무엇을 이루었는가가 아니라 당신이 거기 없을 때 무엇이 유지되는가 하는 것이다. 위대한 리더는 자기가 맡은 사람들에게 능력을 부여하여, 자기가 없을 때에도 위대한 일들을 성취하게 한다.

아버지의 사랑을 받는 자

결론적으로, 섬기는 리더는 하나님이 주신 영감으로 (왜) 자격을 얻고, 예수 그리스도의 모범과 권한을 줌으로써 (어떻게) 동기를 부여한다. 그러나 우리의 자아를 그리스도로 승화시키고 우리로 하여금 종의 자세를 취할 수 있게 하는 것은 무엇이겠는가? 어떻게 하면 다른 사람들을 통제하려는 욕구에서 벗어나 다른 사람들이 본연의 모습을 찾을 수 있게 하겠는가? 어떻게 하면 우리의 리더십이 다른 사람의 사랑을 갈구하는 것이 아니라 그들에게 더 많은 사랑을 베푸는 방식으로 발휘되겠는가? 그 답은 이것이다. "우리는 우리가 하나님의 사랑받는 자녀임을 깨달아야 한다."

왜 예수님은 기꺼이 모든 사람을 위하여 종이 되려 하셨을까? 요한은 예수님이 겸손히 제자들을 섬긴 일을 이렇게 소개한다. "예수는 아버지께서 모든 것을 자기 손에 맡기신 것과 또 자기가 하나님께로부터 오셨다가 하나님께로 돌아가실 것을 아시고 저녁 잡수시던 자리에서 일어나 겉옷을 벗고 수건을 가져다가 허리에 두르시고"(요 13:3~4). 예수님이 제자들을 섬기는 종이 되실 수 있었던 것은 자신의 가치가 아버지 하나님에게 확고히 세워져 있었기 때문이다.

우리는 우리가 하나님 아버지께서 사랑하시는 자녀라는 정체성을 깊이 깨달을 때에만 진정으로 섬기는 리더가 될 수 있다. 예수님의 사역은 바로 이 지식과 함께 시작되었고 마무리되었다. 만일 우리의 리더십이 잃어버린 가치를 보상하거나 부족한 것을 채우기 위한 시도라면 섬기는 리더십은 우리와 상관없는 것이 된다. 브레넌 매닝(Brennan Manning)은 한 아일랜드 사제에 관한 이야기를 들려준다. 그 사제는 자기가 맡은 시골 교구에서 산보를 하다가 길옆에서 무릎을 꿇고 기도하고 있는 늙은 농부를 보았다. 그 모습에 감동을 받은 사제는 농부에게 물었다. "당신은 하나님과 무척 가깝겠군요." 그러자 농부는 고개를 들고는 미소를 지으며 이렇게 대답했다. "예, 그분은 저를 무척 좋아하세요." 섬기는 종이 될 수 있는 능력은 주인의 음성을 스스로 들을 수 있는 능력에 정확히 비례하여 자란다. "이는 사랑으로 택하고 인친 내 자녀요, 내 인생의 자랑이다"(마 3:17, 메시지).

리더십 트레이닝

우리가 맡은 리더십의 근거와 방식 살피기

예수님은 우리에게 자기 검증이라는 힘든 일을 하도록 명하셨다. 섬기는 리더는 세상적인 동기들을("너희 중에는 그렇지 아니하니") 종의 마음에 뿌리내린 동기로 교체한다.

세상에 속한 리더의 특징

명예. 자신의 가치를 확립하기 위해 권력과 영향력의 중심부에 가까이 가려고 애씀.

1. 당신이 선택한 사역 분야에서 당신이 그것을 '이루었다'는 것을 보여주는 표시는 무엇인가?

   _____
   _____
   _____
   _____
   _____

2. 그런 표시가 당신에게 얼마나 강한 동기를 부여해주는지 1~5까지 점수로 평가해보라(1=전혀 신경쓰지 않는다, 5=하지 않을 수 없다)

   _____
   _____
   _____
   _____

권력. 자신의 명성을 위하여 자신의 영향력을 증진시키려고 애씀.

3. 만일 일주일 동안 당신이 '나'와 '우리'란 말을 얼마나 사용하는지 점검해본다면 둘 중 어느 것을 더 사용했을 것이라고 생각하는가? 이것은 당신의 자존감에 대해 무엇을 말해주는가?

_____
_____
_____
_____
_____

섬기는 리더의 동기: 다른 사람들이 생명을 발견할 수 있게 하는 것

4. 섬기는 리더는 사람들을 하나님이 보시기에 귀한 존재로 바라본다. 사람들의 영적 행복은 섬기는 리더의 마음에 가장 큰 부분을 차지한다.

당신은 당신이 섬기고 있는 사람들의 영적 행복에 대해 얼마나 마음쓰고 있는가?

_____
_____
_____
_____
_____
_____

섬기는 리더의 실천(방식): 다른 사람에게 가장 좋은 것을 추구함

5. 당신은 당신이 맡은 팀원들을 알고 그들의 특성을 인정하는 일에 큰 관심을 기울이고 있다는 사실을 다른 사람들이 알고 있다

고 생각하는가? 왜 그런지 설명해보라.

_____
_____
_____
_____

6. 당신이 섬기고 있는 한 팀을 떠올려보라. 그 팀에 속한 사람들의 이름을 종이에 적고 그 옆에 그들이 팀에 기여하는 은사, 자질, 속성 등을 적으라. 그런 다음 간단한 메모나 이메일 혹은 함께 모이는 시간 등을 이용하여 당신이 그들을 얼마나 인정하고 감사하는지 표현하여 그들을 북돋아주라.

_____
_____
_____
_____
_____

아버지의 사랑 받는 아들

7. 섬기는 리더가 되는 능력은 우리가 하나님 아버지의 사랑을 얼마나 확신하는가와 정확히 비례한다. 이 확신이 당신의 정체성을 얼마나 형성하고 있는지에 대해 어떻게 평가하겠는가?(당신에 관해 가장 잘 서술하고 있는 문장 하나를 선택하라.)

_____ 나는 하나님의 사랑이 어떤 것인지 모른다.

_____ 나는 어떻게 하나님의 사랑에 이를 수 있는지 모르겠다.

_____ 나는 이 진리를 머리로 아는 것이 아니라 마음으로 알려고 애쓴다.

_____ 나는 하나님의 사랑이 어떤 것인지 더 많이 알기를 원한다.

_____ 나는 내가 하나님의 사랑하는 자녀라는 사실에 감사하기 시작했다.

_____ 나는 커다란 깨달음을 얻었다.

_____ 나는 하나님이 나를 귀하게 여기신다는 것을 항상 느낀다.

그 이유를 설명해보라.

_____
_____
_____
_____
_____

■ 더 깊이 나아가기

짐 콜린스의 『좋은 기업을 넘어 위대한 기업으로』와 맥스 드프리의 『리더십은 예술이다』를 읽어보라.

5 팀 세우기

[
심비에 새기는 말씀 고린도전서 12:4~7
자유케 하는 진리의 말씀 사도행전 15:1~35
어깨를 딛고서는 독서 모든 팀원의 사역을 촉진시키기
리더십 트레이닝 팀 서약 만들기
]

 핵심 진리

크리스천 리더는 무엇에 가장 큰 만족을 얻는가?

이끄는 제자는 한 무리의 사람들(많든 적든)이 하나님 나라를 확장시키는 사명을 완수하도록 능력을 부어주는 일에 쓰임 받을 때 가장 큰 만족을 얻는다. 그룹의 구성원들이 그 사명의 가치를 알고, 자신의 은사에 따라 기여하여 혼자서 할 때보다 더 많은 것을 성취할 때 큰 상급이 주어진다.

위에서 제시한 질문과 대답의 핵심 문구가 무엇인지 확인해보라.

심비에 새기는 말씀

심비에 새기는 말씀 전체를 이곳에 적어보라.
고린도전서 12:4~7

_____
_____
_____
_____
_____
_____
_____
_____
_____
_____

신약 성경에서 '팀'을 묘사하는 말로 '그리스도의 몸'보다 더 좋은 표현은 없다. 바울은 고린도전서 12장에서 하나됨과 다양성의 균형을 잘 잡고 있다. 그는 교회의 지체들에게 주어진 은사의 다양성을 칭찬하는데, 교회의 하나됨을 세워 나가는 일에 지체들은 각자 자신의 은사들을 봉헌한다.

1. 고린도전서 12장 전체를 읽으라. 바울의 말에 의하면, 어떻게 할 때 교회가 그 기능을 가장 잘 발휘하는가?

_____
_____
_____
_____
_____

2. 바울은 4~6절에서 영적 은사란 말과 바꿔 쓸 수 있는 여러 용어들을 제시하고 있다. 그 용어들은 저마다 미묘한 차이를 갖고 있는데, 각각 영적 은사의 어떠한 측면을 제시하고 있는가?

   a. 은사(4절)

   _____
   _____
   _____

   b. 직분(5절)

   _____
   _____
   _____

   c. 사역(6절)

   _____
   _____
   _____

3. 바울은 은사들을 설명하면서 그 근거도 함께 제시한다. 여기서 바울은 하나님을 어떠한 모습으로 그리고 있는가? 하나님의 속성은 어떻게 하나됨과 다양성을 설명할 수 있는 근거가 되는가?

   _____
   _____
   _____
   _____
   _____

4. 은사는 어떤 목적으로 사용해야 하는가(7절)?
   _____
   _____
   _____

5. 성령의 은사가 그리스도의 몸 안에서 어떻게 잘못 사용되어질 수 있는가? 당신이 경험한 바를 말해보라.
   _____
   _____
   _____
   _____
   _____

6. 당신은 주로 어떤 때 자신의 은사가 주어진 사명을 감당하는 데 쓰임받고 있다고 느끼는가?
   _____
   _____
   _____
   _____
   _____

자유케 하는 진리의 말씀

우리는 사도행전 15장 1~35절에서 초대 교회가 복음의 본질을 정의하는 중요한 사건을 접하게 된다. 팀 사역을 고찰하는 우리로서는 이 장이 은혜 아래 사는 삶에 관한 하나님의 진리를 분별하기 위하여 교회가 어떻게 한 자리에 모여 사역했는지 알아보는 좋은 사례 연구가 된다.

1. 사도행전 15장 1~5절을 읽으라. 당신은 사도와 장로들이 해결해야 했던 문제를 무엇이라고 부르겠는가? 어떤 입장들이 서로 대립하고 있는가?

   _____
   _____
   _____
   _____
   _____
   _____

2. 양 진영을 대표하는 사람들은 어떻게 해서 서로의 차이점이 해결될 수 있을 것이라고 믿었는가? 당신은 이 사실을 보고 어떤 결론을 내리겠는가?

   _____
   _____
   _____
   _____
   _____

3. 사도행전 15장 6~12절을 읽으라. 하나님의 진리를 분별하기 위해 사도와 장로들이 취한 접근방법은 무엇인가?

_____
_____
_____
_____
_____
_____

4. 사도행전 15장 13~21절을 읽으라. 예수님의 동생 야고보는 사도와 장로들이 임명한 대변인이었다. 그의 결정은 무엇에 근거를 두고 있는가? 그 결정은 무엇이었는가?

_____
_____
_____
_____
_____
_____

5. 사도행전 15장 22~35절을 읽으라. 사도와 장로들은 자신들의 결정을 전달하기 위해 어떻게 했는가?

_____
_____
_____
_____
_____

6. 이 사례로 보아 평화적이고 모범적인 결정을 내리는 데 도움이 된 것은 무엇인가? 초대 교회에서 사용된 과정들 가운데 우리가 받아들일 수 있는 의사소통 방식과 팀 세우기의 원칙은 무엇인가?

_____
_____
_____
_____
_____
_____

7. 이 본문에서 당신에게 떠오른 질문이나 토론거리가 있는가?

_____
_____
_____
_____
_____
_____

어깨를 딛고서는 독서

모든 팀원의 사역을 촉진시키기

기관이나 교회를 망라하는 대규모이든, 소그룹이나 팀과 같은 소규모이든 이를 이끄는 리더의 역할 가운데 가장 보람 있는 일은 팀워크를 조성하는 것이다. 팀워크란 모든 구성원이 하나님이 주신 은사를 사용하여 그 사역에 헌신하는 환경을 만드는 일이다.

내가(그레그) 사역을 해오면서 가장 크게 만족스러웠던 일은, 사람들의 힘을 한데 모아 그들이 혼자서는 결코 이룰 수 없는 임무를 달성하게 만든 것이었다. 바로 그런 순간, 전체가 단순히 부분들의 합보다 크다는 것이 나타났다. 그 임무에 동참한 이들은 모두 자신이 그 과정에 기여했다는 사실을 몸으로 느꼈다. 팀은 마치 한배를 탄 사람들이 결승선을 향해 동시에 노를 젓는 것처럼 개인들이 하나로 뭉칠 때 세워진다. 우리는 많은 지체들이 하나가 될 때 그리스도의 몸이 되는 것을 체험한다(고전 12:12). 팀과 관련해서 기본이 되는 성경의 패러다임은 삼위일체 되신 하나님이다.

팀 사역에 대한 성경적인 시각

예수님은 자신의 지상명령을 완수하는 데 빼놓을 수 없는 요소가 "아버지와 아들과 성령의 이름으로 세례를 베푸는 것"(마 28:19)이라고 말씀하신다. 어째서 삼위일체 하나님의 이름으로 세례를 주는 것이 제자 삼는 일에서 그렇게 중요한 자리를 차지하고 있을까? 모든 사물의 존재 근거는 창조주 하나님이시며 그분은 성부, 성자, 성령으로 이루어진 공동체(팀)이다. 하나님은 영원부터 영원까지 자존하시며 교제 가운데 거하시는 존재자, 기본적으로 사랑의 공동체이시다. 하나님의 형상을 담고 있는 존재인(창 1:26~27) 우리의 정체성은, 사랑으로부터 그리고 사랑을 위하여 우리를 창조하신 분의 생명이 우리 삶 가운데 스며들 때 비로소 완성된다. 성부, 성자, 성령님은 한분이시지만, 하나님의 위격은 사랑의 교제에 공헌하는 데 서로 구별되는 역할을 갖고 계신다. 그리고 교회는 삼위일체를 모범으로 하는 하나됨과 다양성을 드러낼 때 그 생명과 사역을 온전히 발견하게 된다.

조지 클래디스는 『팀으로 교회 이끌기』(Leading the Team-Based Church)에서 7세기 교부인 다메섹의 요한이 삼위일체 사이의 관계를 설명하기 위해 제안한 이미지를 소개하고 있다. '페리코레시스'(perichoresis)라는 헬라어는 "원을 그리며 추는 춤"이라는 의미를 갖고 있는데 삼위일체이신 하나님을 생생하게 묘사해준다. 페리코레시스란 낱말을 구성하는 요소는 '페리'(peri)와 '코로스'(choros)이다. 코로스는 축제나 절기 때 행해지는 원무(round dance)를 가리킨다. 그리고 이 말은 페리(peri-; around의 의미를 갖는 접두사-역주)라는 접두사를 통해 강화되어 거룩한 춤의 순환성을 강조하게 된다. 삼위일체가 갖는 페리코레시스라는 이미지는 하나님의 세 위격이 친밀함, 동등함, 하나됨 그리고 사랑의 의미를 갖는, 그러면서도 서로 구별되는 가운데 계속되는 원을 그리며 추는 춤으로 나타난다. "하나님의 한분되심은 자가 충족적인 개별 존재자의 하나됨이 아니다. 그 하나됨은 서로 사랑하고 조화를 이루며 존재하는 위격들의 공동체인 하나됨이다."1)

우리가 팀이란 말을 생각할 때 "원"이라는 이미지를 얼른 떠올리게 된다. "우리는 하나의 원 안에서 모든 구성원을 서로 볼 수 있다. 거기

"팀 사역은, 구성원들이 스스로 생각해내거나 개념을 만들어내는 데 참여했던 계획을 실천하는 가운데 갖는 주인의식과 자기주도적인 비전이다."
– 대니얼 리브스, Ministry Advantage 중에서

에는 누구도 빠져 있지 않다. 우리는 모두 서로 연결되어 있다. 우리는 서로를 붙들고 있다."2)

바울이 그리고 있는 교회의 근본이 되는 '교회로서의 그리스도의 몸'은 이 삼위일체라는 실재에서 비롯된 것이다. 고린도전서 12장에서 하나됨과 다양성, 하나와 많음은 몸이 기능하도록 계획된 방식을 파악하는 두 축이다. 바울은 교회 안에서의 사역은 모든 지체의 헌신으로 이루어진다는 사실을 강조한다. "각 사람에게 성령을 나타내심은 유익하게 하려 하심이라"(고전 12:7). 바울은, 사역을 위해 나누어 주시는 성령의 은사를 말할 때 실제로 삼위일체의 방식으로 설명하고 있다. 서로 다른 **은사들**이 성령님께로부터 온다(고전 12:4). 서로 다른 **직분** 혹은 **사역**이 주 예수께로부터 온다(고전 12:5). 그리고 서로 다른 **역사**(문자적으로 "활력")가 하나님 아버지께로부터 온다(고전 12:6). 바울이 한 말의 핵심은, 교회의 생명과 주된 틀은 그 근원이신 삼위일체 안에서 발견할 수 있다는 것이다. 교회가 그 기능을 최고도로 발휘할 때, 사역은 하나님께서 모든 사람의 은사를 통해 행하시는 사역들의 총합이 된다. 마이크 엘더(Mike Elder)라는 한 친구는 이 진리를 사라토가 유니온 교회 강습회에서 다음과 같이 외우기 쉬운 문장으로 잘 요약했다. "우리가 모든 것을 소유한 것은 아니지만, 모두가 함께할 때 모든 것을 갖게 된다." 우리는 어느 누구도 완전하지 않으며, 완전함에 가깝지도 않다. 하나님은 우리가 서로를 필요로 하도록 그렇게 계획하셨다.

팀을 세우는 리더에게 가장 신나는 역할은 모든 사람이 하나님이 계획하신, 전체를 위한 헌신을 함으로써 그 춤에 동참하도록 돕는 것이

"협력하는 팀은 팀원 개개인의 특별한 은사를 인정하고 그들이 빛을 발할 수 있도록 한다. 서로의 약점보다는 서로의 은사에 초점을 맞추어 하나님께서 팀에 허락하신 목적을 성취하기 위해 함께 달려간다."

– 조지 클래디스, Leading the Team Based Church 중에서

다. 이것이 바로 바울이 생각한 기독교 공동체 안에서 리더의 역할이다. "성도를 온전하게 하여 봉사의 일을 하게 하며 그리스도의 몸을 세우려 하심이라"(엡 4:12). 한 세대 전에 퀘이커교의 평신도 신학자인 엘튼 트루블러드(Elton Trueblood)는 '온전케 하는 자'(equipper)란 말을 오늘날 사용되는 말로 바꿀 때 가장 알맞는 말은 운동 경기의 '선수 겸 감독'(player-coach)이라고 주장했다. 감독은 팀의 구성원들이 각자 주어진 위치에서 자신의 역할을 발견하고 잠재력을 키워나가도록 돕는다. 그러나 선수 겸 감독이 된다는 것은 경기장 밖에서 지시를 내리는 것 이상을 의미한다. 선수 겸 감독은 스스로 선수가 되어 경기에 출전한다. 내가 (그레그) 담임목사로 섬겼던 예전 교회의 표어는 "이 팀은 모두 다 선수다"였다. 리더에게 가장 뿌듯한 역할은 구성원들과 함께할 때 그리고 그들이 팀의 성공에 공헌하도록 성장하게끔 돕는 것이다. 트루블러드는 이렇게 말했다. "'온전케 하는 자'라는 의미에서 '목회자'라는 개념은 약속으로 가득한 말이다. 개발되지 않은 능력을 눈여겨보고 그들을 이끌어주고, 그들의 잠재력이 삶 가운데 실제로 나타나게 할 것이라는 약속이다. 이것은 자신을 입증하는 임무이다."3)

불행히도 많은 이들이 몸 전체가 움직이는 사역에 초점 맞추기를 포기하고, 우리를 위해 사역을 하도록 고용된 전문가들과 함께 일하는 협력 모델에 자리를 내주고 말았다. 구성원 전체의 사역에서 전문 교역자 혹은 CEO 모델로 바뀌면서 두 가지 재앙이 일어났다.

첫째, 우리의 사역이 전문화될수록 더 많은 평신도들이 자리를 빼앗기게 된다. 길버트 빌레지키안(Gilbert Bilezikian)은 이렇게 말한다. "훈련받은 전문가들[교역자나 사역 전문가들]의 멋들어진 모습에 경탄한 교회의 평신도들은 자신이 몸담고 있던 사역에서 몸을 빼거나 옆에서 도와주는 자리로 물러나게 된다."4) 둘째, 사역자 혹은 기관 리더들은 그 자체로 부정적인 영향력을 미친다. "교역자 중심으로 교회 일을 해나가는 체제는 교역자에게 마치 자신이 필요한 모든 은사를 받았고 그래서 지역 교회 회중들의 삶을 구성하는 다양한 임무들을 성공적으로 수행할 수 있는 것처럼 행동하게 만드는 비현실적인 부담감을 안겨준다."5) 이렇게 제도화된 리더십 모델은 대다수 구성원들을 수동적인 구경꾼으로 만들고 리더들에게 과중한 부담감을 안겨준다.

신약의 리더십은 언제나 팀을 바탕으로 한다. 신약에서 변혁을 일으키는 리더십을 묘사하는 이미지나 언어들을 보면 숨이 막힌다. 교회는 유대교 가운데서 태동되었기에 세사장 세도가 그들 곁에 가까이 있었다. 제사장은 백성들을 하나님 앞에 그리고 하나님을 백성들 앞에 드러내 보이기 위해 따로 구별되었다. 그러나 놀랍게도 지역 교회의 리더들은 결코 '제사장'이라 불린 적이 없었다. 마지막이자 궁극의 대제사장이신 예수 그리스도의 제사장 직분은 이제 모든 성도들의 것이 되었다. 모든 사람이 그리스도의 몸 안에서 사역자인 것처럼, 모든 사람이 제사장이다(벧전 2:4~9).

"신약에서 그 어떤 초기 기독교 공동체도 한 개인의 지배적인 리더십 하에 있었다는 증거는 전혀 찾아볼 수 없다"라고 빌레지키안은 주장한다6). 지역 교회의 지도자들은 주로 "장로"(감독 혹은 일꾼)라는 말로 불렸는데 예외 없이 항상 복수 형태로 등장한다(행 14:23, 15:4, 6, 20:17, 21:18, 딤전 4:14, 5:17, 딛 1장, 약 5:14, 벧전 5:1~4). 신약 전체에서 교회의 리더 직분은 집합적인 공동 사역의 개념으로 제시되었다. 지배적이고 과장된 한 개인이 팀보다 더 높임을 받을수록 신약이 지향해온 팀 사역은 무너질 수밖에 없다.

사역 체계에 대한 실망

신약 성경은 교회 모든 구성원이 사역하는 모습을 그리고 있으나, 평신도들은 종종 자신이 접하는 현실적인 사역 체계와 구조에 실망을 하

"우리는 말로는 팀워크를 선포하면서도 실제로는 개인주의를 우상화한다."
– 쟝 리프만-브루먼, *Connective Leadership* 중에서

기도 한다. 그들이 실망하는 것은 사역에 대한 기대치와 현실 사이의 간격 때문이다. 만약 사람들이 교회 사역에 대해 어떻게 생각하는지 알고 싶다면, 그들이 '무슨무슨 위원회'라는 말을 들을 때 떠오르는 생각이 무엇인지 물어보라. 아마 "따분하다, 지루하다, 회의, 임무" 등의 대답을 듣게 될 것이다. 비록 약간의 긍정적인 반응도 나타나긴 하겠지만, 교회의 사역은 대부분 긍정적인 열정을 불러일으키는 무엇과는 거리가 멀다. 그러나 위원회, 당회 그리고 여러 모임들은 교회와 교회 유사기관들이 자신의 임무를 달성하는 하나의 방식이다.

왜 교회의 위원회는 우리에게 그런 실망감을 갖게 만드는 것일까? 어떻게 하면 이것을 활기차게 만들 수 있을까? 내(그레그) 경험에 의하면 위원회가 실패하는 이유는 다음과 같다.

헌신의 정도가 다름 각자 기꺼이 투자하려는 시간의 양과 흔쾌히 떠맡으려는 임무는 사람마다 판이하게 다르다. 구성원들의 헌신의 정도가 서로 다르면 좌절하는 사람이 있기 마련인데, 이는 모두가 똑같은 분량의 짐을 지지 않기 때문이다.

사명 중심이 아님 대부분의 위원회는 현행 프로그램을 가급적 최소한의 조절로 유지하기 위해 만들어진다. 사람들은 정해진 일정에 따라 모임을 갖는데(예를 들어, 한 달에 한 번 2시간 동안) 그 시간은 현상유지를 하는 데 충분하지 않을 때가 많다. 이런 위원회들은 "우리의 사명을 완수하기 위해 무엇이 필요한가?"와 같은 열정적인 질문을 중요하게 여기지 않는다.

정책 감독 프랭크 틸러포(Frank Tillapaugh)는 위원회란 (1)우리는 무엇을 해야 하는가 (2)그 일을 하기 위해 누구를 찾아갈 수 있는가라는 두 개의 질문을 던지기 위해 모인 사람들의 모임이라고 냉소적으로 말한다. 바꾸어 말하면, 위원회란 사역에 대하여 이야기는 하지만 그것을 실행에 옮기지는 않는다는 것이다. 결정을 내리는 사람과 그것을 실행하는 것 사이에 깊은 골이 존재하는 것이다.

관계성 부족 상당 기간 위원회에서 함께 일해 온 동료의 아내가 암으로 죽어가고 있다는 사실을 까맣게 모를 수도 있다. 세상에!

지위와 은사가 걸맞지 않음 대부분의 경우 위원회의 과제는, 구성원들이 가진 영적 은사가 그 임무 수행에 어떻게 이바지할지 파악되기도 전에 주어진다.

사역에 대한 열정이 부족 위원회의 구성원은 자신이 맡은 특정 사역에 대해 열정을 갖고 있는가? 일반적으로 이런 질문은 제기조차 되지 않는다.

이런 내용들은 위원회 구성원들에게 만족을 가져다주는 것이 무엇인지에 초점이 맞추어져 있다. '위원회'가 교회(혹은 사역)의 속성 가운데 협력 혹은 제도적인 측면의 표현이라고 한다면, '사역팀'(ministry team)은 한 사람과 많은 사람, 선수 겸 감독인 지도자, 팀 리더십처럼 그리스도의 몸을 가리키는 조직적인 측면의 표현이다.

나(그레그)는 위원회나 당회 혹은 특별 전담팀보다는 사역팀이 사역에 대한 성경적인 비전과 일관성을 갖는다고 확신한다.

첫째, 사역팀은 하나님이 한데 부르신 사람들의 모임으로 그 규모가 작다(3~12명 정도). **둘째, 사역팀의 구성원들은 절실한 필요들을 채우는 데 그들의 영적 은사를 사용하는 등 서로를 보살피도록 상호간에 약속한다.**

사역팀이 그토록 활력이 넘치는 이유가 무엇인지 알아보기 위해 사역팀의 구성 요소들을 하나씩 살펴보도록 하자.

소그룹(정황) 교회나 교회 유사기관의 사역은 명확한 초점을 가진 소그룹 혹은 "작은 소대"로 구성될 때 가장 효율적이다. 크기는 중요한 요소다. 구성원들의 헌신을 극대화하기 위해 모든 구성원은 팀의 일부라는 의식과 자신에게 무언가 공헌할 만한 것이 있다는 의식을 가져야 한다. 소그룹 인원이 12명이 넘으면 각 구성원들은 자신이 참석하지 않아도 아무도 모를 것이라 생각하며 은연중에 자신을 구경꾼처럼 여기게 된다. 3명 이내(3명도 불안하지만)로 이루어진 팀은 사역을 유지시키기에 충분한 화력을 갖고 있지 못하다. 3명에서 12명 사이의 팀은 필요에 따라 조율하고 추진할 수 있는 유연성과 기동성을 갖고 있다. 이 적정 규모는 팀이 지나치게 많은 일을 벌이지 않고 팀의 특정한 사명에 초점을 맞출 수 있게 해준다. 역사적으로 볼 때, 공통의 명분에 초점을 맞춘 헌신된 소규모 집단은 사회에 지대한 공헌을 해왔다(예: 예수님과 열두 사도, 윌리엄 윌버포스와 클래팜 공동체, 존 웨슬리와 학급 모임).

표 5.1 위원회와 사역팀 비교표

위원회	사역팀
임무 중심	사명 및 관계 중심
정해진 일정에 따라 만남	주어진 사명을 완수하기 위해 필요한 것들을 행함
역할이 명확하게 규정되지 않음	은사를 바탕으로 한 명확한 역할 분담
서약이 없음	상호간에 문서로 규정된 서약이 있음
권위, 정책 감독	권한과 책임이 결합됨

절실한 필요를 위해 하나님께 하나로 부름 받음(위임) 팀을 구성하는 원칙은 그 팀의 중심을 이루고 있는 사명이나 비전이다. 달리 말해서, 그룹의 비전을 향한 열정이 참여의 바탕이 된다. 구성원들이 주의 깊게 보살피는 것은 그 팀의 사명을 결정짓는 핵심요소이다. 사명은 필요를 중심으로 만들어진다. 이 그룹은 어떤 필요를 채우기 위해 노력하는가?(예: 기아, 미혼모 상담, 청소년 문제) 조지 클래디스에 의하면, "사역팀은 하나님께서 그들에게 찾아가고 행하라고 주신 사명을 연료로 삼는다. 그들은 자신이 가장 잘 분별한 대로 하나님의 뜻을 이루기 위해 목적과 계획을 가지고 행동한다.···그들은 자신의 일이 궁극적인 의미를 갖고 있음을 인식하며, 매우 중요한 무언가를 해나가고 있음을 깨닫는다."7)

서로를 돌아봄(공동체) 공동체란 개념은 위원회 활동 가운데 사람들이 종종 놓치는 부분이다. 사역을 유지하기 위해서 그룹 구성원들은 서로 주고받는 관계를 풍성하게 유지해야 한다. 캘리포니아 주 파사데나에 있는 레이버 애비뉴 교회의 청소년 사역자인 처크 밀러(Chuck Miller)는 이런 말을 자주 했다. "우리는 하나님의 일을 **하기에 앞서** 하나님의 사람이 되어야 한다." 나는 여기서 한 개의 낱말을 바꾸어 "우리는 하나님의 일을 **하는 가운데** 하나님의 사람이 되어야 한다"라고 말하고 싶다. 우리가 서로 삶을 나누고 팀 안에 참여하는 일에 기쁨을 누리며 신뢰 가운데 성장할 때, 우리는 삶에 기쁨을 주고 그리스도를 온전히 섬기는 참된 공동체를 체험하게 된다. 만일 우리가 다른 사람에게 전해주려고 하는 모습들을 드러내지 못한다면, 가장 먼저 무엇이 문제일까?

영적 은사를 발휘함(헌신) 팀워크는 모든 구성원들이 팀의 사명과 하나님의 명령대로 헌신하도록 능력을 부여받을 때 일어난다. 훌륭한 동역자인 폴 포드(Paul Ford)는 팀이 다음 세 가지 질문을 중심으로 만들어진다고 말한다.8) (1) **당신은 어느 부분에 능력을 갖고 있는가?** 바꾸어 말하면, 하나님은 당신이 다른 팀원들과 나눌 어떤 영적 은사(당신을 통해 나타나는 하나님의 능력)를 은혜로 주셨는가? (2) **당신의 약점은 무엇인가?** 우리가(특히 리더들) 자신의 부족함을 솔직히 드러낼 때 이것은 공동체를 향한 초대가 된다. 자신의 연약함을 나누는 것은, 자신이 온전해지기 위해 다른 사람의 도움이 꼭 필요하다고 선언하는 것이다. 이 말은 다른 팀원들에게 초대의 말로 들리는데, 왜냐하면 그것은 당신이 그들을 필요로 한다는 것을 보여주기 때문이다. (3) **당신은 누구를 필요로 하는가?** 우리가 서로 연약함을 함께 나눌 때 그것은 바로 "우리가 모든 것을 소유한 것은 아니며, 다만 모두가 함께할 때 모든 것을 갖게 된다"고 선언하는 것이다. 클래디스는 이렇게 말한다. "서로 협동하는 팀은 구성원들이 가진 독특한 은사가 무엇인지 알아보고, 그것으로 구성원들을 빛나게 만든다. 그들은 서로의 약점은 아무것도 아니라고 여긴다. 왜냐하면 그 약점들 대신에 서로의 은사에 초점을 맞추고, 그 은사들을 한데 모아 하나님께서 자기 팀에게 주신 사명을 향하여 나아가기 때문이다."9)

서로 서약함 서약(covenant)은 팀을 하나로 묶어주는 접착제이다. 서약은 둘 이상의 당사자 사이에 존재하는 기대와 헌신을 구체적으로 밝히는 문서로 된 상호 협약이다. 이것은 종종 많은 팀에서 놓치는 요소다. 팀원들의 헌신도가 서로 다르고 공유된 사명감이 부족한 주된 이유는 그 팀이 서약이라는 기반 위에 세워져 있지 않기 때문이다. 팀을 세우는 과정에 이 한 가지 요소를 더하는 것으로 사역팀의 질적 수준이 놀랍게 향상될 수 있다.

왜 문서로 된 서약이 이렇게 중요한가?
- 문서로 된 서약은 모임의 사명이 무엇인지 알려주고 구성원들이 그 사명을 이루기 위해 부르심을 받았는지 분별하게 해준다. 팀의 모든 구성원이 그 서약의 핵심 조항에 적극 찬성하여 한마음이 되는 것은 반드시 필요한 일이다. 팀 리더는 팀원 각자와 사적인 협정을 맺어서는 안 된다. 동등하지 않은 헌신은 팀의 사명을 이루어가는 데 해가 된다. 일반적으로, 팀은 상호간의 헌신에 예외를 허용해서는 안 된다. 예를 들어 나는(그레그) 장로 전략 모임에 소속되어 임무 달성을 위해 매달 네 차례 있는 화요일 가운데 세 차례를 참석하기로 약속을 맺은 적이 있다. 그 모임의 높은 헌신도를 생각할 때 그 정도로 시간 투자가 가능하거나 그렇게 하려는 사람을 찾기란 쉬운 일이 아니었다. 빌은 한 달에 두 번은 참석할 수 있다고 말했다. 만일 빌을 위해 예외를 둔다면 팀 전체의 헌신도가 저하될 것이므로 어쩔 수 없이 빌을 제외시키기로 결정했다.
- 문서로 된 서약은 여러 면에서 매우 소중하다. 서약문은 구성원들이 서약문을 만들 때 서로 논의하고 이해했던 것과 지금 그들에게 삶으로 요구되고 있는 것이 일치하는지 확인할 수 있게 해준다. 또한 사람의 기억은 불완전하기 때문에 문서로 된 서약은 기억을 되살리는 최고의 방편이다. 그리고 새롭게 팀원이 될 가능성이 있는 사람은 팀 합류를 결정하기 전에 문서로 된 서약을 읽어보고 여러 질문을 제기할 수도 있다.
- 그룹 리더의 첫 번째 역할은 그 그룹이 동의한 서약을 지킬 수 있도록 도와주는 일이다. 팀원들이 그 서약에서 멀어질 때 리더는 거친 압력을 가하지 않고서도 그들을 되돌아오게 할 방편을 갖고 있다. 서약서는 정기적으로 다시 훑어보고 되새겨 보아야 한다. 그 시간에 모든 팀원은 자신이 약속을 얼마나 잘 지키고 있는지

점검하게 된다.

팀이 잘 운영되면 크리스천 리더십의 특징들이 모두 실현된다. **우리는 그리스도와 더 깊은 사랑에 빠지고, 그분에 대한 지식과 신뢰가 한층 더 깊어질 것이다.** 우리가 마음을 다해 사역할 때 존재와 행함이 교차하는 곳에 서 있는 자신을 발견하게 된다. 그때 비로소 우리는 행동으로 표현된, 하나님이 주신 우리의 목적 안에 들어서게 된다.

높은 수준의 에너지와 열정 한 사람이 부족한 무언가에 큰 관심을 갖고 있고 그것이 팀의 사명과 일치한다면, 거기에서 내적 에너지가 흘러나오게 된다. 왜냐하면 그는 바로 그것을 위해 지음 받았기 때문이다.

역할과 영적 은사의 결합 사람들이 팀 안에서 수행하는 특정한 역할은 하나님께서 그들을 위해 계획하신 헌신을 할 수 있도록 나누어주신 은사들로 구성된다.

함께 사역하는 동역자를 보살핌 팀원들은 하나님을 위한 무언가를 시도하는 가운데 의식적으로 서로 관심을 주고받는 인간관계를 세워 나간다.

사역에 대한 주인의식 사명을 이루어갈 기회를 갖고, 시간을 들여 은사를 발휘하게 된 팀원들은 그 사역의 주역이 된다.

그리스도의 능력으로 말미암은 변화 팀의 기능은 팀원들이 사역과 섬김으로 다른 사람의 필요를 채우는 곳에서 제대로 작동한다. 즉, 다른 사람의 필요가 채워질 뿐 아니라 팀원들도 이를 통해 성장하게 된다. 하나님은 사람들이 자기 수준을 뛰어넘을 때 그들을 변화시키신다.

이런 것들이 전제된다면 사역은 훨씬 신명날 것이다. 성령의 기름 부으심으로, 당신은 이런 종류의 삶이 나타날 팀 여건을 조성할 기회를 얻게 된다. 팀은 성삼위일체 하나님이 보이신 원래의 공동체를 반영하도록 계획되었고, 우리는 그리스도의 몸이 되어 그분의 생명 안으로 들어갈 것이다.

 리더십 트레이닝

사역팀 서약 만들기

그룹으로 모여 133쪽의 사역팀 서약 초안을 중심으로 다음 지시에 따라 서약을 만들어보라.

1. 각 질문에 답하면서 서약할 항목들을 살펴보라. 모든 참석자의 관점이 소중하므로 모두의 의견을 들어보라. 만일 당신이 그룹의 리더라면, 다른 사람들이 모두 자기 관점을 발표할 기회를 가질 때까지 기다리는 것이 좋다. 이런 자세는 특히 당신이 목회자이거나 사역의 공식 수장일 경우에 꼭 필요하다.
2. 그룹의 목표는 모든 사람이 동의할 수 있는 공통의 기반을 발견하는 일이다. 이 일은 보통 몇 차례 반복할 필요가 있을 것이다. 그룹에서 서로 나눈 생각들을 기록하고 서로 다른 중요한 견해를 구체화하라.
3. 모두 모여 기록된 요약문을 보게 하라. 이것이 서로 동의한 것과 부합하는지 토론하라. 요약된 문서 안에서 핵심이 되는 쟁점들을 다양한 관점으로 올바르게 다루었는지 살펴보라.
4. 수정할 문구가 있으면 모두 수정하라. 차이점을 해결하려고 애쓰는 가운데 공통점을 기초로 하여 문장을 만들어가라. 양보할 수 있는 것은 무엇인지, 그리고 당신이 가진 신념의 핵심은 무엇인지 기도하는 마음으로 고찰하라.
5. 그룹의 사명에 대해 어떻게 이해하고 있는지 서로 나누는 것은 특히 중요하다. 그것이 그룹의 참여도에 관건이 되기 때문이다.
6. 리더십 트레이닝의 일환으로 다음 질문에 답하라.

이 연습이 당신에게 어떻게 비쳐졌는가? 그룹에게는 어떻게 비쳐졌는가? 어려운 점은 무엇이었는가? 격려나 도전이 되는 부분은 무엇이었는가?

_____
_____
_____
_____

이 연습을 통해 어떤 유익을 얻었는가?

_____
_____
_____
_____

서약문을 작성하는 이 과정이, 모든 팀원이 사역에 더 깊이 헌신하는 데 어떻게 도움이 되었는가?

_____
_____
_____
_____

■ 더 깊이 나아가기

Cladis, George. *Leading the Team-Based Church.* San Francisco: Jossey-Bass, 1999.
Hestenes, Roberta. *Turning Committees Into Communities.* Colorado Springs: NavPress, 1991.
Ott, Stan. *Transform Your Church Through Ministry Teams.* Grand Rapids: Eerdmans, 2005.

사역팀 서약문 초안

팀원들 모두의 기대와 헌신을 명확히 해주는 서약이 있으면, 리더로서 그 팀이 사명을 감당하도록 더 잘 도울 수 있다. 다음 각 항목들을 살펴보고, 제목 아래에 나오는 서약 관련 질문들을 활용하라. 그런 다음 의견이 합치된 결론을 문서 형태로 만들어 모든 구성원이 자신이 이해한 것과 헌신하기로 서약한 것을 확인할 수 있게 하라. 서약문을 만든 날짜를 기록하여 서약문이 어떻게 변화하는지 살펴보는 것도 좋다.

1. 우리 팀의 사명 혹은 목적은_____
   (다가가다, 기르다, 보살피다, 능력을 부여하다와 같은 능동형 동사를 사용하여 '…하기'와 같은 형식을 취한다.)

• 우리는 누구를 대상으로 사역하려고 하는가?

• 우리가 사역하도록 부르심을 받은 이들에게 필요한 것은 무엇인가?

• 우리 팀의 사명을 무엇이라고 정의하겠는가?

2. 20____년의 목표는 _____이다.

• 당신이 구체적으로 기대하거나 희망하는 것은 무엇인가?

• 당신이 그것을 실현하기 위해 반드시 경험해야 하는 것은 무엇인가?

3. 팀 모임

• 언제, 어디서, 얼마 동안 모임을 가질 것인가?

• 이 팀의 사명을 완수하는 데 필요한 것은 무엇인가?

4. 팀 모임의 구조 (구성요소와 형태)

• 우리는 우리의 사명을 수행하기 위해 _____을 공부할 것이다.

• 우리는 _____을 통해 팀원들을 서로 보살필 것이다.

• 우리의 정기 일정에는 _____이 포함될 것이다.

• 우리는 _____을 통하여 기도에 힘쓸 것이다.

5. 우리 팀은 이 서약문을 _____(날짜)에 재검토할 것이다.

• 우리는 처음 만든 서약문을 얼마나 오랫동안 지속하겠는가?(3개월, 6개월 등등)

• 우리는 이 서약문을 얼마나 자주 되새길 것인가?

6. 팀원들의 의무

• 리더: 당신은 이 팀의 리더 역할이 무엇이라고 생각하는가?

훈련 과정에서 누가 리더가 되도록 권면을 받을 것인가?

• 각 팀원의 역할은 무엇이라고 생각하는가?

당신은 이 팀에 어떤 공헌을 할 수 있다고 보는가?

이 팀이 잘 운영되기 위해 필요한 역할들은 무엇인가? 그 가운데 당신의 영적 은사와 가장 잘 부합하는 특정 역할은 무엇인가?

• 팀 모임 사이의 과제: 나는 다음 모임 때까지 내 역할을 어떻게 수행하고 팀 전체의 사명에 어떻게 공헌할 수 있겠는가?

• 다짐: 내가 이 팀을 위해 할 수 있는 일은 다음과 같은 것들이라고 생각한다.
 - 합의된 모든 모임에 빠짐없이 참석하기
 - 비밀 엄수(모임 안에서 이야기된 것은 모임 밖으로 나가지 않게 하기)
 - 적극적인 참여(내게 주어진 역할이 있다)

날짜 _____

6 청지기로 섬기기

[
심비에 새기는 말씀 마가복음 3:13~15
자유케 하는 진리의 말씀 로마서 12:1~8
어깨를 딛고서는 독서 그리스도께서 부르실 때
리더십 트레이닝 당신의 부르심에 충성하라
]

 핵심 진리

그리스도께서 자기 리더들에게 주시는 소명은 무엇인가?

그리스도께서는 이끄는 제자들에게, 그분과 날마다 갖는 관계를 바탕으로 삶을 변화시키는 사역을 향해 나아가고, 하나님께서 주신 은사와 부합하는 독창적인 방식으로 삶을 투자하라고 명하신다. 그리고 리더들은 그리스도의 부르심을 깨닫고 그 부르심에 응답할 때, 하나님께서 그들을 위해 마련하신 삶의 행복과 영향력을 찾게 된다.

위에서 제시한 질문과 대답의 핵심 문구가 무엇인지 확인해보라.

"세상은 하나님께서 당신께 온전히 바쳐진 사람과 함께 어떤 일들을 하실 수 있는지 아직 다 보지 못했다."
— 에드워드 킴볼이 드와이트 무디에게 그의 소명의식을 일깨우며 해준 말.

심비에 새기는 말씀

심비에 새기는 말씀 전체를 이곳에 적어보라.
마가복음 3:13~15

_____
_____
_____
_____
_____
_____

예수님의 리더십은 그분의 '섬기는 사랑'이라는 모습 가운데, 그리고 그 사랑을 세상에 전파할 이들을 세우기 위한 헌신의 모습 가운데 나타나 있다. 우리는 이 구절에서 그리스도께서 자기 제자들에게 던지시는 '부르심'의 한 모습을 보게 된다.

1. 이 구절은 예수님의 도움을 받기 위해 몰려든 수많은 불쌍한 사람들에 관한 이야기 바로 뒤에 나온다. 당신은 예수님이 이 무리를 보시고 어떤 느낌을 받으셨을 것이라고 생각하는가?

   _____
   _____
   _____

2. 당신은 13절에서 예수님이 "자기가 원하는 자들을 부르시니"라는 구절에 담긴 의미가 무엇이라고 생각하는가?

   _____
   _____
   _____

예수님이 당신에게 원하시는 것은 무엇이라고 생각하는가?

_____
_____
_____
_____

3. 본문은 예수님께서 '부르시고' 그들이 '나아왔다'고 말씀한다. 이 사실은 예수님과 그분의 제자들에 관해 무엇을 말해주는가?

_____
_____
_____
_____
_____

4. 14~15절은 예수님의 부르심 안에는 각각 '오는 것'과 '가는 것'이 있음을 보여준다. 당신에게 "예수님과 함께 있는 것"은 어떤 의미인가?

_____
_____
_____
_____
_____

제자들은 무엇을 하도록 보내심을 받았는가?

_____
_____
_____
_____

5. 당신은 나가서 이 두 가지 일을 하는 자신의 모습을 어떻게 그려볼 수 있는가?

_____
_____
_____
_____
_____

자유케 하는 진리의 말씀

로마서 12장은 크리스천 리더의 삶이 갖는 가장 빛나는 모습과 하나님께서 그런 리더들을 통해 만들고자 하시는 공동체의 놀라운 모습을 제시하고 있다. 바울은 1~8절에서 그리스도의 몸을 섬기기 위해 자신의 영적 은사를 활용하도록 제자들을 부르시는 하나님의 놀라운 부르심에 대해 말한다.

1. 1절에서 바울이 리더의 삶을 위한 권면의 출발점으로 삼고 있는 근거(~으로)는 무엇이며, 그 근거가 중요한 이유는 무엇인가?

   _____
   _____
   _____

   하나님은 당신에게 얼마나 자비로우시며, 이 사실이 당신의 삶에 어떤 영향을 미치는가?

   _____
   _____
   _____
   _____

2. "산 제물"이 되라는 부르심은 하나님이 이미 행하셨고 지금도 행하고 계신 일을 보는 자에게 가장 먼저 일어나는 일이다(1절). 리더인 당신에게 "산 제물"이 된다는 것은 무엇을 의미하는가?(그것은 현실에서 어떤 모습으로 나타나는가?)

   _____
   _____

3. 2절은 하나님이 이미 행하셨고 지금도 행하고 계신 일을 볼 때 우리에게 나타나는 두 번째 결과가 무엇인지 알려준다. 당신은 어떤 방식으로 더 이상 "이 시대의 풍조"(표준새번역)를 본받지 않고 변화를 받는가?

   _____
   _____
   _____
   _____

4. 1~2절에 기록된 바울의 말로 보아 우리 삶에 임한 하나님의 부르심에 응답하면 어떤 유익이 있는가?

   _____
   _____
   _____
   _____

   그것은 당신에게 어떤 유익이 되었는가?

   _____
   _____
   _____
   _____

"리더십의 열쇠는…리더가 다른 사람들을 어떻게 관리하느냐가 아니다. 리더는 자기 자신을 관리한다."
— 에드윈 프리드만, *A Failure of Nerve* 중에서

5. 바울은 그리스도인의 소명이라는 이 높은 비전을 설명한 다음, 3절에서 엄숙하게 경고하고 있다. 당신은 왜 (당신과 같은) 리더가 높은 비전과 건전한 판단을 유지할 필요가 있다고 생각하는가?

_____

_____

_____

_____

6. 당신은 바울이 4~8절에서 전달하려고 애쓰는 '목적'에 대해 어떻게 설명하겠는가?

_____

_____

_____

_____

하나님께서 당신에게 주신 '은사'가 무엇인지 말해보라.

_____

_____

_____

당신은 그 은사를 어디에 사용하고 있는가?

_____

_____

_____

_____

7. 이 본문에서 당신에게 떠오른 질문이나 토론거리가 있는가?

_____
_____
_____
_____
_____

어깨를 딛고서는 독서

그리스도께서 부르실 때

시골 길을 따라 참호를 파고 있는 인부들을 도와주라는 지시를 받은 도로 공사 인부들에 관한 이야기이다. 공사 현장에 먼저 와서 일하고 있던 십장은 막 도착한 신참 인부들에게 1.2미터 깊이, 10미터 길이의 도랑을 파라는 임무를 주었다. 한 시간 뒤, 근사한 물길이 만들어졌다. 십장은 이어서 사람들에게 그 도랑을 메우라고 지시했다. 그런 다음 그는 그들을 데리고 길을 따라 몇 미터 정도 내려간 다음 비슷한 크기의 또 다른 도랑을 파라고 지시를 내렸다.

2시간 뒤, 이번에도 도랑이 완성되자 인부들은 다시 도랑을 메우라는 지시를 받았고, 또 길을 따라 더 내려가 같은 일을 반복하라는 지시를 받았다. 이제 인부들은 지치고 화가 났으며, 일하는 솜씨는 크게 저하되었다. 그리고 십장이 다시 그 도랑을 메우고 다른 곳으로 이동하라고 했을 때 폭동이 일어났다.

그제야 십장은 자신이 인부들에게 왜 이런 일을 하게 했는지 이유를 설명해주지 않은 것이 생각났다. "여러분 저쪽에 있는 건물이 보이십니까?" 십장은 길 건너편으로 500미터 정도 떨어진 곳에 서 있는 크고 오래된 건물을 가리키며 말했다. "저건 고아원입니다. 여섯 명의 아이들이 저곳에 살고 있죠. 이 길을 따라 저 고아원까지 파묻혀 있는 상수도에 균열이 생긴 것이 분명합니다. 그런데 이 근처에 있는 목장에서 생성된 폐수가 수도관에 유입되면서 아이들에게 병이 생겼습니다. 우리가 할 일은 그 균열이 생긴 지점을 찾아내 아이들을 건강하게 만드는 일입니다."

30분 뒤에 20미터 길이의 근사한 도랑이 완성되었다. 그리고 문제의 수도관이 발견되었고, 금이 간 부분은 보수되었다. 인부들 가운데 자기가 흘린 땀이 헛되다고 생각한 사람은 하나도 없었다.

부르심의 능력

단순히 어떤 직업의 일을 하는 것과 무언가 중요한 소명을 추구하는 것 사이에는 엄청난 차이가 존재한다! 그러한 부르심을 듣는 것은 마치 인생이라는 도랑에서 보화를 발견하는 것과 같다. 그 보화는 도랑을 운명의 장소로 바꿀 수 있다. 오스 기니스는 『소명』이라는 책에서 이렇게 설파하고 있다.

> 우리의 가슴 깊숙한 곳에는 우리 자신보다 더 큰 목적을 발견하고 그것을 성취하고 싶은 갈망이 도사리고 있다. 그처럼 좀 더 큰 목적만이 우리를 스스로의 힘으로는 결코 도달할 수 없는 저 높은 곳을 향하여 나아가게 할 수 있다. 우리 각자에게 진정한 목적은 참으로 개인적인 것이요 우리 안에 열정을 불러일으킨다. 그것은 우리가 무엇을 하러 여기에 왔는지, 왜 이곳에 존재하는지를 아는 것이다. 키에르케고르는 그의 『저널』에 이렇게 썼다. "그것은 나 자신을 이해하는 것이요 하나님이 진정 내가 하길 원하시는 것을 아는 것이다. 그것은 나에게 해당되는 참된 진리를 발견하는 것이며, 내가 '(그것을) 위하여 살기도 하고 죽을 수도 있는' 그 사상을 찾는 것이다."[1]

크리스천 리더는 자신의 소명을 발견하고(혹은 발견 중이고) 그것에 충성하는 청지기와 같은 사람이다. 예수님의 달란트 비유(마 25:14~30)에 나오는 종들처럼 리더들은 주인 되신 주님이 자기들에게 일정량의 보물을 주고 그것을 특정한 방식으로 투자하라고 명하신 것을 알고 있다. 하나님을 기쁘시게 하려는 그들의 열망은 그 일을 하는 가운데 어려움과 반대를 만나더라도 더욱 열심을 내게 만든다.

부르심이라는 성경의 개념을 회복하라

아쉽게도 '부르심'(혹은 그리스도인의 소명)이란 말은 극히 드문 소수의 리더에게만 해당되는 것처럼 여겨진다. 보통 성직자들이 그런 "부르심을 받은" 사람들로 간주된다. 타문화권 선교사나 교회 유사 기관의 사역자들 역시 "부르심을 받은" 사람으로 여겨진다. 그러나 베드로가 "너희는 택하신 족속이요 왕같은 제사장들이요"(벧전 2:9)라고 말할 때 그는 교회 안에 있는 모든 사람에 대해 말하는 것이다. 거기에는 경리, 주부, 판매사원, 전문직, 기술자, 최고 경영자 등이 모두 포함된다. 그 자신이 훈련받은 일꾼이었던 베드로는, 우리 모두는 하나님께 부르심을 받았으며 이 부르심은 우리 삶에 도랑보다 더 깊은 목적을 부여해 준다는 사실을 기억하라고 촉구한다.

그러면 이 목적은 무엇인가? 당신을 향한 하나님의 부르심은 무엇이며, 당신은 그것을 어떻게 발견하는가? 이 문제를 논의하기에 앞서 성경은 하나님의 부르심에 세 가지 중대한 차원이 있음을 분명히 보여 준다. '부르심'이라는 개념은 종종 '듣는 일'과 연관이 있지만, 리더로서 자신의 소명을 발견하는 것은 더 분명하게 '보는 것'과 관련된 문제라는 관점도 존재한다(마 13:16, 막 8:18). 부르심을 하나님의 빛이 당신의 삶을 비추고 그 삶을 통과하여 세상을 비추는 렌즈라고 본다면 그 안에는 다음과 같은 세 가지 차원이 있다.

- 영적 공동체로 부르심 – 십장 앞에 나아오라.
- 사명으로 부르심 – 십장이 부리는 일꾼에 합류하러 가라.
- 개인적인 부르심 – 특정한 필요를 채우기 위해 해야 할 땅파기에 하나님이 주신 은사를 투자하라.

이 세 렌즈 모두가 한 줄로 겹쳐져 늘어설 때 하나님의 빛이 응집되어 레이저와 같은 강력한 초점을 얻게 된다. 그러면 이 렌즈들을 하나씩 살펴보기로 하자.

영적 공동체로 부르심(오라) 마가복음은 예수님의 지상 사역 가운데 특정한 전략적 순간이 있음을 들려준다. 예수님에게 자신의 주도적인 사도가 될 열두 명을 선택하실 순간이 찾아왔다. 마가는 이 순간을 다음과 같이 묘사한다. "또 산에 오르사 자기가 원하는 자들을 부르시니 나아온지라 이에 열둘을 세우셨으니 이는 자기와 함께 있게 하시고 또 보내사 전도도 하며"(막 3:13~14).

특이하게도, 장차 세상에서 가장 강력한 영향력을 미칠 제자가 될 이들을 향한 예수님의 첫 번째 부르심은 "가라" 혹은 "행하라"가 아닌 "오라"였다. 예수님은 "저 들로 나아가 행하라!"라거나 "행동 계획을 만들고 그대로 실천하라!"라고 말씀하지 않으셨다. 장차 세상을 변화시킬 리더들을 향한 예수님의 첫 번째 부르심은 "내게 오라. 내게 배우라. 나와 함께 있으라"였다. 바꾸어 말하면 "와서 나와 함께 교제하자"였다.

예수님은 달라스 윌라드와 헨리 블랙커비가 말한 그분과 '서로 사랑하는 관계'의 자리로 우리를 부르셨다. 그분과 함께하는 계속되는 여행을 통해 그분을 알아가도록 우리를 부르셨다(마 11:28~30). 이 사제 관계는 내적인 경험이며, 다른 "사도들"(제자들)과의 교제, 곧 예수님이 자기 몸(교회)이라고 부르신 것과의 교제 위에 깊이 뿌리 내렸다. 리더는 계속되는 그리스도와 그의 몸과의 교제를 통하여 그리스도를 닮아가는 인격적인 변화 과정에 돌입하게 된다.

예수님은 "그가 내 안에 내가 그 안에 거하면 사람이 열매를 많이 맺나니 나를 떠나서는 너희가 아무 것도 할 수 없음이라"(요 15:5)고 말씀하셨다. 당신은 이 부르심에 응답하지 않고서도 기업의 리더나 정치적인 리더, 혹은 시민사회의 리더나 심지어 교회의 리더가 될 수도 있다. 그러나 만일 예수님이 빚으시고 가장 합당하게 사용하시는 그런 리더가 되기 원한다면 그 첫 번째 단계는 이 공동체로의 부르심에 응답하는 것이다.

"소명(직업)은 세상이 가장 필요로 하는 것과 당신이 가장 즐기는 것이 만나는 곳이다."
— 프레드릭 뷰크너, 『통쾌한 희망사전』 중에서

사명으로 부르심(가라) 우리의 가장 높은 목적 혹은 부르심은 그리스도와 교제하며 사는 것이다. 그러나 그리스도와 교제하면서 그리스도께서 사랑하시는 사람들을 향하여 나아가지 않는 삶을 사는 것은 불가능하다(8장을 보라). 다른 말로 하면, 예수님께 나아가는 것은 필연적으로 우리를 그분의 이름으로 나아가게 만든다. 그리스도의 성품이 가득하게 되면 세상을 향한 그리스도의 관심을 따라 밖으로 움직이게 된다. 마가복음은 "이에 열둘을 세우셨으니 이는 자기와 함께 있게 하시고 또 보내사"(막 3:14) 라고 말씀한다.

사도란 말은 문자적으로 '보냄을 받은 자'란 의미다. 예수님은 자기 제자들을 세상에서 자신의 사명에 동참하도록 보내셨다. 사명이란 낱말은 밖으로의 움직임을 강조한다. 이 말은 '보내다'란 의미를 가진 헬라어 *missio*에서 왔다. 그러나 예수님이 자기 제자들을 보내신 두 가지 중요한 목적이 무엇인지 아는 것은 매우 중요한 일이다.

- 예수님은 리더들을 '전도하도록' 보내셨다(막 3:14). 이것을 보고 이렇게 생각할 수도 있을 것이다. "전도하는 것이 리더의 삶과 무슨 관계가 있을까?" 전도하다 혹은 선포하다란 말은 듣고 싶어하지 않는 사람에게 열변을 토하는 사람의 모습을 떠올리게 한다. 그것은 몇몇 특별한 재능을 가진 사람들이 수행하는 역할이다. 그러나 그것은 그 말이 가진 원래의 의미가 아니며, 예수님께서 생각하셨던 것도 분명 아니다. '전도하다'는 단지 그리스도를 통한 하나님의 구원과 회복이라는 기쁜 소식을 선포하는 것이다. 그리고 이런 종류의 의사전달은 여러 가지 모습을 띨 수 있다.

하나님은 복음 전파의 사명을 하나의 직업이나 하나의 성품을 가진 한 사람 이상의 많은 사람들에게 부여하셨다. 그것은 직설적이었던 시몬 베드로에게만 주어진 것이 아니라, 생각이 깊은 안드레, 시적인 요한, 그리고 분석적인 도마에게도 주어졌다. 우리가 마가복음 3장 16~19절에서 발견하는 제자들의 명단에서는 다양성을 찾아볼 수 있다. 하나님의 계획이 위대한 것은, 그분이 그리스도의 몸에 깜짝 놀랄 정도로 다양한 목소리를 붙여주셔서 각각의 목소리가, 혼자라면 결코 다가갈 수 없는 특정 장소의 특정 사람에게 꼭 맞게 하셨기 때문이다.

- 예수님은 또한 "귀신을 내어쫓는 권능도 있게"하여 제자들을 보내셨다(막 3:15). 여기서도 당신은 '이 말이 나와 무슨 상관이 있을까? 내가 귀신을 내어쫓는 능력자라도 되어야 한다는 것인가?'라고 생각할 수 있을 것이다. 물론 그것이 당신의 '개인적인 부르심'이 될 수도 있지만 반드시 그런 것은 아니다. 넓은 의미에서 예수님은 단순히 자기 제자들에게 마귀를 대적하도록 부르신 것이다. 예수님은 마귀들이 사로잡고 있는 곳에서 그들을 쫓아내는 일에 헌신할 리더들을 일으켜 세우신다.

몇 년 전에 하나님은 세상에서 가장 큰 미디어 회사들 가운데 한 곳의 고위 경영자인 칼(Carl)을 부르셨다. 그 회사는 수많은 좋은 내용의 영화와 음악도 다루지만 잔혹성과 고통을 심어주는 폭력적인 것들도 많이 판매하고 있었다. 칼은 이 문제에 관해 그리스도인으로서 영향력을 발휘할 수 있도록 기도하면서 인내하며 기다렸다. 오랜 기다림 끝에 마침내 회사의 정책에 관해 부드러우면서도 단호하게 질문을 제기할 수 있는 기회가 주어졌다.

그가 이 도전을 제기하자, 대적들은 즉시 예술가들의 표현의 자유를 보장하고 있는 수정헌법 1조를 소리 높여 외쳐댔다. 대부분 그런 '위압적인' 주장을 접하면 뒤로 물러섰을 것이다. 그렇지만 칼은 자신이 그보다 더 높은 '권세'를 갖고 있음을 알았다. 그는 이사회 의장에게 회사 정관을 들고 반격을 가하면서 단지 음악가가 저급한 내용물을 만들어낼 자유가 있다고 해서 회사가 그것을 배급해야 하는 것은 아니라고 주장했다. 놀랍게도 그 이후 몇 달이 지난 뒤에, 미디어 분과에서 승인했던 폭력적인 내용물의 점유율이 급격히 떨어졌다. 악은 이제 크게 히트를 치는 대신 변화를 위한 촉진제가 된 것이다.

얼마나 많은 회사, 지역사회, 심지어 교회 안에서 나쁜 소식(악)이 큰 소리로 팔리고 있는가? 기쁜 소식을 선포하며 겸손한 권세로 어둠을 몰아내는 크리스천 리더는 어디에 있는가?

개인적인 부르심(투자하라) 그리스도와 그분의 몸인 교회와의 교제로 힘을 얻고 예수님이 주신 사명으로 영감을 받은 크리스천 리더는 또한 매우 개인적인 부르심에 응답해야 한다. "오 주인되신 십장이여, 당신이 내게 하라고 주신 특정한 일은 무엇인가요? 당신은 왜 나를 **이 길가**로 보내셨나요?" 대개의 경우, 이러한 질문에 대한 대답의 열쇠는 당신의 손에 쥐어진 삽이 어떤 것인지 살펴보는 데 있다. 하나님은 당신을 향한 개인적인 부르심, 곧 당신이 맡아야 하는 구체적인 필요를 갖고 있으며 그 소명을 발견하기 위한 열쇠는 하나님께서 이미 당신의 마음과 손에 심어주신 은사들을 연구하는 것이다. 이것을 G-I-F-T 라는 머리글자를 따라 생각해보자.

- Grace. 당신이 받은 **은혜**의 선물을 생각하라. 당신은 태어나 처음으로, 손으로 사용하는 드라이버나 톱 대신에 전동 도구를 사용하던 순간을 기억하고 있는가? 나는(댄) 고등학교 공작 시간에 사포로 나무 조각을 하염없이 문지르고 있다가 다른 친구들은 전기의 힘으로 움직이는 전동사포를 사용하여 그 과제를 가볍게 해결한 것을 본 적이 있다. '어디에 가면 저걸 구할 수 있지?' 나는 놀랐다! 성경은 누군가 예수 그리스도의 제자가 되면, 하나님은 그 사람에게 하나님이 행하도록 맡겨주신 일을 완수하도록 전동 공구처럼 사용할 수 있는 특정한 "영적 은사"를 주신다고 가르친다. 바울은 로마서 12장 6절에서 이렇게 말한다. "우리에게 주신 은혜대로 받은 은사가 각각 다르니." 그리고 에베소서 4장 7절에서 다시 강조하여 이렇게 말한다. "우리 각 사람에게 그리스도의 선물의 분량대로 은혜를 주셨나니." 다른 말로 하면, 하나님의 목공 실습장에서 모든 사람에게 전동 공구가 주어진다!

당신은 당신의 은사가 무엇인지 아는가? 바울은 로마서 12장에서 그 "은혜의 선물"로, 주님께 받은 진리를 사람들에게 전하는 능력, 사람들을 권면하는 능력, 가르치는 은사, 혹은 인도하는 은사, 혹은 관리하는 은사 등을 나열하고 있다. 그는 말없이 섬기는 능력이나 긍휼을 표현하는 능력 혹은 돈을 벌고 후하게 기부하는 능력도 영적 은사의 한 종류로 제시한다. 당신이 어떤 은혜의 선물을 받았는지 아는 것은 당신의 개인적인 부르심을 분별하는 데 도움이 될 수 있다.

• Insights. 당신의 **통찰력**과 영감(열정)을 고찰하라. 당신이 하나님의 부르심을 분별하고 성취하도록 하나님께서 당신에게 주신 선물들에는 또한 당신이 그동안 받아온 교육 과정과 직장 생활, 그리고 인생 경험에서 개발된 열정 및 그 가운데 하나님께서 당신을 인도해오신 손길이 포함된다. 당신은 특정 관심사에 대해 번뜩이는 통찰력을 갖거나 쉴 새 없이 솟아나는 영감을 받을 수도 있다. 왜 이 문제에 관해 무언가 하는 사람이 아무도 없는지 의아해한다. '내가 보기에 이 분야에서 분명 무슨 수가 있을 거야'라고 생각한다. '누군가 반드시 해야만 해…'라고 골똘히 생각하기도 한다.

우리가 마지막으로 이 부르심에 "예"라고 대답할 때 거기에는 비싼 대가가 요구될 수도 있다. 그렇지만 "그 앞에 있는 기쁨을 위하여 십자가를 참으"(히 12:2)신 예수님처럼 크리스천 리더는 반대가 빗발쳐도 그 뱃속에 결코 끌 수 없는 불길을 느낀다. 식사를 건너뛰신 예수님을 걱정하던 제자들에게 "나의 양식은 나를 보내신 이의 뜻을 행하며 그의 일을 온전히 이루는 이것이니라"(요 4:34)라고 말씀하신 예수님처럼, 리더는 문제를 해결하거나 사역할 수 있는 기회를 붙잡는 일에 배부름을 느끼는 경우가 자주 있다.

윌리엄 윌버포스는 1700년대 후반에 영국 의회 의원이었다. 그는 그리스도께 회심한 이후에도 자신이 별다른 고상한 목적 없이 살아가고 있다는 것을 깨달을 때까지, 귀족으로서의 특권과 자기중심적인 생활

방식을 지속하였다. 그는 일기에 이렇게 적었다. "의회에 들어간 첫 해에 나는 아무것도 하지 않았다. 목적이 있는 아무것도. 내가 따로 구별하는 것은 내가 좋아하는 물건들뿐이었다." 그래서 그는 하나님께 변화를 위한 목적을 구했다. 그리고 1787년 10월 28일, 그는 일기에 이렇게 적었다. "하나님은 내 앞에 두 가지 커다란 목표를 주셨다. 하나는 노예무역의 폐지이고, 다른 하나는 관습의 개혁이다." 하나님은 윌버포스를 인도하셔서 그가 해내도록 계획하신 일을 하게 하셨고, 그 개인적인 부르심의 응답으로, 대영제국 안에서 노예제도를 금지시키는 일에 도구로 사용하셨다.

물론 우리 모두가 그런 원대한 부르심을 갖는 것은 아니지만, 당신의 교회, 당신의 지역 공동체, 당신이 영향력을 발휘하는 모임, 심지어 저 넓은 세상 너머에 당신을 불사를 통찰력과 "바로 이것을 위해 내가 지으심을 받았다"고 말할 수 있는 열정을 요구하는 어떤 기회나 필요가 존재한다.

- **Form.** 당신의 형태를 고찰하라. 당신은 유일한 존재이며, 설령 당신과 똑같이 생긴 쌍둥이가 있다고 해도 당신과 똑같은 사람은 결코 존재하지 않을 것이다. 하나님은 당신의 인격과 기질을 특별한 방식으로 만드셨고 그 형태는 의도적인 것이다. 의심하는 도마에서부터 공격적인 베드로와 예민한 요한과 강압적인 마르다와 외향적인 마리아까지 예수님이 자신의 사역을 위해 처음 선택하신 이들이 갖고 있던 깜짝 놀랄 만큼 다양한 성격들을 보라. 우리는 예수님이 의도적으로 모으신 다양한 성품들의 조합 안에서 저마다 교회와 세상 안에서 그분의 목적을 이룰 수 있도록 무언가를 제공하고 있는 그림을 볼 수 있다.

릭 워렌은 하나님의 백성은 스테인드글라스를 구성하고 있는 조각들처럼 주님의 빛이 빛나는 광선으로 투과하는 것이라고 말하다. 교회 강단에 선 목회자들은 가끔씩 자신이 마치 노트르담 성당 한가운데 서서 장미 무늬 창을 통해 들어오는 하나님의 빛을 바라보고 있는 것처럼 느끼기도 한다. 당신이라는 "유리"는 어쩌면 깨끗이 닦아야할 필요가 있을지도 모른다. 깨지거나 군데군데 흠집이 있을 수도 있다. 그러나 중요한 것은 당신의 형태이다. 당신이 자신의 개성과 기질과 능력을 더 많이 알수록 당신을 향한 개인적인 부르심을 분별하는 것이 더욱 쉬워진다.

- Treasure. 당신의 보물을 고찰하라. 예수님은 우리가 가진 보물을 되짚어 봄으로써 우리의 마음이 어디에 있는지 훨씬 더 잘 알 수 있다고 말씀하셨다. "네 보물 있는 그곳에는 네 마음도 있느니라"(마 6:21). 우리가 돈과 재물을 모으고 투자하는 방식은 우리의 열정과 재능이 어디에 있는지 알 수 있는 단초를 제공해준다. 이러한 것들은 우리가 참으로 소중히 여기는 것이 무엇이며 잘하는 것이 무엇인지 알려준다. 또한 우리의 돈과 재물은 하나님께서 특정한 필요를 채우기 위해 우리에게 주신 '삽' 혹은 '은사' 가운데 하나일 수 있다. 북캘리포니아에 있는 교회에 다니는 기업가인 허드(Hud)는 이 방식으로 자신의 부르심을 부분적으로 분별하게 되었다. 그의 이야기는 함께 나눌 만한 가치가 있다.

한 리더의 여행

1989년, 루마니아의 독재자 니콜라이 차우세스쿠가 무너진 뒤에 수천 명의 고아들이 절대적으로 열악한 환경에서 지내고 있다는 사실이 드러났다. 그 많은 고아원들 가운데 PC3이라고 불리는 한 곳은 흑해 연안의 콘스탄타라는 항구 도시에 위치해 있었다. 그곳에는 에이즈 양성 반응을 보이는 35명의 아이들이 살고 있었는데 그들은 모두 여섯 살 이하였다. 그 아이들은 부모에게서 버림 받은 고통과 거의 범죄 수준인 후진적인 의료 체계, 그리고 아무 도움도 받지 못하고 방치되는 일들을 겪었다.

1992년 허드(Hud)는 콘스탄타에 있는 그 고아원으로 가는 단기 선교 여행에 참여하라는 부르심에 순종했다. 그는 그 어린이들을 만나는 두려움을 공개적으로 표현했다. 허드는 45세에 성공적인 부동산 개발가로서 재정적으로 안정된 생활을 하고 있었다. 그는 낮 시간을 자신이 취미로 즐기는 행글라이딩과 골프로 자유롭게 보낼 수 있었다. 그러나 만일 그 아이들의 처지가 그의 마음을 찔러 안락한 생활을 불편하게 만든다면 어떻게 하겠는가? 그 여행을 하면서 허드의 두려움은 현실로 나타난다. 루마니아에서 기도하는 동안 갑자기 마음이 무너지면서 그 아이들의 모습에 주체할 수 없는 눈물이 흘렀다.

1992년부터 1996년까지 허드는 여러 번에 걸쳐 다시 PC3에 찾아갔다. 그는 방문할 때마다 아이들이 처한 비참한 처지를 알게 되고 좌절했다. 하루는 고아원에 들어가던 중 아이들이 한 방에 모여 "플래툰"이라는 전쟁 영화를 시청하고 있는 것을 보게 되었다. 7살에서 8살 정도 되는 아이들은 말로 형언할 수 없는 폭력과 혼돈이 거듭되는 장면들을 시청하고 있었다. 그곳에는 보호자 역할을 할 어른이 한 사람도 없었다. 아이들의 눈을 들여다본 허드는 그들이 이렇게 질문하는 것을 알 수 있었다. "당신이 그 사람인가요? 당신이 우리를 도울 최후의 그 사람인가요, 아니면 다른 사람들처럼 우리를 버릴 건가요?"

그 질문은 허드의 마음을 불살랐다. 그는 근원적이고 체계적인 문제점들이 해결되어야 한다는 것을 깨달았다. 이 상황을 변화시키기 위해서는 더 크고 극적인 무언가가 이루어져야 했다. 고아원은 국가의 장악에서 벗어나 능력 있는 크리스천 리더십 아래에 있어야 했다. 그 순간 허드는 자신을 향한 주님의 부르심이 확연하게 드러나는 것을 느꼈다. 완벽하게 초점이 맞추어진 레이저 광선이 투과하는 듯한 느낌이었다. 허드는 본능적으로 알았다. '내가 이 일을 해야 해.'

그 다음 2년 동안 허드는 루마니아 정부를 상대로, 부동산 사업으로 갈고 닦은 협상 능력을 발휘하여 고아원 운영권을 얻어낼 수 있었다. 1998년 PC3는 "카사 비아타 누아(새로운 삶의 집)"로 새롭게 태어났다. 오늘날 그 사역은 루마니아의 크리스천들이 직접 관장하고 있다. 어린이들은 3명에서 5명씩 조를 이루어 가족처럼 생활하고 있으며, 오랫동안 그 아이들과 관계를 맺어온 두 명의 어머니가 그들을 보살피고 있다.

이 일은 자신의 삶 가운데 임한 하나님의 부르심에 응답한 한 사람에게서 비롯되었다. 그는 아동 개발에 관해 훈련을 받은 것도 아니고 의학적인 배경 지식을 갖고 있지도 않았다. 그러나 그는 그리스도와 교제를 나누었고, 자신의 사명을 인식했고, 하나님이 개인적인 차원에서 자신에게 주신 은사를 세상의 필요를 채우는 데 사용하였다.

놀라운 은혜

바울은 고린도전서 12장에서 이렇게 말하고 있다. "또 사역은 여러 가지나 모든 것을 모든 사람 가운데서 이루시는 하나님은 같으니"(6절). 이것은 기쁜 소식이다, 그렇지 않은가? 가장 무거운 것을 들어주시는 누군가가 우리 옆에 있다는 사실 말이다. 보통, 하나님의 부르심은 여러 가지 방식으로 초자연적으로 행동하시는 하나님이 함께 하지 아니하시면 결코 성취될 수 없다. 성경은 아브라함이 이 사실을 알고 있었다고 말씀한다(창 12:1~6). 모세와 마리아 역시 마찬가지였다(출 3~4장, 눅 1:26~38). 칼과 허드를 비롯해 다른 수많은 사람들도 저마다 할 이야기가 있다. 만일 당신이, 자신이 가진 것으로는 충분히 대처할 수 없다면 그것은 당신이 하나님이 사용하시기에 좋은 자리에 서 있는 것이다.

장차 리더가 될 만한 모든 이들을 위한 희소식은, 한 사람의 제자가 교제로 부르심과 사명으로 부르심에 응답하고, 개인적인 부르심의 방향을 따라 자신의 은사를 투자한다면, 하나님이 은혜를 공급하신다는 것이다. 사도 바울이 리더로서 자신의 경험으로 배운 것처럼 하나님은 "우리 가운데서 역사하시는 능력대로 우리가 구하거나 생각하는 모든 것에 더 넘치도록 능히 하실"(엡 3:20) 분이시다.

리더십 트레이닝

당신의 부르심에 충성하라

하나님은 당신에게 구체적인 삽과 파야 할 구덩이라는 G-I-F-T, 즉 당신의 교회 사역에서나 그리스도의 사명을 실천할 세상에서 의미심장한 차이점을 만들어낼 은사를 주셨다. 사람들은 당신을 통해 하나님께 복을 받기 시작할 것이다. 하나님께서 당신을 지으신 방식과 당신에게 주신 소명에 대해 깨닫도록 일깨워 달라고 기도하라. 그런 다음 하나님께서 당신에게 그렇게 할 수 있도록 주신 것을 찾는 다음 질문에 답하라.

1. 내가 받은 은혜의 선물

나는 내가 다음과 같은 일에 초자연적인 은사를 받았을 수 있다고 생각한다. (해당되는 은사에 체크하라.)

_____ **손재주** 나는 예술적, 창조적 수단들을 통하여 하나님 나라를 세우는 데 내 손과 아이디어를 사용할 수 있다(출 28:3~4).

_____ **손 대접** 나는 다른 사람이 우리 집에 방문하여 음식을 먹고 교제하고 잠을 잘 수 있도록 대접하는 일을 할 때 활력이 넘친다 (창 18:1~15).

_____ **믿음/권면** 나는 다른 사람들에게 하나님의 임재, 약속들 그리고 능력에 관해 특별한 확신을 주어 그들이 하나님을 더욱 의지할 수 있게 한다(행 11:23~24, 14:21~22, 히 11장).

_____ **분별** 나는 어떤 행동이나 방향이 하나님께 속한 것인지 혹은 다른 사람이나 다른 것에 속한 것인지를 특히 잘 구별할 수 있다(행 5:3~6, 16:16~18).

_____ **자비** 나는 아픔을 겪는 사람에게 공감과 동정심을 특히 잘 느끼며, 그 아픔을 줄이기 위해 상당한 시간과 노력을 기울이려는 마음이 있다(눅 10:30~37).

_____ **기부** 나는 내가 받은 물질의 축복을 교회 안이나 세상 안에서 하나님의 사역을 위해 드리기를 기뻐한다(고후 8:1~5).

_____ **관리** 나는 여러 사람들이 교회 안이나 세상에서 하나님의 일을 위한 목표를 달성하는 데 필요한 과정과 틀을 설명하고 제공할 수 있다(행 15:12~21).

_____ **리더십** 나는 사람들이 하나님의 목적을 달성하는 일에 효과적으로 함께 일할 수 있도록 동기를 부여하고, 방향을 지시하고 후원하는 일을 할 수 있다(출 18:13~16, 삿 3:10, 히 13:7).

_____ **도움/섬김** 나는 현실적인 필요를 채워주는 일이나, 다른 사람이 자신의 일을 더욱 효과적으로 할 수 있도록 돕는 일을 기뻐하며, 나 자신이 각광을 받는지에 대해서는 상관하지 않는다(행 6:2~4, 갈 6:1~2).

_____ **지식/지혜** 나는 하나님의 말씀이라는 위대한 진리를 특별한 방식으로 이해할 수 있으며 그것을 구체적인 상황에 적용시킬 수 있다(엡 3:14~19, 약 3:13~17).

_____ **음악** 나는 성가대나 악기 연주를 통해 하나님을 찬양하기를 기뻐하며 다른 사람의 예배를 고양시킬 수 있다(막 14:26, 고전 14:26).

_____ **가르침** 나는 다른 사람들이 하나님의 말씀의 진리를 배울 수 있게 잘 전할 수 있다(히 5:12~14).

_____ **목회/목양** 나는 사람들의 영적 안녕에 대해 책임을 맡는 것과 그들이 믿음과 제자도 안에서 자라는 것을 보기 원한다(벧전 5:1~11).

_____ **복음 전파** 나는 믿지 않는 사람에게 복음을 전하여 그들이 예수님의 제자가 되는 것을 기뻐한다(행 8:26~40).

_____ **예언** 나는 하나님의 계시를 주어진 상황에 맞게 해석하고 적용할 수 있다(고전 14:1~5, 30~33, 37~40).

_____ **교회 개척** 나는 성경 교리와 실제적인 제자도를 가르치고 선포함으로써 교회와 기독교 사역을 세우거나 확장하려는 열정을 갖고 있다(행 13:1~5, 14:21~23).

_____ **타문화 선교** 나는 나와 다른 문화에서 나의 영적 은사를 사용하는 데 특별한 관심을 갖고 있다(고전 9:19~23).

_____ **치유** 나는 하나님께서 나를 사용하셔서 병든 자를 영적으로나 육체적으로 건강하게 회복시키신다는 것을 안다(눅 9:1~2, 약 5:13~16).

_____ **중보기도** 나는 하나님 나라를 건설하는 데 능력이 나타나도록 오랜 시간 기도하기를 좋아한다(살전 3:10~13, 딤전 2:1~2).

* 이 은사 목록을 사용할 수 있게 해준 CforC Ministry에 감사한다.

2. 나의 깨달음과 영감

나의 생각과 마음은 이런 것들을 생각할 때 들뜨고 즐겁다.

_____
_____
_____
_____

나는 이런 것들에 긍정적인 책임감과 당위성을 느낀다.

_____
_____
_____

나는 진지하게 이런 이야기를 하는 사람들에게 감동한다.

_____
_____
_____

나는 이런 필요들에 신경이 쓰이고 마음이 들뜨게 된다.
- 교회에서: _____
- 세상에서: _____

3. **나의 형태**

나는 어디서, 어떻게 사람들을 인도하고 섬길지와 관련이 있는 나의 성격과 기질에 대해 다음과 같은 것들을 알고 있다.
- 리더십과 관련해서 내가 가장 잘하는 것들(장점)은 이런 것이다.

_____
_____
_____
_____

- 리더십과 관련해서 내가 가장 취약한 것들(죄)은 이런 것이다.

_____
_____
_____
_____

4. **나의 보물**

나는 하나님의 목적을 위해 투자할 수 있는 다음과 같은 물질적인 자원들을 갖고 있다.

_____
_____
_____
_____

함께 생각하기

1. 당신은 당신의 리더십 G-I-F-T로 어디에 초점을 맞추어야 할지 혼란을 겪거나 혹은 명확한 그림을 갖고 있는가?
   당신이 생각하고 있는 것을 설명해보라.

   _____
   _____
   _____
   _____
   _____

2. 당신을 향한 하나님의 부르심에 한걸음 더 나아가기 위해 당신은 누구와 함께 이야기를 나누거나 누구를 동역자로 삼을 필요가 있는가?

   _____
   _____
   _____
   _____
   _____

3. 이 과의 '어깨를 딛고서는 독서'를 읽고 갖게 된 의문점이 있는가?

   _____
   _____
   _____
   _____

4. 이 과의 '어깨를 딛고서는 독서'는 당신에게 확신을 주는가, 도전을 제기하는가, 아니면 평안함을 주는가? 왜 그렇다고 생각하는가?

■ **더 깊이 나아가기**

자아 인식은 리더십의 핵심 요소이다. 강력한 리더는 자신의 장점과 한계가 무엇인지 알고 있다. 당신의 형태를 분별하는 데 다음 자료들이 도움이 될 것이다.
마커스 버킹엄, 도널드 클리프턴의 『위대한 나의 발견 강점혁명』
켄 보그스의 『사람들은 왜 나를 오해할까』
린 M. 밥의 『MBTI로 보는 교회 공동체』
돈 리처드 리소, 러스 허드슨의 『에니어그램의 지혜』

자신의 보물을 가지고 리더십을 발휘하는 것은 성경에서 폭넓게 탐구된 주제이다. 이 주제와 관련해 특히 실용적이고 쉽게 읽을 수 있는 다음 자료는 청지기 직분에 관한 통찰력을 제공해준다.
랜디 알콘의 『부자 그리스도인』
하워드 데이톤의 『돈키호테, 재정관리의 달인이 되다』
Sutherland, Dave, and Kirk Nowery. *The 33 Laws of Stewardship.* Camarillo: New Source Publishing, 2003.

리더의 비전

비전을 품은 사람이란, 다른 사람들이 비전을 볼 수 있도록 도와주는 사람이다. 훌륭한 화가는 그림을 보는 사람이 그 그림 속으로 걸어 들어갈 만큼 생생한 그림을 그린다. 리더도 그와 같은 일을 한다. 리더는 사람들을 이끌어 더 나은 미래로 가는 여행을 함께 떠난다. 대부분의 사람들이 전에는 도달할 수 없었거나 생각조차 할 수 없었던 수준으로 올라가려면 잠에서 깨어나야만 한다. 따라서 만일 현재의 안일에서 벗어나 전적인 헌신이 필요한 사명에 사람들을 참여시키려 한다면, 리더가 품은 비전 안에 긴박감이 있어야 한다.

다른 사람들이 비전을 보도록 돕기 위해서는 먼저 리더가 자신의 비전을 가져야 한다. 리더는 자신이 먼저 본 것에 대해서만 말할 수 있다. 크리스천 리더십의 비전은 종종 모세가 제시한 약속의 땅처럼 고상한 말로 설명되기도 한다. 그러나 크리스천 리더십에는 하나님 나라의 현재 모습을 그리는 일도 포함된다. 그래서 이 단원에서는 미래에 대한 비전을 논의하기에 앞서 두 가지 기본적인 사실을 먼저 다루기로 한다.

그리스도께 사로잡힘(7과). 비전은 우리를 향한 그리스도의 비전에서 시작하는 것이 아니라, 그분을 향한 우리의 비전에서 시작한다. 리더가 사람들에게 보여줄 수 있는 가장 중요한 본질은 예수 그리스도가 갖고 있는 매력, 곧 사람을 강력히 끌어당기는 속성이다. 19세기 프랑스 소설가인 빅토르 위고는 자기 교구를 맡은 주교에 대하여 이런 말을 했다. "그는 하나님을 연구한 사람이 아니라 그분에게 푹 빠진 사람이다." 크리스천 리더가 가장 바라는 것은 무엇일까? 그것은 그가 섬기는 사람들이 예수 그리스도께 푹 빠지는 것이다. 우리는 그분을 따라 영원에 이른다. 우리가 그분께 더 가까이 나아갈수록 더욱 확신을 얻고, 또한 더 큰 장애물을 만나게 된다. 우리가 그분에 대해 알 것 같다고 생각할 때마다 그분은 우리의 잘못된 생각을 바로잡아 주신다. 그분은 끊임없이 우리를 놀라게 하신다.

하나님 나라 끌어안기(8과). 예수님은 수수께끼처럼 알쏭달쏭한 개념인 "하나님 나라"를 선포하셨다. 그분의 등장과 함께 현재 존재하지만 동시에 장차 임할 새로운 통치가 도래하였다. 비록 그분의 나라는 그분의 제자들 안에만 있지만, 그것은 미래로부터 현재로 임하여 어두움을 물리친다. 이 보이지 않는 하나님의 통치가 임하므로 흑암의 나라가 물러가고 미래의 승전보가 선포된다. 이 신비로운 나라는, 비록 숨겨진 실체이지만, 우리가 경험할 수 있는 세계보다 더 확실하다. 우리는 이 나라의 대기권 안에 살고 있다. 우리가 호흡하고 우리에게 소망을 주는 것은 바로 그 나라의 공기다. 따라서 우리는 예수님이 우리에게 가르치신 대로 "나라가 임하시오며 뜻이 하늘에서 이루어진 것 같이 땅에서도 이루어지이다"(마 6:10)라고 기도한다.

다른 사람이 보도록 돕기(9과). 만일 우리가 그리스도가 가진 매력을 바로 보지 못하거나 하나님 나라가 세상 끝까지 확장된다는 인식이 부족하면, 다른 사람들이 볼 수 있도록 도와줄 올바른 근거를 갖고 있지 못한 것이다. 우리가 다른 사람에게 보여주기 원하는 것은 승리자이신 예수 그리스도이다. 그분 안에는 생명이 있으며, 그분은 하나님의 통치를 선포하러 오셨다. 그러나 그 통치는 현재 세상과 불화하고 있다. 우리가 이 진리를 알게 되면, 하나님의 원대한 계획 안에서 우리의 특정한 사역이 감당할 역할을 하나님께 구할 수 있다. 비전이란, 하나님께서 우리에게 완성하라고 부르신 사명을 보고, 그 사명을 끌어안고, 다른 사람들이 그것을 보도록 돕는 능력이다.

7 그리스도께 사로잡힘

[
심비에 새기는 말씀 골로새서 1:15~20
자유케 하는 진리의 말씀 요한계시록 1:9~18
어깨를 딛고서는 독서 놀라운 그리스도
리더십 트레이닝 놀라운 그리스도를 우리 가운데 항상 모시기
]

 핵심 진리

이끄는 제자의 가장 중요한 우선순위는 무엇인가?

이끄는 제자는 다른 무엇보다 예수 그리스도의 임재와 능력에 사로잡히기를 구한다. 그리스도의 제자로 살아가는 크리스천 리더는 자신을 그리스도의 창조적인 영향력 아래 두어, 마치 그리스도께서 자기를 통하여 그분의 삶을 사시는 것처럼 살아간다.

위에서 제시한 질문과 대답의 핵심 문구가 무엇인지 확인해보라.

심비에 새기는 말씀

심비에 새기는 말씀 전체를 이곳에 적어보라.
골로새서 1:15~20

_____
_____
_____
_____
_____
_____
_____
_____
_____
_____
_____
_____

비록 성육신이라는 진리가 그리스도의 신비 중의 신비이지만, 그리스도에 대한 온 우주의 탄성은 우리를 더욱 사로잡아 경외하게 만든다. 사도 바울은 골로새서 1장 15~20절에서 예수님은 하나님의 창조와 구속에 관한 최종 선언이라고 말한다.

1. 사도 바울은 그리스도의 신성을 확증하기 위하여 어떤 용어나 어구를 사용하는가?

_____
_____
_____
_____

2. 바울은 "모든 피조물보다 먼저 나신 자"(15절)란 어구를 어떻게 사용하고 있는가? 만일 이 말을 연대기적으로 해석한다면 마치 예수님이 창조의 과정에서 "가장 먼저 나신 자"라는 말처럼 들릴 수 있다. 여기서 '먼저 나신 자'라는 말은 그밖에 어떤 의미로 사용될 수 있는가?(주석이나 해설 성경을 참고해도 좋다.)

3. 바울에 의하면, 예수님과 피조물의 관계는 무엇인가?

4. 골로새서 1장 17절을 읽으라. "만물이 그 안에 함께 섰느니라"라는 이례적인 어구에 주목하라. 당신은 여기서 바울이 무엇을 염두에 두고 있다고 생각하는가?

5. 예수님의 구속 사역의 중심에는 화해가 존재한다(20절). 화해가 필요하다는 것은 두 당사자가 서로 불화하고 있다는 것을 의미한다. 인간과 하나님 사이의 적개심의 본질은 무엇이며, 예수님은 어떻게 화해를 제공해주시는가?

_____
_____
_____
_____
_____

6. 예수 그리스도에 관한 바울의 방대한 주장을 당신 자신의 말로 요약해보라.

_____
_____
_____
_____
_____
_____

자유케 하는 진리의 말씀

사도 요한은 자신이 밧모섬(오늘날 터키 남서해안에 있는)에 유배되었을 때 받은 예수 그리스도의 계시를 엿볼 수 있게 해준다. 학자들은 계시록의 기록 연대를 주후 90년경으로 잡는다. 그 당시 로마의 도미시안 황제는 자기 신민들에게 자신을 '주와 하나님'(Dominus et Deus)으로 경배하라고 명령을 내렸다. 그는 로마 제국의 이름을 "영원한 제국"으로 변경하고 자신을 "영원한 왕"으로 부르게 했다. 로마의 모든 신민들은 도미시안을 숭배하기 위해 지어진 신전에 가서 제단에 분향하고 "가이사는 주시다"라고 외쳐야만 했다. 이러한 역사적 상황 가운데 요한은 참되신 주요 하나님이신 그분의 극적인 방문을 받았다. 요한계시록 1장 9~18절을 읽어보라.

1. 계시록 1장 9절은 요한이 유배를 당하게 된 이유를 알려주고 있다. 이 이유를 당신 자신의 말로 옮겨보라.

   _____
   _____
   _____
   _____
   _____
   _____

2. 10~11절에 의하면 예수 그리스도의 계시는 어떤 맥락과 목적에서 주어졌는가?

   _____
   _____
   _____
   _____
   _____

3. 요한은 누가 말씀하고 있는지 보려고 고개를 돌렸을 때, 일곱 촛대(일곱 교회를 가리킴. 계 1:20을 보라) 사이에서 "인자 같은 이"를 보았다. 당신이 가진 주석이나 해설성경에서 예수님을 묘사하기 위해 사용된 여덟 개의 수식어를 찾아보라(13~16절). 그 모습이 그분의 어떤 점을 말해주는가?

- "발에 끌리는 옷을 입고 가슴에 금띠를 띠고"(13절)

- "머리와 털의 희기가 흰 양털 같고"(14절)

- "그의 눈은 불꽃같고"(14절)

- "그의 발은 풀무불에 단련한 빛난 주석 같고"(15절)

- "그의 음성은 많은 물소리와 같으며"(15절)

- "그 오른손에 일곱 별이 있고"(16절)

- "그 입에서 좌우에 날선 검이 나오고"(16절)

- "그 얼굴은 해가 힘있게 비치는 것 같더라"(16절)

4. 당신은 왜 요한이 이 계시를 받고 "그의 발 앞에 엎드러져 죽은 자 같이"(17절) 되었다고 생각하는가?

5. 예수님의 부드러운 음성은 그분이 어떤 분이라고 말해주는가?
   (17~18절)
   _____
   _____
   _____
   _____

6. 이 모습을 볼 때, 예수님의 제자이자 리더로서 당신이 마음에 담아야 할 그분의 형상은 어떤 것인가?
   _____
   _____
   _____
   _____
   _____

"예수님의 오래 참으심은 역사적으로 검증된 능력 곧, 인간 개개인을 향해 말씀으로 치유하고 능력을 부어주시는 능력에 근거한다. 그분은 보통 사람처럼 사시고 그들이 처한 환경에서 날마다 부대끼는 가운데 평범한 인류에게 공급해주시고, 지금도 공급하고 계시기 때문에 소중한 분이다. 그분은 그들의 삶에 온전함을 약속하신다."
– 달라스 윌라드, 『하나님의 모략』 중에서

어깨를 딛고서는 독서

놀라운 그리스도

"그와 함께는 살 수 없다, 그가 없이는 살 수 없다." 이것은 모두 예수님에 대한 말이다. 그분은 우리를 확증하실 뿐 아니라, 우리를 방해하신다. 그분은 우리에게 단 하나의 초점만을 주실 뿐 아니라, 우리의 결정을 복잡하게 만드신다. 그분의 멍에는 쉽지만, 그분의 길은 힘들다. 그분은 우리를 놀라게 하는 그리스도이시다.

모든 리더는 먼저 제자가 되어야 한다. 제자는 자신의 삶을 조성하시는 이가 누구인지에 관해 한 치의 의혹도 품지 않는다. 따라서 제자를 인도하는 제자에게 가장 중요한 문제는 우리의 삶에 "조성 능력"을 가진 이가 누구인가 하는 문제이다. 무엇 때문에 우리가 그분을 따르게 되는가? 어떻게 하면 이 관계를 생생하게 유지하고 예수님을 항상 우리 앞에 계시게 하는가?

만일 다른 사람에게 그분을 따르도록 만들어야 한다면, 먼저 우리가 예수 그리스도의 인격과 능력에 사로잡혀야 한다. 예수님과의 관계는 경외와 매료됨이 같은 크기로 함께 와야 한다. 우리는 저항할 수 없는 예수님께 끌리는 동시에 너무도 불편한 우리 자신의 모습을 보여 주시는 그분을 밀어내는 우리 자신의 모습을 발견하게 된다.

제자의 삶에서 이 밀쳐냄과 끌어당김은 베드로와 그의 동료가 그리스도와 만난 사건에서 극적으로 잘 묘사되어 있다(눅 5:1~11). 우리는 예수님이 이 유한한 피조물을 무력하게 만들기 위하여 저 세상의 권세를 제시하셔서 사건들을 어떻게 조화시키시는지 보게 될 것이다. 예수님은 이 어부들의(베드로, 야고보, 요한) 앞마당에 들어가셔서 그들의 편안하고 예측 가능한 실존을 뒤집어 놓으셨다.

여기에 예수님이 자신의 정체를 드러내신 배경이 있다. 수많은 사람들이 예수님의 말씀을 듣기 위해 게네사렛 호수(갈릴리 호수로도 알려진) 가로 모여들었다. 모여든 군중들의 엄청난 몸싸움으로 인해 예수님은 베드로의 배를 빌리셔야 했고, 그 배는 물 위에 떠 있는 강단이 되었다.

예수님은 가르치기를 마치신 뒤에 베드로에게 이렇게 명하셨다. "깊은 데로 가서 그물을 내려 고기를 잡으라"(눅 5:4). 피곤에 지친 베드로는 이 요구에 짜증으로 응했다. 그는 자신이 짜증난 것을 숨기지 않았다. "선생님 우리들이 밤이 새도록 수고를 하였으되 잡은 것이 없지마는"(눅 5:5). 베드로의 극심한 피로 외에, 당신은 그가 예수님이 잘 알지도 못하는 일에 참견을 하고 있다고 생각한다는 인상을 받게 된다. 베드로는 오랫동안 고기 잡는 일에 종사해온 어부다. 그것은 그의 직업이다. 예수님은 깊은 곳에 그물을 던지라는 말로 그분의 무지를 드러내셨다. 깊은 물은 한밤중에 고기를 잡는 곳이다. 베드로는 어쩌면 이런 생각을 했을 수도 있다. '예수님, 당신은 설교에만 전념하시구요, 고기 잡는 것은 우리에게 맡기시죠.'

그러나 베드로는 선생님(Master)에 대한 순수한 존경심에서 그 요청을 받아들였다. "말씀에 의지하여 내가 그물을 내리리이다"(눅 5:5). 베드로는 마지못해 따를 정도의 존경심은 갖고 있었지만, 그것이 성공할 것이라고 기대하지는 않았다. 그러나 그물이 바다 깊은 곳으로 던져지기가 무섭게 호수 안에 있는 물고기들이 기다렸다는 듯이 몰려들었다. 베드로는 다른 배에 타고 있던 동료에게 이 그물을 당길 수 있도록 도와달라고 신호를 보냈고, 그물에 잡힌 물고기의 양은 두 배를 모두 가라앉게 만들 정도로 많았다.

여기서 우리의 관심은 이 사건에 대한 베드로의 반응이다. 만일 베드로가 경제적인 성공에만 초점을 맞추어 이기심을 발휘했다면 변호사를 찾아가 계약서를 한 장 만든 다음 예수님께 동업자가 되어 달라며 그 계약서를 내밀었을 것이다. 그러나 베드로는 경제적인 성공은 조금도 생각하지 않았다.

베드로를 놀라게 하신 예수님은 골치 아프면서도 동시에 매력적인 분이었다. "시몬 베드로가 이를 보고 예수의 무릎 아래에 엎드려 이르되 주여 나를 떠나소서 나는 죄인이로소이다 하니"(눅 5:8). 베드로는 헷갈렸다. 그는 심리학자들이 '심리부조화'라고 부르는 체험을 한 것이다. 베드로의 말과 행동은 서로 충돌했다. 그의 삶은 마주 오는 두 기차가 정면충돌한 상황과 같았다.

한편으로 베드로는 예수님께 나아간 것으로 보인다. 우리는 의기양양한 걸음으로 바다를 가로질러, 바다로 하여금 자기에게 순종하도록 명하는 이 사람을 향하여 달려가는 베드로의 모습을 그려볼 수 있다. 베드로는 경배의 의미로 예수님의 발 앞에 엎드렸다. 그 순간 그에게 그보다 절실한 것은 없었다.

그와 동시에, 베드로는 본능적으로 자신이 단순한 피조물 앞에 서있는 것이 아님을 알았다. 그는 너무도 아픈 고통 앞에 적나라하게 드러난 경험을 하고 있었다. "주여 나를 떠나소서 나는 죄인이로소이다." 자신은 도저히 주님 앞에 서있을 자격이 없다고 말하고 있는 것이다. "나를 떠나소서, 왜냐하면 저는 당신을 떠날 수 없을 것 같으니 말입니다."

나는(그레그) 이 평생에 걸친 접근과 회피, 밀고 당기기라는 역학이 우리를 예수 그리스도의 조성 능력 아래에 있게 하는 것임을 인정한다. 예수님은 다른 어떤 사람과도 다르며, 이것이 바로 그분이 그렇게 매력적인 이유다.

그러면 베드로에게 어떤 일이 일어났는지 좀 더 자세히 살펴보기로 하자.

베드로는 하나님의 거룩하신 현존 앞에 나동그라졌다. 베드로가 "주여 나를 떠나소서 나는 죄인이로소이다"라고 말했을 때 무슨 체험을 하고 있었던 것일까? 그는 예수 그리스도를 어떤 부류의 존재로 규정해야 할지 도저히 알 수 없었다. 그는 본능적으로 이 인물이 단순한 사람이 아님을 알아챘다. 어쨌든 그의 머리로는 결코 설명할 수 없는 방식으로 이스라엘의 거룩하신 이가 예수라는 인간 안에 성육신하신 것이다. 보통은 가려져 있던 하나님의 영광이 한동안 한 인간을 통하여 나타났고, 베드로는 거기에 압도당했다.

하나님의 거룩함을 체험하는 것은 말하자면 "어찌할 수 없는 일" (overpoweringness)에 직면하는 것이다. 베드로로서는 어찌할 수 없는 힘이 불거져 나왔고 그 힘은 그를 항거불능의 상태로 만들었다. 루이스는 『침묵의 행성 밖에서』란 책에서 신적 존재인 오야르사가 자기 부하들 사이를 움직일 때 랜섬이 느낀 감정을 이렇게 서술하고 있다. "랜섬은 전율을 느끼며 마치 가까이에서 번개가 친 것처럼 손가락이 저리는 것을 느꼈다. 그리고 자신의 마음과 몸은 마치 물처럼 흘러내리는 것처럼 느껴졌다."1)

이것은 또한 욥의 경험이기도 했다. 우리는 욥이 어떻게 모든 것, 즉 부와 가족과 건강을 잃었는지를 잘 알고 있다. 그것은 하나님께서 사탄이 그를 체로 치는 것을 허락하셨기 때문이다. 욥은 친구들에게 욥의 불행이 그가 지은 죄 때문이니 죄를 자백하라는 압박을 받으며, 몸에 난 상처를 더러운 기와 조각으로 긁는 지경에까지 이르렀다. 그러나 욥은 끈질기게 자신의 무죄를 주장했다. 그는 심지어 하나님이 공평하지 않으시다고 비난하면서 자신이 이런 대접을 받을 만한 일을 한 적이 없다고 항변했다. 하나님은 그에게 해명하셔야 했다. 그러나 어느 곳에서도 하나님은 욥이 처한 상황에 대해 지적으로 만족할 만한 대답을 해 주지 않으신다. 하나님은 그저 능력 가운데 나타나셔서 명령하실 뿐이다. 프레드릭 뷰크너는 이렇게 말한다. "하나님은 설명하지(explain) 않으신다. 다만 그분은 터트리신다(explode). 그분은 욥에게 자신을 누구라고 생각하는지 물으셨다. 그분은 욥에게 욥이 설명 받기 원하는 그런 종류의 일을 설명하려고 애쓰는 것은, 마치 조개에게 아인슈타인에 대해 설명하는 것과 같은 것이라고 말씀하신다. 하나님은 자신의 방대한 계획을 드러내지 않으시며, 오직 자기 자신을 드러내신다."2)

"트집 잡는 자가 전능자와 다투겠느냐?" 여호와께서는 욥에게 물으신다(욥 40:2). 욥은 하나님의 계시에 압도당한 채 이렇게 말한다.

내가 주께 대하여 귀로 듣기만 하였사오나 이제는 눈으로 주를 뵈옵

나이다 그러므로 내가 스스로 거두어들이고 티끌과 재 가운데에서 회개하나이다(욥 42:5~6).

욥과 마찬가지로, 베드로는 어찌할 바를 모르고 압도되었다. 그로 하여금 자신의 도덕적 부패를 느끼게 만든 것은 바로 이 "어찌할 바를 모름"이었다. "나를 떠나소서 나는 죄인이로소이다." 그러나 왜 베드로는 자신의 내적 부패에 초점을 맞춘 것일까?

거룩함의 현현은 베드로를 압박했다. '거룩'이라는 낱말은 "자르다 혹은 분리하다"는 뜻이다. 오늘날 사용되는 용어로는 누군가가 "한 차원 위"라고 표현했다. 신학용어로는 "초월"이라고 하는데, 그 의미는 일반적인 한계를 뛰어넘는 것이다. 예수님은 일반적인 제한을 뛰어넘으신 분이다. 그분은 한 차원 위의 뛰어나신 분이며, 다른 모든 것을 판단하는 기준이시다.

지금까지 베드로는 다른 사람들과 조금도 다를 바가 없어서, 도덕적으로 줏대 없고 대체로 자기 자신에게 관대했다. 우리는 자신의 도덕적 자질을 정확한 잣대가 아니라 굽은 잣대로 판단하는 경향이 있다. 물론 우리에게는 사소한 결점과 나쁜 습관이 있지만 그러지 않은 사람이 누가 있겠는가? 그래서 우리는 이렇게 생각하기도 한다. '확실히 나는 성인(聖人)은 아니지만 전반적으로 괜찮은 사람이라구.' 우리는 하나님도 우리의 약점에 대해 우리와 동일하게 여기실 것이라고 추측한다.

그러나 이제 베드로는 더 이상 그런 사치스러운 생각을 갖지 않았다. 그의 잣대는 한순간에 무효가 되었다. 그의 온갖 자기 정당화는 더 이상 아무 소용이 없게 되었다. 그는 절대적인 거룩함 앞에 섰다. 예수 그리스도는 온갖 굽은 것을 깨뜨리시는 분이시다. 베드로는 처음으로 거룩하신 하나님의 입장에서 자기 자신을 바라보았다.

베드로는 적나라하게 노출되었다. 모든 것을 드러내는 하나님의 거룩하심의 빛은 우리의 어둠을 한 번에 한 조각씩 드러내기 때문에 우리는 대부분 우리의 죄가 주는 아픔을 최소화할 수 있다. 그러나 베드로는 앞이 보이지 않는 어둠에서 눈을 찌를 듯한 광채로 나아갔다. 그는 예수님을 밀쳐내려 했다. 마음의 동요가 너무 심했다. 우리는 예수님의 제자가 될 때 우리 자신을 하나님의 시선 아래에 두게 되며 그분이 우리의 개인적인 어두움을 드러내시도록 허용한다. 그렇지만 좋은 소식이 있으니, 어두움을 드러내는 바로 그 빛이 또한 치유를 가져다준다는 것이다.

베드로는 자신의 영혼 깊은 곳을 꿰뚫어 보실 수 있는 예수님의 순결함을 경험했다. 그것은 베드로를 걱정하게 만들고, 불편하게 만들고, 죄를 뉘우치게 만들었다. 거기에는 숨을 곳이 없었다. "나를 떠나소서."

베드로는 생명을 주시는 예수님께 끌렸다. 다른 한편 절반은 거절하고픈 심정이었다. 베드로는 예수님께 자기를 떠나달라고 간청한 것과 동시에 무릎을 꿇고 그분을 경배했다. 우리는 마치 예수님이 떠나시는 것을 말리듯 그분의 옷자락을 붙잡고 있는 베드로의 모습을 충분히 그려볼 수 있다. 이 순간은 너무도 고통스러운 순간이었지만, 베드로는 이곳이 아닌 다른 곳에는 가고 싶지 않았다. 그분을 떠나 어디로 간단 말인가! 그는 두려움과 매혹이 완벽하게 뒤섞여 있는 상태였다. 이것은 우리가 살면서 만나게 되는 능력 있는 인물들과 유사하지 않은가? 그들은 당신을 아플 정도로 화나게 하면서도 너무도 다채로운 인물이어서, 그 주위에 함께 있는 것만으로도 당신을 더욱 활기차게 만든다.

예수님은 카리스마를 갖고 계셨다. 베드로의 사업이 그보다 더 큰 성공을 거둘 수 없었던 그날, 예수님은 그에게 그 자리를 떠나 자기

"예수님을 더 많이 연구할수록 그분을 묵살하는 것은 더욱 어려워진다.…월터 윙크가 말한 것처럼, 만일 예수님이 살아계시지 않았더라면 그분을 만들어내는 것은 결코 불가능했을 것이다."

– 필립 얀시, 『내가 알지 못했던 그리스도』 중에서

를 좇도록 부르셨다. "이는 자기 및 자기와 함께 있는 모든 사람이 고기 잡힌 것으로 말미암아 놀라고 세베대의 아들로서 시몬의 동업자인 야고보와 요한도 놀랐음이라 예수께서 시몬에게 이르시되 무서워하지 말라 이제 후로는 네가 사람을 취하리라 하시니 저희가 배들을 육지에 대고 모든 것을 버려두고 예수를 따르니라"(눅 5:9~11).

예수라는 인물에게는 단지 그와 어울리는 것만으로도 경제적인 안정 따위는 포기해도 좋을 만한 매력이 존재했다. 베드로는 예수님 앞에 선 그 순간 이제껏 자기가 만났던 그 누구에게서 느꼈던 것보다 더 많은 활력을 느꼈다.

예수님을 따랐던 많은 이들이 그분의 난해한 가르침들 중 한 가지가 끝난 뒤에 그분을 떠나기 시작했다. 그들은 이런 말을 했다. "이 말씀은 어렵도다 누가 들을 수 있느냐"(요 6:60). 예수님은 많은 이들이 떠나는 것을 보시고 제자들에게 물으셨다. "너희도 가려느냐"(요 6:67) 그때 베드로가 열두 사도를 대변하여 이렇게 말했다. "주여 영생의 말씀이 주께 있사오니 우리가 누구에게로 가오리이까 우리가 주는 하나님의 거룩하신 자이신 줄 믿고 알았사옵나이다"(요 6:68~69).

예수님의 능력은 자기 제자들에게 자신의 삶을 온전히 헌신하도록 요구할 만한 것이었다. 우리 마음속에는 우리의 삶 전체를 드릴 만한 가치가 있는 무언가를 발견하려는 욕구가 심겨져 있다. 예수님의 측량할 수 없는 가치는 우리의 지성이 온전히 개발되고, 우리의 정서가 온전히 길들여지고, 우리의 의지가 온전히 훈련될 것을 요구한다. 예수님은 친히 "누구든지 나를 위하여 제 목숨을 잃으면 구원하리라"(눅 9:24)라고 약속하셨다.

예수님은 베드로와 그의 동료 어부들을 물고기 대신 다른 것을 낚아 올리는 업에 종사하도록 부르셨다. "이제 후로는 네가 사람을 취하리라"(눅 5:10). 예수님은 그들에게 사람들을 낚아올릴 기회를 주신 것이다. 그리고 사람을 낚은 이들은 예수님이 그 사람을 다시 성부, 곧 예수 안에서 자기를 나타내시는 하나님께 돌려드리는 것을 보게 될 것이다.

다른 사람이 아닌 인간의 몸을 입으신 하나님이 그들을 이 땅에서 가장 위대한 기업 안으로 끌어들이셨다. 제임스 패커는 『하나님을 아는 지식』(Knowing God)에서 이 부르심 안에 담긴 엄청난 위엄을 훌륭하게 간파하고 있다. 그는 우리에게 지위나 지적인 능력, 전문적인 기술 혹은 개인적인 고결함에서 다른 모든 이보다 정점에 오른 이를 만나는 일생의 기회가 주어졌다고 상상해보라고 말한다. 그리고 잠시 숨을 가다듬고 당신에게 있어서 그 사람이 누구일지 생각해보라. 그 사람을 만나는 것이 일생의 영광이 될 그런 인물을 만나 개인적인 접견을 가지는 모습을 그려보라. 당신이 자신의 부족함을 더 많이 인식할수록 대화를 시작하거나 통제하는 것은 당신의 몫이 아니며, 그 고귀한 사람이 주도하게 해야 한다. 만일 그 인물이 정중한 인사치레 수준에서만 대화를 유지한다면 당신은 실망하게 되겠지만 그것을 불평할 수 없을 것이다. 그 정도만 해도 당신에게는 자랑할 만한 일이다. 그렇지만 만일 그 사람이 자신의 깊은 생각이나 관심사를 당신에게 털어놓기 시작한다면 어떻겠는가? 아니, 만일 그 사람이 그 수준을 넘어 당신을 어떤 개인적으로 계획한 사업에 동참하도록 초대하고, 자기가 당신을 필요로 할 때 언제라도 도움이 되어줄 수 있는지 물어온다면 어떻겠는가? 그러면 당신은 갑자기 고개가 들리고 가슴이 두근거리고, 이제까지 한번도 느껴보지 못한 생동감을 얻게 될 것이다. 당신은 이 위대한 인물의 개인 비서가 되는 것이다.

제자들이 예수님께 끌리게 된 것은 전혀 놀라운 일이 아니다. 그들은 온 우주의 왕이신 그분의 사역을 수행하도록 부름 받았다. 그분은 이 땅에 자기 나라를 세우기 위해 영원에서 시간으로 찾아오신 분이다. 제자들은 그분 계획의 일부분이 되도록 요청받았다. 그분의 삶은 이제 제자들의 것이 되었다.

베드로와 우리

누가복음 5장에서 예수님을 만난 베드로의 체험은, 크리스천 리더가 되는 것이 어떤 의미인지를 우리에게 가르쳐준다. 첫째, 우리는 예수님의 영향력(shaping influence)에 자신을 복종시켜야 한다. 우리는 그분의 임재 가운데 살아간다는 두려움과 환희 사이에서 항상 균형을 잡아야 하는 견습생들이다. 졸저 『영적 성장을 향한 첫걸음』(discipleship essentials)은 제자에 관해 다음과 같은 정의를 내린다. "제자란 예수 그리스도의 은혜의 부르심에 믿음과 순종으로 응답하는 사람이다. 제자가 된다는 것은 자아에 대해 죽고 예수 그리스도께서 우리 안에 살아계시게 하는 일생의 과정이다."3)

제자의 삶에는 날마다 순간순간 일어나는 움직임이 있다. 먼저 거룩하신 하나님 앞에서 건강한 두려움이 있다.

> 하나님이여 나를 살피사 내 마음을 아시며
> 나를 시험하사 내 뜻을 아옵소서
> 내게 무슨 악한 행위가 있나 보시고
> 나를 영원한 길로 인도하소서
>
> (시 139:23~24)

우리는 내면의 여행을 하면서 예수님께 성령님의 조명등을 비추사 우리 영혼을 살피시고 어두움을 찾아내시도록 요청한다. 신나는 일은, 우리가 하나님의 사랑의 빛에 더 가까이 나아가고 살아계신 그리스도와의 관계를 뜨겁게 추구할수록 우리가 가야 할 길이 얼마나 먼지를 더욱 새롭게 깨닫는다는 사실이다. 이것은 여러 세대에 걸쳐 수많은 성자들이 한결같이 증거하는 내용이다.

둘째, 동시에 우리는 예수님이 우리를 위해 예비하신 삶과 사역을 향해 부르심을 받는다. 달라스 윌라드는 이렇게 말한다. "예수님의 제자는 예수님에게서, 하나님 나라 안에서 그분이 살았을 그런 삶을 좇아 사는 법을 배우는 사람이다. 제자는 그분과 함께하면서 그분을 닮아가는 법을 배우는 사람이다."4) 게르하르트 키텔(Gerhard Kittle)은 제자란 말을 연구한 뒤 그 낱말은 "항상, 마테테스(mathetes, 제자를 의미하는 헬라어)로 묘사된 사람의 삶 전체를 형성하는 인격적인 유대관계를 암시하는데, 제자는 그 특성상, 누가 자신의 삶을 형성해가고 있는지 의심하지 않는다."5)

예수님은 우리 가운데 거하신다. 그분은 우리의 평생 동안 그 집을 청소하시지만, 그와 동시에 우리가 그분의 나라 안에서 봉사하는 데 적합하도록 만드신다. 그분의 새롭게 하시는 사역은 결코 끝이 없다. 예수님의 삶이 우리를 통하여 역사하시는 한, 그분은 우리를 이웃에게 봉사하는 의미 있는 삶으로 인도하신다. 두려움과 환희, 우리는 바로 이 교차점 안에서 우리가 살아있음을 생생하게 느낀다.

루이스는 이 균형을 깨달은 몇 안 되는 사람 중 하나다. 그가 『나니아 연대기』라는 판타지 소설 안에서 그리스도를 나타내는 형상으로 사자를 선택한 것도 바로 그런 이유에서다. 수잔과 루시가 비버에게, 아슬란은 '안전'한 존재냐고 물었을 때 그들은 이런 대답을 듣게 된다. "안전하냐고? 안전에 대해 누가 말하겠어. 그는 안전하지 않거든. 그렇지만 그는 좋아. 내가 말할 수 있는 건, 그가 왕이라는 거야."6)

제자도의 매력은 한마디로 바로 이것이다. 우리가 예수님을 따를 때, 그분은 항상 우리와 함께 어울리실 것이다. 그러나 우리가 다른 누구와 함께 어울릴 때 마치 그분과 함께할 때처럼 우리 몸이 설레는가? 우리가 땅 위에 거한 어느 누구와도 다른 이분의 임재 가운데가 아니라면 다른 어디에 있겠는가?

리더십 트레이닝

놀라운 그리스도를 우리 가운데 항상 모시기

가장 기본적인 의미에서 '제자'는 단지 스승에게서 배우는 견습생에 지나지 않는다. 그러나 그리스도를 믿는 이들이 '제자'라고 할 때, 우리는 모든 이의 스승(Master)이신 우리 주님의 견습생이다. 예수님 당시에 랍비들에게는 자기 스승을 살아있는 토라, 곧 육신을 입은 생명의 법으로 바라보는 제자들이 있었다. 우리는 육신을 입은 하나님이신 예수님의 견습생이다. 예수님의 삶과 그분이 우리를 통해 자신의 삶을 사시는 방식보다 더 우리를 사로잡는 것은 없다. 바꾸어 말해서, 리더십은 우리가 그리스도 안에서 누구인가 하는 문제다.

이 리더십 트레이닝은 예수 그리스도의 인격에 대한 균형 잡힌 두려움과 환희를 우리 가운데 항상 유지하는 데 초점이 맞추어져 있다.

1. 당신은 현재 그분과 어느 지점에 있는지 평가해보라. 예수 그리스도께서 이 순간 당신의 삶 가운데 어떤 분인지 솔직하게 평가해보라. 다음 항목 가운데 당신에게 해당하는 것에 표시하라.

    _____ 나는 그분께 사로잡혀 있다.
    _____ 그분은 멀리 떨어져 있는 것 같다.
    _____ 그분은 항상 그 자리에 계신다.
    _____ 나는 그분에 대한 더 큰 지식이 필요하다.
    _____ 나는 그분에 대한 감사가 점점 더 자라고 있다.
    _____ 나는 그분께 더 가까이 가고 싶다.
    _____ 나는 그분이 깜짝 놀랄 만한 분임을 안다.
    _____ 나는 그분이 혼란스럽다.
    _____ 나는 그분이 내게 무엇을 요구하시는지 잘 모르겠다.

_____ 그분은 내 참된 사랑이시다.
_____ 내 삶은 구별되었다.
_____ 예수님은 내게 역사적인 인물이시다.
_____ 나는 그분이 너무나 매력적이시라고 생각한다.
_____ 그분은 목숨을 걸 만한 분이다.
_____ 그 밖에 _____

당신이 표시한 것을 근거로 지금 예수님이 당신에게 어떤 분인지, 그리고 당신의 삶 가운데 어떤 자리를 차지하고 있는지 글로 써보라.

_____
_____
_____
_____
_____
_____
_____

2. 예수님은 우리가 삶 가운데 있는 두려움과 환희를 균형 있게 유지하는 데 강력한 모범이 되신다. 당신은 이 말에 동의하는가, 동의하지 않는가? 이 말을 당신 자신의 말로 설명해보라.

_____
_____
_____
_____
_____
_____

3. 당신은 어떻게 당신의 삶을 그리스도의 임재 곧, 모든 것을 드러내는 빛 앞에 내보임으로써 그분이 어두움을 물리칠 수 있게 하겠는가?

_____
_____
_____
_____

4. 달라스 윌라드는 이렇게 말한다. "예수님의 제자는 그분으로부터 하나님 나라 안에서 만일 그분이라면 살았을 그런 삶을 좇아 사는 법을 배우는 사람이다. 제자는 그분과 함께하면서 그분을 닮아가는 법을 배우는 사람이다." 지금 예수 그리스도의 인격 가운데 당신을 가장 사로잡는 부분은 무엇인가? 그러한 모습이 당신의 삶 가운데 구현되기 위해서는 어떻게 해야 하는가?(예를 들어, 자기 원수도 사랑하신 모습)

_____
_____
_____
_____

"예수님 이야기는 잔치 이야기, 사랑 이야기다. 예수님은 우리를 다시 찾기 위해서라면 무슨 일도 마다 않으시는 하나님의 약속을 몸소 나타내신다. 소설가이자 문예 비평가인 레이놀드 프라이스(Reynolds Price)는 그것을 이런 식으로 표현한다. '그분은 가장 뚜렷한 목소리로 인류가 모든 이야기를 통해 갈망해온 그 문장을 말씀하신다. 만물을 지으신 분이 나를 사랑하시고 나를 원하신다고.'"
— 필립 얀시, 『내가 알지 못했던 예수』 중에서

5. 제자에 관한 키텔의 도발적인 정의는 제자란 "누가 제자의 삶을 형성해가는지 추호도 의심하지 않는다"는 것이다. 당신의 삶을 예수님이 주관하신다는 사실을 의심하지 않기 위해서 어떤 훈련을 개발할 필요가 있겠는가?

_____
_____
_____
_____

당신의 삶에서 어떤 구체적인 생각이나 감정 혹은 행동이, 예수님을 당신 삶의 주관자로 인정한다는 증거가 되겠는가?

_____
_____
_____
_____

■ 더 깊이 나아가기

C. S. 루이스의 『순전한 기독교』와 필립 얀시의 『내가 알지 못했던 예수』를 읽어보라.

8 하나님 나라 끌어안기

[
심비에 새기는 말씀 마가복음 1:14~15
자유케 하는 진리의 말씀 마태복음 11:1~13
어깨를 딛고서는 독서 하나님 나라를 받아들인 자
리더십 트레이닝 천국에 대한 당신의 시각을 검토하라
]

 핵심 진리

이끄는 제자의 세계관은 어떤 것인가?

크리스천 리더십은 하나님 나라를 신실하게 받아들이고 그 나라의 실제와 규범에 힘써 적응해 나간다. 이 나라는, 인간의 개성과 문화에 스며들어 영광스러운 새 삶을 불러일으키는 하나님의 임재와 능력이다.

위에서 제시한 질문과 대답의 핵심 문구가 무엇인지 확인해보라.

심비에 새기는 말씀

심비에 새기는 말씀 전체를 이곳에 적어보라.
마가복음 1:14~15

_____
_____
_____
_____
_____

하나님 나라의 본질과 그 나라가 가까이 왔다는 것은 예수님이 행하신 사역의 가장 두드러진 주제이자 크리스천 리더십의 기초다. 이 암송 구절에는 그러한 시각이 놀랍게 잘 요약되어 있다.

1. 본문은 마가가 제시하는 예수님의 사역에 대한 첫인상으로, 이끄는 제자를 부르시기 직전에 보이신 모습이다. 그리스도의 메시지와 사역을 이해하는 데 열쇠가 되는 이 구절의 의미는 무엇인가?

_____
_____
_____
_____

2. 예수님은 분명히 "하나님의 복음을 전파하는" 것으로 자신의 사역을 시작하셨다. 당신이 이해하는 '하나님의 복음'은 무엇인가?

_____
_____
_____

3. 예수님은 "복음"을 "하나님 나라"가 임한 것과 연결시키신다. "하나님 나라" 하면 어떤 생각이 떠오르며, 그것은 당신에게 어떤 의미를 갖는가?

   _____
   _____
   _____
   _____

4. 당신은 "하나님 나라가 가까웠다"는 예수님의 말씀이 어떤 의미라고 생각하는가?

   _____
   _____
   _____
   _____

5. 예수님의 사역과 그의 사촌인 세례 요한의 사역(막 1:4) 모두 회개를 매우 강조하고 있다. 당신은 왜 회개가 하나님 나라의 복음을 세우는 일에 반드시 필요하다고 생각하는가?

   _____
   _____
   _____
   _____

자유케 하는 진리의 말씀

그리스도와 교회는 모든 시대를 통틀어 세례 요한을 가장 위대한 선지자로 평가했다. 그는 구약과 예수 안에서 나타날 신약 사이에서 하나님과 이스라엘 백성과의 관계의 정점에 서 있었다. 요한복음 1장 29~36절은 세례 요한이 이스라엘과 세상을 향해 예수님을 "그리스도" 곧 구세주("하나님의 어린양")와 주("하나님의 아들")로 인식하도록 촉구했다고 말씀한다. 세례 요한은 예수님의 공생애 시작에 맞추어 그분께 세례를 주었고, 진정한 왕이신 그분께 자신의 사역과 제자들을 내어드렸다. 마태복음 11장 1~13절을 읽어보라.

1. 세례 요한은 헤롯에게 붙잡혀 옥에 갇혔을 때 자기 제자를 보내 예수님께 질문하게 했다. 그 질문은 무엇이며(2~3절), 그렇게 하게 된 동기는 무엇인가?

   _____
   _____
   _____
   _____
   _____
   _____

   당신은 예수님의 정체성에 대해 질문을 던져본 적이 있는가? 그때 당신의 삶에 어떤 일들이 일어나고 있었는가?

   _____
   _____
   _____
   _____

2. 예수님은 요한의 질문에 어떻게 대답하셨으며(4~6절), 당신이 보기에 예수님은 어떤 의사를 전달하려고 하셨는가?

_____
_____
_____
_____
_____

3. 예수님은 하나님 나라가 이 땅에 세워지면 어떤 일이 일어난다고 설명해 주시는가(5절)? 당신은 지금까지 살아오면서 어디서, 어떻게 그러한 하나님 나라의 모습을 체험했는가?

_____
_____
_____
_____
_____

4. 예수님은 요한이 가졌을 수도 있는 의심과 갈등에도 불구하고 그에 대해 어떻게 말씀하시는가(11절)?

_____
_____
_____
_____
_____

5. 예수님은 세례 요한의 증거가 하나님 나라 도래의 시작을 알리는 것이며, 자기를 따르는 이는 세례 요한보다 더 큰 자라고 말씀하신다. 예수님이 하나님 나라를 붙잡는 사람의 성격과 헌

신에 대해 설명하시면서 "침노"라는 도발적인 단어를 사용하신 것에 주목하라(12절). 이 말은 당신의 삶 가운데 어떻게 나타나는가?

_____
_____
_____
_____

6. 이 본문에서 당신에게 떠오른 질문이나 토론거리가 있는가?

_____
_____
_____
_____

"모든 세속적인 희망을 탐색하고 그것으로 부족하다는 것이 밝혀지고, 온몸이 떨리는 혹한 가운데 마지막 [장작]이 불 가운데 던져졌을 때, 비로소 그리스도는 분명하고 확실하게 손을 내미신다. 그제야 그리스도의 말씀이 그들에게 말로 표현할 수 없는 위로를 가져다주고, 그제야 그분의 빛이 가장 밝게 빛을 발하여 어둠을 영원히 물리친다. 그래서 만물 가운데 기만과 허무함만 발견하던 영혼이 하나님만을 [향하게] 되고 그분 안에서 만족을 누리게 된다."

– 말콤 머거리지, *The End of Christendom* 중에서

어깨를 딛고서는 독서

하나님 나라를 받아들인 자

달라스 윌라드는 자신의 저서 『하나님의 모략』에서 자신의 젊은 시절 이야기를 들려주는데, 그 이야기는 하나님 나라와 크리스천 리더의 역할 간의 관계를 연구하는 일이 얼마나 중요한지를 이해하는 데 매우 도움이 된다.

어려서 나는 미주리 주 남쪽 지방에 살았다. 전기라고는 번갯불밖에 없었는데 쓸데없이 무척 잦았다. 그러다 고등학교 3학년 때 우리 마을에도 전기선이 들어와 비로소 가정과 농장에서 전력을 사용할 수 있게 됐다. 농장에 전기가 들어오자 전혀 다른 생활 방식이 모습을 드러냈다. 삶의 기본적인 부분 곧, 낮과 밤, 더위와 추위, 청결과 불결, 일과 여가, 음식 준비와 보관 등의 관계를 획기적으로 향상시킬 수 있게 된 것이다. 그러나 그 전에 우리는 전기와 그 설비를 믿고 이해해야 했으며, 그것을 '의지하는' 실제적 단계를 취해야 했다.

물론 어떤 이는 전기가 주는 잠재적인 유익을 발견하고 거기에 다가가려고 발걸음을 내딛는다. 그러나 다른 이들에게 새로운 세계로의 전환은 한결 느리게 다가오거나 전혀 이루어지지 않는다.

그들이 들은 메시지는 사실상 이런 것이었다. "회개하라, 전기가 가까이 왔다." 회개하라, 또는 석유 등잔과 횃불, 얼음통과 지하창고, 빨래판과 방망이, 손재봉틀과 건전지 라디오 따위로부터 돌아서라. 삶을 훨씬 편리하게 해줄 전력이 거기 그들 곁에 와 있었다. 조금만 적응하면 그대로 활용할 수 있었다. 그러나 이상하게도 전력을 받아들이지 않는 이들이 더러 있었다. 그들은 '전기의 나라'에 들어가지 않았다. 어떤 이들은 그저 변화가 싫었다. 경제적으로 능력이 안 되거나 적어도 그렇다고 생각한 이들도 있었다.1)

이 이분법은 리더들의 세계관과 그들이 맡은 일, 곧 다른 사람들이 그리스도께서 이루신 새로운 나라에 들어가는 데 필요한 변화를 만들어내는 일에서 그들이 맡은 부분에 대해 무엇을 말하는가? 어쩌면 사회과학 분야가 이룩한 연구들이 이 점을 한층 명료하게 밝힐 수 있을 것이다.

나라의 확장

지난 수십 년 동안 사회학자들은 사회와 기술의 변화에서 나타나는 일정한 틀에 매료되었다. 이 분야에서 고전이라 할 수 있는 책은 1962년에 에버렛 로저스(Everett Rogers)가 지은 『개혁의 확산』이다. 로저스는 그 책에서 대규모의 변화는 항상 소규모의 사람들, 즉 그가 "얼리어댑터"(early adopter, 새로운 기술이나 제품을 다른 사람들보다 먼저 받아들이고 사용하는 사람을 말함-역주)라고 분류한 전체 인구의 13% 이내의 사람들이 촉진했다고 주장한다. 이들은 혁신의 가능성을 남들보다 앞서 간파하는 사람들이다. 이들 '사회적 리더들'은 그 새로운 혁신을 채택한 결과가 가시적으로 나타나기 훨씬 전에 그 의미를 파악하고 그에 맞게 자신의 삶을 조정하기 시작한다. 실제로 그들은 비용을 들여 자기 집과 회사에 전선을 들여놓는다. 그들은 모든 사람이 알아보는 광고판이 모습을 드러내기 전에 이미 다가오는 세상을 받아들이는 데 필요한 변화를 수행한다.

어떤 의미에서, 이끄는 제자는 하나님 나라의 얼리어댑터로 간주될 수 있다. 그들은 그 나라의 원주민이 아니다. 그러나 그들은 은혜로 말미암아 하나님의 임재와 능력이 '머지않은 장래에' 혹은 '가까이에' 있다는 사실, 즉 하나님의 능력은 그분과 함께하는 이에게 주어진다는 사실에서 비롯된 가능성에 눈을 뜬다.

성경은 하나님께서 바로 그런 사람들을 통하여 행하신 일들을 밝히 드러내고 있다. 노아는 하나님의 임박한 심판이 사실임을 (다른 사람들은 아무도 받아들이지 않았지만) 적극적으로 받아들였다. 모세는 (비록 바로를 비롯해 애굽 사람들과 히브리 사람들 대부분이 믿지 않았지만) 자기 백성을 종으로부터 해방시키려고 작정하신 **새로운** 하나님을 받아들였다. 사무엘은 하나님이 자기 백성을 위해 세우실 새로운 종류의 왕을 받아들였고, 결국 보위에 오를 후보로 더 합당하게 보이던 다른 사람들 대신에 다윗이라는 이름의 비쩍 마른 목동에게 기름을 부었다. 느헤미야는, 다른 사람들은 하나같이 패배할까 두려워 포기했던 일, 곧 예루살렘을 재건하라는 하나님의 부르심에 화답하기 위해 엄청난 계획을 수립하고 시행했다. 이런 리더들은 모두 비현실적이거나 불가능해 보이는 일들을 행하시는 하나님의 임재와 능력을 인식하고(받아들이고) 기대한다(적응한다).

윌리엄 윌버포스, 칼과 허드(6과에서 언급한)의 이야기는 이런 패턴이 계속된다는 것을 보여주는 증거다. 우리는 척 콜슨(Chuck Colson)이 세운 "프리즌 펠로십"(Prison Fellowship)이라는 사역에서도 그것을 찾아볼 수 있다. 그 사역은 전 세계에 있는 재소자의 삶을, 아무도 가능하리라 믿지 않았던 방식으로 변화시키고 있다. 그리고 전직 교수였으나 마음을 파고드는 하나님의 비전에 응답하여 이집트 카이로에 있는 쓰레기 매립장에서 살아가는 수많은 아이들에게 소망과 건강을 가져다 준 "마마 매기" 고브란("Mama Maggie" Gobran)의 이야기 안에서도 만나볼 수 있다. 우리에게 볼 수 있는 눈이 있다면, 하나님께서는 그분의 나라의 부르심에 기꺼이 응답하는 제자들과 함께 무엇이든 할 수 있다는 비전을 우리에게 주신다는 사실을 발견하게 된다.

신약에서만큼 이 패턴이 생생하게 나타나는 곳은 없다. 마가는 예수님의 공생애 사역의 시작을 서술하면서 이렇게 말한다. "예수께서 갈릴리에 오셔서 하나님의 복음을 전파하여 이르시되 때가 찼고 하나님 나라가 가까이 왔으니 회개하고 복음을 믿으라 하시더라"(막 1:14~15). 이를 바꾸어 말하면, "무언가 새로운 일이 일어나고 있다. 그것을 받아들여라!"라는 것이다. 예수님의 천국 선포는 자신의 도래와 함께, 보이지 않는 하나님의 궁극적인 능력과 임재가 인간의 삶에 수천억 와트급의 전력을 공급해주는 전선을 깔아놓으셨다는 선언이다. 그분께 속하기를 원하는 사람의 삶은 생각할 수 있는 모든 수준에서 변화되기 시작할 것이다.

마태복음은 이 위대한 개혁을 받아들이고 적응하기 시작한 사람들의 모습을 보여준다. "갈릴리 해변에 다니시다가 두 형제 곧 베드로라 하는 시몬과 그의 형제 안드레가 바다에 그물 던지는 것을 보시니 그들은 어부라 말씀하시되 나를 따라 오라 내가 너희를 사람을 낚는 어부가 되게 하리라 하시니 저희가 곧 그물을 버려두고 예수를 따르니라"(마 4:18~20).

리더십에는 천국이라는 개념이 필요하다

이런 가르침을 바탕으로 보면, 크리스천 리더는 "궁극적인 실재", 곧 현재와 미래 세상에 대한 명확한 개념을 갖고 있어야 한다. 예수님은 이전 세상에서 분명히 일어난 것들이 장차 나타날 세상에서는 이루어지지 않을 것이라고 말씀하신다. 그리고 하늘과 땅에서 가장 영향력 있는 세력에 속하기로 결단한 사람들은 그 소식을 받아들이고 응답한다. 그것을 예수님은 이렇게 말씀하신다. "세례 요한의 때부터 지금까지 천국은 침노를 당하나니 침노하는 자" 곧, 리더들은 "빼앗느니라"(마 11:12).

통속적인 비교가 논점을 더욱 분명하게 드러낼 수 있다. 토머스 프리드먼(Thomas Friedman)이 저서『세계는 평평하다』에서 지적한 것처럼 오늘날 제조, 기술, 서비스 산업에서 성공하는 리더들은 세계 시장의 변화하는 속성들을 한눈에 파악하고 있다. 그들은 전에는 혹시 이익을 가져다 줄 수도 있었던 좁은 시각이 미래에는 더 이상 소용이 없다는 것을 잘 알고 있다. 그래서 그들은 새로운 세상에 적응할 수 있는 수단들을 힘껏 붙들고 있다.

이런 의미에서도 크리스천 리더는 활력이 넘쳐야 한다. 예수님은 복음서 전체에서, 그 통치와 방향이 전적으로 선하고 최종적으로 승리하게 될 최종적인 왕과 나라가 존재한다고 선언하셨다. 그것을 받아들이지 못하는 것은 우리의 손해다. 달라스 윌라드가 주장하는 것처럼 예수님의 제자가 되는 것은 비싼 대가를 치러야 하는 것처럼 보이지만, 제자가 되지 않는 대가는 그보다 훨씬 더 크다. 그것은 마치 전기의 혜택을 누리지 못하는 두메산골에서 사는 것과 같다. 우리 주위에는 그런 태도를 취하는 사람들이 많을 수 있지만, 그때까지 우리가 알아왔던 삶의 방식은 새로운 것으로 대체될 것이다. 그리고 우리는 삶을 근본적으로 변화시키는 새로운 실재를 받아들이지 못한 바보임이 입증될 것이다.

크리스천 리더는 하나님 나라의 속성과 그 원칙에 따르는 삶을 이해하는 일에 매진하는 사람이다. 그들을 사로잡고 있는 질문은, '그 나라의 속성은 무엇인가' 그리고 '나는 어떻게 그 나라의 발전을 위해 일할 수 있는가'이다. 성경은 이 질문에 답하는 데 도움을 주기 위해 크리스천 리더의 비전에 절대적으로 중요한 몇 가지 핵심 개념을 사용한다.

하나님 나라는 교회 이상의 것을 포함한다. 목회자들은 하나님이 교회 건물 안에서 일어나는 것들을 우선적으로 보살피신다는 말을 돌이킬 필요가 있다. 왜 그런가? 그것은 우리의 모범이신 예수님은 그것에 자신의 초점을 맞추지 않으셨기 때문이다. 아쉽게도 우리는 마치 예수님이 "하나님이 교회를 이처럼 사랑하사 독생자를 주셨으니"(요 3:16을 보라)라고 말씀하신 것처럼 살아간다. 그러나 그것은 사실이 아니다. 물론 예수님은 자기 교회를 사랑하신다. 그러나 세상을 바라보는 그분의 시선은 교회보다 더 넓은 것을 바라보신다. 그리스도께서는 자

"나는 어느 곳에서나 사람들이 자기 몸에 필요한 하루 세 끼의 양식과, 자기 마음에 필요한 교육과 문화, 그리고 자기 영혼에 필요한 존엄과 평등과 자유를 가질 수 있다고 담대하게 믿는다. 그리고 자기중심적인 사람이 찢어놓은 것을 타인 중심의 사람이 회복시킬 수 있다고 믿는다."

— 마틴 루터 킹 2세, *Strength to Love* 중에서

신의 사랑하는 교회에 하나님 나라를(즉, 하나님의 길과 뜻을) "온 천하에 다니며"(마 16:15) 확장하라는 특별한 사명을 주셨다. 예배당 꼭대기에 걸린 십자가 아래서 일어나고 있는 일들 가운데 하나님의 가장 큰 관심사는, 우리가 가정과 일터 그리고 학교와 다른 기관 안에 있을 때 어떻게 살아가라고 가르치는가 하는 것이다. 예수님이 회당이나 성전 안에서 가르치신 적이 얼마나 적은지, 그리고 집 안이나 마을에서 사람들과 함께 교제하신 적이 얼마나 많은지에 주목하라.

하나님 나라는 근본적인 삶의 변화에 초점이 맞추어져 있다. 예수님은, 왕이신 그분이 지향하는 것은 온 세상을 처음 시작하던 때와 같이 건강하고 온전한 상태로 회복시키는 것이라고 말씀하신다. 예수님은 이렇게 말씀하신다. "인자가 온 것은 잃어버린 자를 찾아 구원하려 함이니라"(눅 19:10). "내가 온 것은 양으로 생명을 얻게 하고 더 풍성히 얻게 하려는 것이라"(요 10:10). 하나님은 망가진 창조를 바로잡는 일에 전력을 기울이시며, 그것을 파괴된 상태로 유지시키려는 모든 것에 대항하여 능동적으로 움직이신다.

때때로 이 사역은 '치유'라는 이름으로 불리기도 한다.

예수께서 모든 도시와 마을에 두루 다니사 그들의 회당에서 가르치시며 천국 복음을 전파하시며 모든 병과 모든 약한 것을 고치시니라(마 9:35).

하나님의 나라를 전파하며 앓는 자를 고치게 하려고 내보내시며(눅 9:2).

예수께서 그들을 영접하사 하나님 나라의 일을 이야기하시며 병 고칠 자들은 고치시더라(눅 9:11).

거기 있는 병자들을 고치고 또 말하기를 하나님의 나라가 너희에게 가까이 왔다 하라(눅 10:9).

또 어떤 때는 천국의 역사가 귀신, 곧 하나님의 선하신 통치에 대적하는 존재를 쫓아낸다는 말로 나타나기도 한다. 예수님은 이렇게 말씀하셨다. "그러나 내가 하나님의 성령을 힘입어 귀신을 쫓아내는 것이면 하나님의 나라가 이미 너희에게 임하였느니라"(마 12:28, 또한 눅 11:20을 보라).

따라서 크리스천 리더는 교회 안이든 사회 안에서든, 조직을 새로 구성하거나 관리하는 것에 우선적인 관심을 두지 않는다. 그들은 위원회를 운영하거나 활동 계획을 개발하는 것에(비록 그것이 중요한 것이기는 하지만) 초점을 맞추지 않는다. 한마디로 크리스천 리더는 하나님이 지으신 인간의 삶과 이 세상을 완전히 새롭게 하는 일에 전념한다. 달리 말하면, 그들은 교회의 수용력이나 소그룹에 신경을 쓰기도 하지만, 그들의 근본적인 목표는 교회 명부에 더 많은 사람들을 추가하는 것이 아니다. 오히려 하나님과 인간 사이, 사람과 사람 사이의 소외를 치유하려는 하나님의 의도에 협력하는 것이다. 크리스천 리더는 지역 사회의 기아대책 프로그램이나 몇 가지 다른 자선행사에서 자원봉사를 할 수도 있지만, 그들의 주된 헌신은 단순히 이 사회를 조금 더 친절하고 부드러운 곳으로 만드는 것이 아니다. 그들은 하나님이 진심으로 사랑하시는 피조물과 피조세계를 타락시키는 마귀를 몰아내는 일에 하나님과 힘을 합한다. 그들은 자원재생 활동에 참가하거나 지역사회의 동물애호협회를 후원하는 일을 하기도 하지만, 그들의 최종적인 관심은 단순히 지구 온난화를 늦추거나 버려지는 애완동물의 수를 줄이는 일이 아니다. 그들의 궁극적인 관심은 창조 때에 하나님이 명하신, 지구를 보살피는 청지기 직분을 회복하는 일이다(창 1~2장). 이 모든 일들에 크리스천 리더는 관계를 회복시키고, 평화와 정의를 세우고, 모든 차원에서 삶을 구속하고 새롭게 하는 일을 완성하는 왕의 계획을 앞당기는 데 자기가 맡은 부분을 책임지고 수행한다.

하나님 나라는 인간의 노력의 성공 여부를 결정한다. 지금까지 설명한 것처럼, 크리스천 리더는 매우 야심만만한 결과를 이루고자 매진한다. 그럼에도 불구하고 자신이 추구하는 혁신의 참된 근원이 누구인지를 항상 명확히 인식한다. 구약에 이런 말씀이 있다.

여호와여 위대하심과 권능과 영광과 승리와 위엄이 다 주께 속하였사오니 천지에 있는 것이 다 주의 것이로소이다 여호와여 주권도 주께 속하였사오니 주는 높으사 만물의 머리이심이니이다(대상 29:11).

그러므로 여호와께서 나라를 그의 손에서 견고하게 하시매 유다 무리가 여호사밧에게 예물을 드렸으므로 그가 부귀와 영광을 크게 떨쳤더라 여호사밧의 나라가 태평하였으니 이는 그의 하나님이 사방에서 저희에게 평강을 주셨음이더라(대하 17:5, 20:30).

크리스천 리더는 인간적인 계획을 붙잡고 있으면서 하나님이 지시하시는 것에 그저 고개만 끄덕이지 않는다. 그들은 만일 자신의 사역이 계속 유지된다면, 그것은 그 일이 하나님의 뜻에 부합하기 때문이라는 것을 잘 알고 있다. 그들의 리더 직분은 하나님의 인도하심을 간절히 구하는 것이 특징이다. 그들과 그들이 맡은 팀은 기도에 전념한다. 그들은 하나님이 인도하시는 대로 중간 과정을 바꾸는 것에 마음이 열려 있다. 그들은 인간의 솜씨보다는 하나님의 능력을 의지한다. 예수님이 친히 자신의 이끄는 제자들의 본이 되신 것처럼, 크리스천 리더가 끊임없이 외쳐야 하는 말은 "나라가 임하옵시며 뜻이…이루어지이다"(마 6:10, 또한 마 26:42를 보라)이다.

천국은 기계적이 아니라 유기적으로 성장한다. 세상적인 개념의 리더십은 종종 명령과 통제, 조직과 체계, 생산 계획과 관리 절차를 중요시한다. 조직적인 측면에 세심한 주의를 기울일 필요가 있는 것은 분명한 사실이다. 그러나 크리스천 리더는, 하나님의 나라 '관리'라는 대중적인 개념에 반대하는 경우가 많다는 것을 마음 깊이 이해한다.

- 천국의 리더는 작은 씨앗을 뿌리는 일에 초점을 맞춘다. 한번은 예수님이 이런 질문을 하셨다. "우리가 하나님의 나라를 어떻게 비교하며 또 무슨 비유로 나타낼까 겨자씨 한 알과 같으니 땅에 심길 때에는 땅 위의 모든 씨보다 작은 것이로되 심긴 후에는 자라서 모든 풀보다 커지며 큰 가지를 내니 공중의 새들이 그 그늘에 깃들일 만큼 되느니라"(막 4:30~32).

물론, 크리스천 리더도 많은 결과를 맺는 일에 신경을 쓴다. 그러나 그들은, 가장 광범위한 변화는 매우 좋은 '씨앗'을 투자하는 일과 같이 작지만 초점이 맞추어진 일로 인해 일어난다는 사실을 안다. 이런 이유 때문에 "일을 잘하는 것"보다는 "옳은 일을 하는 것"에 더 관심을 가진다. 그들은 어쩌면 다음번의 좋은 투자가 원하는 변화를 불러일으키는 임계점을 만들어낼 수 있을 거라는 인내의 소망을 가지고 살아간다.

- 천국의 리더는 인간관계에 초점을 맞춘다. 예수님이 몸소 행하신 것처럼 개개인을 보살피고 멘토링하는 일에 막대한 에너지를 투입한다. 그들은 사람들에게 초점을 맞추는 것이 프로그램과 활동에 매달리는 것보다 훨씬 더 좋은 결과를 맺는다고 믿는다. 레지 맥닐(Reggie McNeal)이 내게(댄) 말한 것처럼 크리스천 리더는 "사람들을 통하여 일을 완성하는 것"보다는 "일을 통하여 사람들을 세우는 것"에 더 많은 관심을 갖는다. 그들은 자신의 리더 직분을 수행할 때 사랑과 성실이 깃든 작은 행동이 겉으로 드러나는 결과보다 더 중요하다고 믿는다. 그들은 자신이 물려줄 가장 큰 유산은 자신이 남긴 거대한 조직이 아니라, 하나님 나라의 증인으로 역사하는 수많은 개인들임을 잘 알고 있다.

- 천국의 리더는 무엇을 거두어들일지에 대해 하나님을 신뢰한다. 크리스천 리더는 자신이 심는 모든 씨앗이 뿌리를 내리고 무성하게 자라지 않으리란 것을 잘 안다. 그들은 열광적으로 거두어들이는 것보다 신실하게 씨를 뿌리는 일에 더욱 초점을 맞춘다. 그들은 어느 정도는 겉으로 드러날 실패를 예상한다. 예수님이 가라지가 그 옆에 자라 좋은 밀과 경쟁을 한다고 그들에게 가르쳐주신 것처럼 사람이나 자신이 인도하는 사역에 완벽함을 기대하지 않는다. 그리고 그들은 하나님이 보이지 않게 역사하시기도 하시며, 어느 순간에는 그것이 자신의 방법보다 지혜롭다는 것을 이해한다. 그들은 사도 바울을 좇아 심고 물을 주는 것이 자신이 할 수 있는 가장 훌륭한 일이지만, 그 씨를 자라게 하시고 엄청난 수확을 거두어들일 시간을 정하

시는 분은 하나님이심을 확실히 간파한다(고전 3:6).

리더십은 천국의 변화를 요구한다

크리스천 리더는 비록 이렇게 느슨한 초점을 갖고 있지만, 그렇다고 그들이 수동적인 것은 아니다. 그들은 천국이 사물의 존재 방식을 정밀하게 조정하는 정도에 그치는 것이 아님을 안다. '전기의 세계'에 들어가기 위해서는 대폭적인 변화가 필요한 것처럼, 크리스천 리더는, 하나님 나라에서 살아가려면 인간이 삶에 접근하는 방식에 극적인 변화가 필요하다는 것을 안다. 그들은 예수님이 천국에 관한 자신의 가르침을 회개의 부르심과 연계시키셨음을 알고 있다(막 1:14~15).

예수님은 당신이 하나님 나라에 들어가고자 한다면 자신의 손에 익은 그물을 버려야 한다고 말씀하셨다(막 1:18). 방향을 전환하고, 이전에 깊이 빠져들었던 것을 희생해야 할 것이다(눅 9:59~60). 그리고 확고하게 정해진 방향을 변경해야 할 것이다(마 18:3). 또한 거듭나야 하고(요 3:3), 새 포도주를 위해 낡은 가죽부대를 버려야 하고(눅 5:37~38), 당신이 의지하던 안전장치를 포기해야 할 것이다(눅 18:24~25). 하나님 나라에 들어가기 위해서는 돈과 식욕과 대적과 우선순위들을 이 어두운 세상 나라와 다른 방식으로 다룰 것이 요구된다.

천국 리더는 "예수 그리스도는 어제나 오늘이나 영원토록 동일"(히 13:8)하신 반면, 우리는 반드시 변해야 한다는 것을 깨달은 사람들이다. 물론, 리더는 단지 변화 그 자체를 위해서 혹은 모든 일에 자신의 흔적을 남기기 위해 변화를 만들지 않도록 주의해야 한다. (이런 일은 너무 자

한 외국인 방문객이 미국 교회에 대해 이런 발언을 했다. '당신네 미국인들은 행복해지는 것에 너무 많은 관심을 기울여서, 마치 하나님 나라가 우리 계획의 중심이 아니라 이 땅의 나라가 하나님 계획의 중심을 차지하고 있는 것처럼 보인다.'
– 이블린 벤스, Christianity Today 중에서

주 일어난다!) 그럼에도 불구하고 크리스천 리더는 이런 질문을 자주 던진다. "하나님께서 이곳에서 행하시는 일에 협력하기 위해서 무엇을 바꾸어야 할 필요가 있는가? 우리가 이 문제(혹은 사람)에게 접근하는 방식이 혹시 세상의 방식에 물들어 있지는 않는가? 하나님 나라의 비전과 가치를 더 잘 받아들이기 위해 우리가 버리거나 취해야 하는 것은 무엇인가?"

리더십은 천국에 대한 헌신을 요구한다

천국에 대한 헌신은 어려운 일일 수도 있다. 제자도와 마찬가지로, 천국의 리더 직분은 항상 어떤 대가를 치러야 한다. 리더십에는 시간과 에너지가 요구된다. 그리고 때에 따라서는 고통스러울 정도로 느리거나 혼란스럽게 보일 수도 있다. 그렇지만 예수님은 이렇게 말씀하셨다. "천국은 마치 밭에 감추인 보화와 같으니 사람이 이를 발견한 후 숨겨두고 기뻐하며 돌아가서 자기의 소유를 다 팔아 그 밭을 사느니라 또 천국은 마치 좋은 진주를 구하는 장사와 같으니 극히 값진 진주 하나를 발견하매 가서 자기의 소유를 다 팔아 그 진주를 사느니라"(마 13:44~46).

하나님 나라의 일부가 되는 일은 아무리 비싼 대가를 지불하더라도 그만한 가치가 있다. 단 한 사람의 영혼이라도 올바로 변화시키는 일에 참여하는 것, 인간이 만든 모든 제도보다 오래 지속되는 무언가를 세우는 데 자신의 삶을 헌신하는 것, 사람들을 온전함을 향해 이끄는 일에 예수님과 함께 어깨를 맞대고 멍에를 메는 것, 자기 안에, 그리고 자기를 통하여 역사하시는 하나님의 임재와 능력을 아는 것, 모든 인종과 성별 그리고 시대를 초월한 성도의 무리 가운데 사랑받는 일꾼이 되는 것, 마침내 위대한 혁신가이자 궁극의 리더 앞에 서서 그분의 "잘 하였도다!"라는 칭찬을 듣는 일이야말로 크리스천 리더에게 주어지는 가장 큰 상급이다. 그것은 그 어떤 희생보다 가치 있는 일이다. 한번은 예수님이 자신의 제자들에게 이렇게 말씀하셨다. "내가 진실로 너희에게 이르노니 하나님의 나라를 위하여 집이나 아내나 형제나 부모나 자녀를 버린 자는 현세에 여러 배를 받고 내세에 영생을 받지 못할 자가 없느니라"(눅 18:29~30).

분명한 사실은 하나님 나라의 거룩한 능력이 가까이에 있다는 것이다. 그 나라는 우리의 심장 박동보다 더 가까이에 있다. 그분은 세상을 밝히고 자원하는 모든 생명을 흑암에서 구원하는 일에 전념하신다. 그분은 그늘진 오두막집을 밝은 빛의 도성으로 변화시키고 계신다(계 21:1~5, 22:5). 그리고 놀라운 것은 우리 크리스천 리더가 그 새롭게 하심에 일익을 담당한다는 사실이다.

 리더십 트레이닝

천국에 대한 당신의 시각을 검토하라

1. 당신은 자기 자신이나 다른 사람들에게서 하나님 나라가 교회 안에서만 일어나는 것으로 축소되는 것을 본 적이 있는가?

   _____
   _____
   _____

2. 잠시 시간을 내서 당신이 리더십에 접근하려 했던 방식에 대해 생각해보라. 다음 문장을 완성해보라. 나를 가장 잘 아는 사람은 나의 리더십이 주로 다음과 같은 열심에서 비롯된 것이라고 말해줄 것이다.
   - 책임 있는 자리에 앉거나 어떤 식으로든 승진하려고
   - 위원회 모임을 유지하기 위하여
   - 정보, 자원, 사람 혹은 활동들을 조직화하려고
   - 세상 어딘가에서 삶의 질을 높이기 위해
   - 그 밖에 _____

   만일 당신이 사역팀이나 조직의 임무를 맡을 때 그 팀의 근본적인 변화를 일으켜야 한다면(예를 들어, 어떤 병폐를 고치거나 어떤 악을 제거하는 것) 사람들에게 그것을 어떻게 설명하겠는가?

   _____
   _____
   _____

3. 당신은 자신의 리더 직분이 "왕이신 하나님과 그분의 나라가 인간이 노력한 것의 성공 여부를 결정한다"라는 원칙에 근거하고 있음을 확인하는 어떤 구체적인 훈련이나 연습을 시행하겠는가? 만일 이 원칙이 현재 유효하지 않다면 언제, 어디서 그것을 행하겠는가?

_____
_____
_____

4. 만일 천국이 유기적으로(기계적이 아닌) 성장한다는 것이 사실이라면,
   • 당신은 언젠가 거대한 나무가 될 어떤 작은 '씨앗'을 뿌리고 있는가(혹은 그것이 가능한가)?

   _____
   _____

   • 당신은 자신이 어떤 인간관계에 초점을 맞추고 있다고 보는가? 당신이 지금 조심스럽게 심고 있는(혹은 그럴 수 있는) 사람은 누구인가? 그들의 명단을 작성해보라.

   _____
   _____
   _____

   • 당신은 하나님이 당신의 사역에서 열매를 거두실 것이라고 확신하는가? 그 정도를 표시해보라.

   전혀 없음 1 2 3 4 5 6 7 8 9 10 전부 다

확신하기 어렵다면 혹은 쉽다면 무엇 때문인가?

_____
_____
_____
_____

5. 하나님 나라에 더욱 충만하게 들어가려면 회개가 필요하다. 이 말이 당신이나 당신이 함께 일하는 리더십 팀에게 어떤 의미를 갖고 있는지 묵상해보라.

- 하나님께서 이 자리에서 행하기 원하시는 것에 협력하기 위해 내가(우리가) 변해야 하는 것은 무엇인가?

_____
_____
_____
_____

- 사람을 대하거나 문제를 다룰 때 내가(우리가) 세상적인 사고방식으로 접근하는 부분이 있다면 어떤 것인가?

_____
_____
_____
_____

- 하나님 나라가 나(우리)의 리더십에 더욱 충만하게 실현되기 위해 내(우리)가 버려야 하거나 취해야 할 것은 무엇인가?

_____
_____
_____
_____

6. 당신이 다른 중요한 투자를 할 때 비용 대비 이익을 분석해보는 것과 마찬가지로, 당신이 천국 사역에 참여하는 것에 대해 간단히 분석해보라.

비용	이익

7. 이 과의 '어깨를 딛고서는 독서'는 당신에게 확신을 주는가, 도전이 되는가 혹은 위로가 되는가? 왜 그렇다고 생각하는가?

_____
_____
_____
_____
_____

> ■ 더 깊이 나아가기
>
> 달라스 윌라드의 『하나님의 모략』, 토니 에반스의 『길』, 마이크 로저스의 『일터에서 하나님을 경험하는 삶』을 읽어보라.

9 다른 사람이 보도록 돕기

[
심비에 새기는 말씀 잠언 29:18
자유케 하는 진리의 말씀 마태복음 10:5~31
어깨를 딛고서는 독서 비전을 품은 리더의 열정과 실천
리더십 트레이닝 비전을 세우는 계획 만들기
]

 핵심 진리

기독교 관점에서 볼 때 비전을 품은 리더십의 본질은 무엇인가?

비전을 품은 리더십이란, 사람들의 영혼에 영감을 불어넣고 그들의 의지를 고무시키는 말을 사용하여, 하나님이 그들을 위하여 정하신 미래의 모습을 그리는 기술이다. 또한 그들이 그 꿈을 실현하도록 하나님께서 사용하시는 구체적인 원리와 훈련에 맞추어 자신을 분별하고 훈련하도록 사람들을 돕는 것이다.

위에서 제시한 질문과 대답의 핵심 문구가 무엇인지 확인해보라.

심비에 새기는 말씀

심비에 새기는 말씀 전체를 이곳에 적어보라.
잠언 29:18

_____
_____
_____
_____

리더십이란 다른 사람들을 통하여 영향력을 배가시키는 기술이다. 우리 자신이 천국에 대한 비전을 갖는 것이 중요한 만큼, 다른 사람이 하나님의 관점을 알고 그것으로 말미암아 살 수 있도록 도와주지 않는다면 우리는 진정한 리더가 아니다. 이 과의 '심비에 새기는 말씀'은 이 일이 왜 그토록 중요한지 분명히 보여준다.

1. 전통적으로 잠언서는 잘 훈련된 리더인 솔로몬 왕의 지혜를 모아놓은 문집으로 알려져 있다. 잠언 29장 1~17절에 나타난 리더십에 관한 격언을 읽어보라. 당신이 보기에 그 가운데 오늘날에 맞게 바꾸어 사용할 수 있는 리더십 원칙들은 무엇인가?

_____
_____
_____
_____
_____

2. 영어 성경 KJV는 이 구절을 이렇게 번역하고 있다. "비전이 없으면 백성이 망하지만, 율법을 지키는 자는 복이 있다." 솔로몬이 '비전'을 가진 자를 얼마나 중요하게 여기는지 설명해보

라. (그는 비전이 없을 때 어떤 일이 일어난다고 말하는가?)

_____
_____
_____

3. 영어 성경 NASB는 비전이 없으면 "백성이 도덕적으로 타락한다"고 말하고 있다. 비전이 없는 것이 어떻게 도덕적인 타락을 초래하는가?

_____
_____
_____

4. 영어 성경 NIV는 비전이 없으면 "백성이 절제심을 내버린다"고 말하고 있다. 뚜렷한 비전을 가진 것과 절제심을 보이는 것은 어떤 관계가 있는가?

_____
_____
_____

5. 솔로몬은 백성이 하나님께 받은 뚜렷한 비전을 가질 때 "율법을 지키는"(즉 하나님의 뜻을 이루는) 행동을 취하며, 이것은 다시 그들을 행복으로 이끈다고 말한다. 당신은 비전이 사람들을 행동으로, 그리고 더 큰 행복으로 이끄는 것을 본 적이 있는가?

_____
_____
_____

자유케 하는 진리의 말씀

마태복음 10장 5~31절은 궁극적인 리더이신 예수님이 열두 제자들에게 그들이 사명을 행할 수 있도록 어떻게 준비시키시고 파송하셨는지 잘 보여주고 있다. 본문은 비전을 품은 리더는 단지 채워져야 할 필요나 성취하기 원하는 결과 이상을 사람들에게 제시할 필요가 있다는 것을 보여준다. 또한 리더가 할 일은, 그들이 비전을 추구할 때 필요한 구체적이고 실제적인 방법들을 찾을 수 있도록 돕는 것이다.

1. 예수님은 열두 사도가 추구해야 할 '대상이 되는 청중'에 관해 무엇이라고 말씀하시는가(5~6절)?

   _____
   _____
   _____
   _____

2. 제자들은 자기가 가는 곳마다 '구체적으로 어떤 메시지'를 전하라고 명령받았는가(7절)?

   _____
   _____
   _____
   _____

3. 예수님은 제자들이 그 메시지를 구체적으로 실현하기 위해 그들에게 어떤 '실제적인 행동'을 하라고 명하시는가(8절)?

   _____
   _____
   _____

4. 예수님은 그들의 필요를 공급하기 위해 어떤 '자원 활용 계획과 대인 관계 원칙'을 주시는가(9~12절)?

_____
_____
_____
_____
_____

5. 열두 사도가 직면하게 될 도전과 관련해 예수님이 제시하신 몇 가지 '현실적인 예측'은 무엇인가(13~15, 17~18절)?

_____
_____
_____
_____
_____
_____

"사람들은 프로그램을 따르는 것이 아니라 그들에게 영감을 주는 리더를 따른다. 그들은 비전이 그들 가운데 무언가 자기 자신보다 위대한 것에 대한 걷잡을 수 없는 희망을, 그들이 전에는 감히 바라지도 못했던 것이 이루어질 수 있다는 소망을 심어줄 때 비로소 행동한다. 그리고 소망은 이 사람에게서 저 사람으로 전달된다. 리더가 행동하기 시작할 때 소망이 불꽃으로 타오른다."
— 존 화이트, 『탁월한 지도력』 중에서

6. 예수님은 제자들에게 '거절당할 때 어떻게 하라는 지침'을 주셨는가? 바꾸어 말해, 그들은 난관에 부딪혔을 때 의지할 수 있는 어떤 진리나 확신 혹은 전략을 제공받았는가(14~16, 19~31절)?

___

7. 본문을 요약할 때, 예수님은 어떻게 비전을 품은 리더십의 모범을 보이시는가?

___

8. 이 본문에서 당신에게 떠오른 질문이나 토론거리가 있는가?

___

어깨를 딛고서는 독서

비전을 품은 리더십의 열정과 실천

만일 하나님께서 인간의 역사에 관한 파일들을 저장하신다면 그 가운데 가장 두꺼운 파일은 "무지"라는 제목이 붙은 파일일 것이다. 그 안에는 자기 앞에 놓인 가능성을 놓친, 그것도 거의 놀라울 정도의 자기 확신을 가지고 그렇게 한, 때로는 희극적이고 보통은 비극이 되는 인간의 능력을 보여주는 수많은 이야기들이 들어 있을 것이다.

예를 들어, 전에 한 미국 당국자는 철도를 도입하게 되면 정신병자 수용소를 많이 지어야 할 것이라고 단언했다. 그는 기관차가 질주하는 모습을 보고 많은 이들이 공포에 질려 미치고 말 것이라고 확신했다. 1870년에 한 연사는 인디아나 감리교단 총회에서 운송 수단에 관해 새로운 견해를 피력했다. "나는 우리가 사람이 새들처럼 허공을 날게 될 위대한 발명의 시대로 접어들고 있다고 믿습니다." 그러자 참석한 감독들이 외쳤다. "그것은 이단이오!" "하나님은 하늘을 나는 것을 천사들에게만 국한시키셨소." 라이트 감독(Bishop Wright)은 집으로 돌아가 자기 두 아들 윌버와 오빌에게 세상이 어떻게 항상 그대로 존재할지에 대해 말해주었다(윌버와 오빌은 1903년 역사상 처음으로 동력비행기를 조종하여 지속적인 비행에 성공한 인물들이다—역주).

1899년 미국 특허청의 감독관인 찰스 두엘(Charles Duell)은 미국 대통령에게 자기가 맡은 분과를 폐쇄해 달라는 탄원서를 제출하면서 이렇게 말했다. "발명될 수 있는 모든 것은 이미 발명되었습니다." 1923년, 물리학 분야의 노벨상 수상자인 로버트 밀리칸(Robert Milikan)은 이렇게 선언했다. "인간이 원자의 힘을 사용할 수 있는 가능성은 전혀 없다."

여기 우리가 즐겨 사용하는 이야기가 있다. 비틀즈가 괄목할 만한 성공을 거둔 뒤에 존 레논은 도버 해협 근처에 자기 어머니를 위해 아름다운 저택을 건축했다. 그 집 벽난로 위에는 레논이 자라면서 어머니로부터 거의 매일 들어온 이야기가 새겨진 청동 액자가 빛을 발하며 걸려 있었다. "기타를 치고 노래하는 것은 좋은 일이다, 존. 하지만 그것으로는 절대 밥벌이를 못할 거다."

불가능한 꿈을 꾸는 몽상가의 역할과 영향력

만일 이 세상에 꿈을 가진 사람이 없었다면 우리는 어떻게 되었을까? 어떤 일이, 이루어질 수 없는 온갖 이유에 당당히 이의를 제기하고 담대하게 "그것을 해냅시다"라고 말하는 사람이 없었다면 이 세상은 어떻게 되었을까? 그 대답은 솔로몬 왕이 잠언 29장 18절에서 선언한 것처럼, 우리는 망했을 것이다(KJV). 하나님께서 계획하신 생명, 천국의 생명은 비전이 없을 때 시들어 버리고 만다. 미래에 있을 좋은 것들에 대한 구체적인 비전이 있는 이들은, 사람들이 그 방대한 거리를 이동할 수 있도록 운송 수단의 변화를 주도하고, 아픈 사람을 치료하고, 인간의 영혼에 영감을 불어넣는 음악을 만들어낸다.

로버트 케네디 2세는 조지 버나드 쇼의 작품을 나름대로 풀어서 이렇게 선언했다. "어떤 사람은 사물의 현재 모습을 보면서 '왜?'라고 질문한다. 나는 결코 존재하지 않았던 것들을 꿈꾸면서 '왜 아니야?'라고 말한다."1) 이끄는 제자는 이들처럼 꿈꾸는 자다. 그들은 하나님께서 자기에게 보여주신 더 좋은 미래, 어떤 구체적인 좋은 것, 살짝 드러난 천국에서의 삶에 관한 비전에 사로잡혀 있으며, 그 꿈은 사람들이 자기 자신을 바치지 않으면 현실로 이루어지지 않을 것이다. 어쩌면 그 좋은 미래는 자기 가족이나 교회 안에서의 변화일 수도 있다. 어쩌면 그것은 그들이 속한 조직이나 일터 안에서의 새로운 현실일 수도 있다. 그리고 아직 이웃이나 지역 사회의 실현되지 못한 가능성일 수 있다. 어떤 상황 속에서든, 멸망당할 세상에 계속 빠져 들어가는 사람들을 무기력함에서 끌어올리는 것은 이 비전을 끊임없이 말하는 크리스천 리더들이다.

하나님이 주신 비전의 공통적인 특징

성경은 하나님이 하나님의 목적을 달성하기를 원하시는 사람들의 생각에 그런 멋진 미래의 모습을 심어주신 사건들로 가득 차 있다. 이런 성경의 이야기들을 자세히 연구해보면 하나님이 주신 비전에는 몇 가지 공통점이 있다.

1. **하나님이 주신 비전은 주어진 현실에 비해 지나치다 싶은 결과를 바라고 있다.** 하나님께서 맨 처음 그들에게 도전을 제기하셨을 때 이들 성경 인물들이 어떻게 느꼈을지 상상해보라. "**노아**야, 마른 땅 한가운데 엄청나게 큰 방주를 만들어라. 그러면 이 배가 너를 장차 닥칠 홍수에서 구해줄 것이다." "**사라**야, 나는 네 나이가 많다는 것을 안다. 그렇지만 나는 네 태에서 한 민족이 나오게 할 것이다." "**요셉**, 감옥에 갇혀 있다고 낙심하지 말아라. 너는 바로의 오른팔과 같은 사람이 될 것이다." "**모세**, 나는 네가 사람들 앞에서 말하기를 무서워한다는 것을 알고 있다. 그렇지만 나는 너를 사용하여 바로에게서 내 백성을 내보내게 만들 것이다." "**느헤미야**, 무너진 예루살렘 도성은 너의 지시를 따라 재건될 것이다." "**마리아**, 너는 세상의 구세주를 잉태하고 양육할 것이다." "**사울**, 그리스도인이 된 너는 내 복음을 땅끝까지 전할 것이다." 이 모든 비전들은 터무니없는 것들이었다. 그러나 역사가 보여주듯이 이 비전은 깜짝 놀랄 만큼 신실하게 이루어졌다.

"매번 사람이 하나의 이상 앞에 설 때, 혹은 다른 사람의 운명을 개선시키려고 행동할 때, 혹은 불의에 대항하여 항거할 때마다 그는 작은 희망의 물결을 보내게 되며, 그 파도는 수많은 다른 정력과 용기의 중심에서 서로 교차하여 압제와 저항이라는 가장 강력한 벽을 휩쓸어 버릴 수 있는 해일을 만들어낸다."
— 로버트 케네디 2세, 1966년 어퍼메이션 데이에 남아프리카의 젊은이들에게 한 연설 중에서

2. 비전은 하나님께 영광을 돌리고 사람들을 그분께 인도한다. 스탠포드 비지니스 스쿨의 교수인 짐 콜린스와 제리 포라스는 베스트셀러가 된 저서 『성공하는 기업의 8가지 습관』에서 단순히 좋은 기업과 진정으로 위대한 기업을 구분하는 것은 자신들이 BHAG(Big Hairy Audacious Goals, 크고, 위험하고, 대담한 목표)라 부르는 목표를 얼마나 기꺼이 받아들이느냐에 달렸다고 주장한다. 이 목표들은 너무도 대담한 것이어서 평범한 목표로는 할 수 없는 방식으로 사람들의 야망을 북돋아준다. 마찬가지로, 하나님이 주신 크고, 위험하고, 대담한 비전은 그것을 추구하는 이들에게 엄청난 노력을 기울이도록 분발하게 한다. 그렇지만 이 비전은 두 가지 점에서 세상적인 목표 설정 방법과 다르다.

첫째, 하나님이 주신 비전은 하나님의 개입이 없이는 불가능한 일을 추구한다. 이런 의미에서 그 비전은 BHAG가 아니라 GSG(God-sized Goals, 하나님 크기의 목표)가 된다. 그 비전에는 인간의 적극적인 개입이 포함될 수도 있지만, 그것이 이루어지기 위해서는 하나님 크기의 행동이 요구된다. 그런 비전을 가진 사람들은 주님이 개입하지 않으시면 자신의 노력은 무의미하다는 것을 분명히 인식한다(시 127:1을 보라). 그들은 이렇게 말한다. "우리는 이 노력에 우리의 최선을 다해왔지만, 만일 하나님이 이곳에서 역사하지 않으시면, 우리는 이 비전이 실현되는 것을 보지 못할 것이다." 사도 바울은 고린도 교인들이 인간의 노력에 지나치게 초점을 맞출 때 이 사실을 다음과 같이 밝히 말했다. "그런즉 아볼로는 무엇이며 바울은 무엇이냐 저희는 주께서 각각 주신 대로 너희로 하여금 믿게 한 사역자들이니라 나는 심었고 아볼로는 물을 주었으되 오직 하나님께서 자라나게 하셨나니 그런즉 심는 이나 물 주는 이는 아무 것도 아니로되 오직 자라나게 하시는 이는 하나님뿐이니라"(고전 3:5~7).

둘째, 비전은 개인이나 조직의 영달과 관련된 것이 아니라 하나님을 높이는 것과 관련있다. 예수님은 이런 거룩한 야망을 촉구하시면서 이렇게 말씀하셨다. "너희 빛이 사람 앞에 비치게 하여 그들로 너희 착한 행실을 보고 하늘에 계신 너희 아버지께 영광을 돌리게 하라"(마

5:16). 그리고 바울은 이렇게 말했다. "우리가 이 보배를 질그릇에 가졌으니 이는 심히 큰 능력은 하나님께 있고 우리에게 있지 아니함을 알게 하려 함이라"(고후 4:7). 왜냐하면 바울이 확언하길, 하나님은 "우리 가운데서 역사하시는 능력대로 우리가 구하거나 생각하는 모든 것에 더 넘치도록 능히 하실"(엡 3:20) 분이시기 때문이다.

3. **하나님이 주신 비전은 하나님의 성품과 소원을 드러낸다.** 예술이나 정치 분야에서 일하는 많은 사람들은 비전을 갖고 있다. 그러나 하나님이 주신 비전은 왕이신 그분의 성품과, 성경에 계시된 하나님 나라의 특징을 드러낸다. 하나님이 주신 비전은 하나님의 마음 곧 구세주, 구원자, 목자, 연단하는 이, 파종하는 이, 그리고 생명의 부활자이신 그분의 속성을 사람들에게 보여준다. 그러므로 그 비전을 만나는 것은 곧 그 비전 뒤에 계신, '주시는 분'(Giver)을 만나는 것이다.

4. **하나님이 주신 비전은 전염된다.** 그 비전이 참으로 하나님께로부터 온 것인지를 보여주는 증거는 그것이 다른 많은 신실한 사람들에게 받아들여지느냐에 달려 있다. 하나님께서 '자기 가족을 통해 많은 민족에게 복을 주실 것'이라는 아브라함의 비전은(창 12:1~5) 수많은 이들의 꿈이 되었다. 예수님을 통해 생수의 강을 발견한 사마리아 여인의 비전은 그 마을 전체의 꿈이 되었다(요 4:28~30, 39~41) 전 세계에 이르는 제자 공동체라는 베드로의 비전은 전 세계 교회의 꿈이 되었다(행 1:8, 2:40~47)

사명을 비전으로 전환하기

만일 당신이 크리스천 리더가 되기를 소망한다면 가장 먼저 해야 할 질문은 '나에게 주어진 하나님의 비전은 무엇인가' 하는 것이다. 그 질문에 대답하기 위해서는 비전과 사명 사이의 차이점을 인식하는 것이 중요하다. 롤랜드 포먼은 이렇게 설명한다.

> 널리 알려진 오해와 달리, 비전과 사명은 동의어가 아니다. 사명은 당신이 왜 존재하는지에 관한, 즉 당신의 존재 이유에 대한 광범위

한 진술이다. 그것은 당신이 바람직한 행동을 하게 하는 외부적인 변수들을 규정한다. 비전은 그보다 훨씬 더 구체적이다. 비전은 무엇에 대해, 즉 당신이 자신의 사명이라는 넓은 틀 안에서 추구하려고 하는 특정한 방향을 자세히 설명한다. 비전은 초점을 제공한다. 운동경기에 비유하자면, 사명은 당신이 경기를 펼치는 운동장이고, 비전은 그 경기장 안에서 펼쳐지는 경기와 같은 것이다. 비전은 당신이 특정한 결과를 만들어내기 위해 하려고 하는 것에 관해 구체적이고 세부적으로 특화되고 뚜렷하게 구별된 생각이다.2)

아마도 구체적인 예를 들면 도움이 될 것이다. 우리(댄과 그레그) 교회인 오크 브룩 그리스도 교회의 사명은 "예배하고, 성장하고, 섬기고, 온 세상에 나아가 예수 그리스도의 삶을 변화시키는 사랑을 증거하는 제자들의 공동체를 결성하는 것"이다. 이것은 "운동장", 즉 우리가 그 안에서 일하는 커다란 원 혹은 환경이다. 만일 당신이 우리에게 왜 존재하느냐고 묻는다면, 우리는 두 가지 일, 곧 그리스도의 사랑을 체험하고 그것을 온 세상에 전달하는 일을 하는 제자들의 공동체를 형성하는 것이라고 대답한다. 이것이 우리가 인내하는 목적이다.

그러나 우리 교회는 또한 매우 구체적인 비전도 갖고 있다. 그것은 "다음 3년 동안 2,500명의 사람들이 자기 삶을 변화시키고 외부 지향적인 소그룹 공동체의 의미와 기쁨을 경험하도록 돕는 것"이다. 이것은 우리가 우리의 사명이라는 경기장에서 지금 펼치고 있는 특정한 '경기'이다. 우리는 자기 이웃을 향하여 사랑과 봉사로 나아가는 소그룹 공동체에 속한 회중의 비율이 더 늘어나면 우리의 사명 전체에 크게 기여할 것이라고 확신한다. 이 비전은 단순한 언어의 표현이 아니다. 그 비전은 우리에게 대형 화면과 HD화질을 가진 3차원 입체 영상으로 우리에게 생생하게 그려진다.

우리는 수백 개의 더 작은 '제자 공동체'의 모임이 우리 지역의 모든 가정과 커피숍 그리고 사무실 안에서 모이는 모습을 꿈꾼다. 그곳에서 사람들은 자신의 솔직한 질문, 진정으로 바라는 것, 자신의 고통과 기쁨을 서로 나눈다. 그들은 하나님의 말씀이라는 렌즈를 통하여 삶을 점검하기 위해 간단한 교재나 오직 성경만을 사용하며, 그런 일들을 통해 자기 앞에 놓인 창조적인 길과 삶을 더욱 분명하게 바라보기 시작한다. 그들은 자기 그룹에 속한 한 사람이 아플 때 그가 입원한 병원을 찾아가며, 축하할 일이 있을 때 그 파티에 참석한다. 그들은 죄나 삶의 고난에 직면한 서로를 위해 기도하고 권면한다. 그리고 그들은 천천히 그리고 조금씩 예수님을 닮아가고 있는 서로를 바라보게 된다.

제자들로 구성된 이 소그룹은 "어떻게 하면 우리가 이웃에게, 지역사회에 더 큰 복의 통로가 될 수 있는가? 우리는 어떤 부족함을 서로 채워줄 수 있는가?"라는 질문을 하기 시작한다. 한 그룹은 이웃에서 혼자 외롭게 살아가고 있는 노인과 친구가 되어주기도 한다. 다른 그룹은 지역 초등학교와 결연을 맺는다. 또 다른 그룹은 정화 운동을 벌이거나 지방 의회가 기금을 마련할 수 없었던 일에 필요한 금액을 조성한다. 한 그룹은 경제적인 어려움에 처한 독신모를 위해 한 달에 한 번씩 정원일과 식료품 배달을 한다. 아이디어와 현실적인 봉사 활동은 점점 배가된다.

이 작은 구성원들이 이웃에 있는 사람들과 마음에서 우러난 관계를 세워가고 자신의 영향력이 미치는 범위 안에서 현실적인 필요들을 대처해가는 가운데 그들은 그리스도의 사랑을 증거하는 증인이 된다. 그들은 로버트 루이스(Robert Lewis)가 언급한 것처럼, 예수님이 삶을 변화시킨다는 진리의 말씀에 대해 살아있는 증거가 된다. 종교에 거부감을 갖거나 자신이 교회에 나간다는 것은 전혀 생각지도 못했던 사람들

"믿음은 바라는 것들의 실상이요 보지 못하는 것들의 증거니"
– 히브리서 11장 1절

이 그 증인들의 모습을 보고 끌리게 된다. 그래서 그들에게 영적인 궁금증이 자연스럽게 솟아나기 시작한다. 이들 가운데 어떤 이는 이웃 그룹 가운데 하나에 참여하거나 용기를 내어 교회 건물 안에서 열리는 모임이 어떤 것인지 알아보게 된다.

이 운동에 참여하게 된 사람들은 전에 단순히 몸만 교회 건물 안에 앉아 있던 때와 달리 자신의 영적인 삶에 훨씬 더 큰 기쁨과 의미를 발견하고 있다는 이야기를 하기 시작한다. 대형 교회가 놀랍게도 인격적이고 삶에 와 닿는 공동체가 된다. 사람들은 정기적으로 수백 명씩 다른 사람들을 초대하여 자신이 체험한 축복을 그들에게도 경험하게 한다. 이제 사람들은 하나님의 놀라운 은혜를 믿지 않을 수 없게 된다.

이것이 하나님께서 우리 교회에 주신 비전이다. 이 멋진 미래는 우리 리더십 팀에 영감을 불어넣고, 이 꿈이 현실이 되도록 하는 데 필요한 것들을 하도록 우리의 기운을 북돋는다.

하나님께서 당신 안에(혹은 당신이 인도하고 있는 사람들 안에) 만드신, 혹은 만들려고 하시는 구체적인 비전은 무엇인가? 당신은 꿈이 현실의 삶으로 자리를 잡아가는 동안 일어나는 것들을 총천연색 영상으로 기술할 수 있겠는가? 당신이 그 비전을 다른 사람에게 설명할 때, 그것이 그 사람의 마음으로 그 일이 일어나는 것을 보고 싶어하도록 감동을 주는가?

비전을 전략과 전술로 옮기기

지금까지 내용을 요약하면, 당신의 사명은 당신의 조직이나 그룹의 '왜'이며, 당신의 비전은 '무엇'이다. 이 두 가지를 잘 정의하면 비전을 품은 리더십의 핵심 중 세 번째 차원에 초점을 맞출 수 있게 된다. 그것은 '어떻게', 즉 그 비전을 실행하는 가운데 하나님과 협력하려고 노력하는 구체적인 전략이다. 솔직히 말하면, 이것은 '비전을 품은' 리더가 되기 원하는 많은 이들이 실패하는 지점이다. 우리는 온갖 종류의 가능성을 상상해볼 수 있다. 우리는 왜 우리가 이곳에 있으며, 어떤 일이 일어나기를 원하고 있는지 분명히 볼 수 있다. 우리에게는 '위임하는' 리더십이라고 부르는 것이 있다. 위임하는 리더는 한마디로 말해서 이렇게 말한다. "나는 우리에게 필요한 것이 얼마나 많은지 말하려 합니다. 그리고 그 책임들을 당신에게 맡기려 합니다. 어떻게 하면 그 일을 해낼 수 있는지는 당신 스스로 얼마든지 생각해낼 수 있습니다."

우리가 어떻게 하면 우리가 원하는 곳에 나아갈 수 있는지 계획하는 일에 필요한 에너지와 시간을 사용하기 전까지는 그들을 온전하게 인도하는 것이 아니다. 다시 운동 경기 비유로 돌아가보면, 당신이 훌륭한 운동장(사명)과 그곳에서 열정적으로 펼칠 경기(비전)가 있어도 신중한 모집 계획, 숙달된 훈련 처방, 구체적인 경기 계획, 경기 후 분석틀 등을 갖고 있지 않으면, 당신은 당신이 좋아하는 그 경기에서 성공하기 어렵다. 비전을 품은 리더십에는 다른 사람들이 현재 우리가 하고 있는 경기 모습뿐 아니라 어떻게 효과적으로 경기하는지를 볼 수 있게 도와주는 것까지 포함된다. 이것은 전략의 영역이다(그리고 이것은 쌍둥이처럼 동일한 전술의 수행이다).

성경은 비전을 전략으로 옮기는 일에(그리고 그로부터 파생된 전술 행동에) 엄청난 시간과 에너지를 헌신한 리더의 모범을 제공한다. 애굽이 장차 임할 기근에서 살아남을 수 있게 한 요셉의 전략을 살펴보라(창 41:28~36). 과중한 직무로 탈진한 리더 모세를(그리고 이스라엘을) 구해준 이드로의 전략을 점검해보라(출 18장). 물질적으로, 영적으로 예루살렘을 재건한 느헤미야의 전략을 살펴보라(느 1~12장). 그리고 멘토인 바울의 코치를 받아 완고한 크레타 사람들을 그리스도인 공동체로 변화시키려는 비전을 성취하기 위한 디도의 전략을 어렴풋이나마 엿볼 수 있다(딛 1~3장).

"행동이 없는 비전은 백일몽이고, 비전이 없는 행동은 악몽이다."
– 일본 속담

아마 어떠한 성경 인물도 예수님만큼 리더로서의 전략 모델로 훌륭한 본보기가 되는 분은 없을 것이다. 예수님은 제자들이 리더 직분이라는 무거운 짐 지기를 요구하기 전에 그들이 어떻게 그 일을 할 수 있는지를 분명히 알게 하셨다. 이 일을 하기 위해 그분이 가장 즐겨 사용한 수단은 그들 가운데서 찾은 원칙과 실천을 사용하시는 것이었다. 예를 들어, 요한복음 13장 1~17절에 실린 친숙한 이야기에서 예수님은 제자들에게 발을 씻기는 행동을 보여주시며 섬기는 사랑을 실천하도록 명하셨지만, 그것은 자신이 먼저 그들에게 행동으로 본을 보이신 다음이었다. 다른 경우에, 예수님은 자신이 인도하는 이들에게 로버트 로간(Robert Logan)이 '제때에'(Just in Time)라고 부른 훈련을 실시하셨다. 다시 말해서 그분은 그들이 시작할 수 있도록 많은 가르침을 주셨고, 또한 그들이 더 많은 가르침이 필요해 돌아왔을 때 계속해서 도움을 주셨다(막 9:25~29). 제자들은 첫 경험을 한 후에 그리스도의 가르침에 주목할 준비가 되었다!

마태복음 10장은 열두 사도가 자신이 비전을 현실로 옮기기 위해 해야 하는 것들을 분명히 알고 있는지 확인하기 위하여 예수님이 사용하신 잣대를 생생하게 묘사하고 있다. 예수님은 그들이 초점을 맞추어야 할 대상, 곧 이스라엘의 잃어버린 양을 뚜렷하게 규정하셨다. 그리고 그들이 전해야 하는 구체적인 메시지, 곧 '하나님 나라가 가까이 왔다'는 사실을 분명히 알려주셨다. 또한 그 메시지를 사람들이 실제적으로 이해할 수 있도록 치료, 양육, 정화, 귀신을 내어쫓음과 같은 실질적인 전략을 구사하셨다. 예수님은 그들이 음식을 먹을 수 있고, 여행 중에 묵을 곳을 구할 수 있도록 자원 계획을 제시하셨다. 더 나아가 예수님은 그 일이 얼마나 힘들 것인지와, 열두 사도가 어떤 반대에 직면하게 될지에 관한 현실적인 예상을 하셨다. 그들은 나중에 예수님께 돌아와 이렇게 말할 수가 없었다. "내가 이제 알게 된 것을 전에 알았더라면 얼마나 좋았을까요." 예수님은 또한 그들에게 대적을 다루는 유용한 지침도 제공하셨다. 그리고 그 사명을 완수했을 때의 상급과 유익을 제시하셨다.

자신에게 적용하기

사람들이 우리가 하는 사역의 '왜'와 '무엇'뿐 아니라 '어떻게'도 볼 수 있도록 도우려면 무엇을 해야 할까? 감사하게도, 이 질문에 대한 대답을 해줄 의무가 전부 우리에게 있는 것은 아니다. 그러나 크리스천 리더로서 당신이 맡은 중요한 역할 가운데 하나는 다른 사람들이 중요한 질문들을 묻고 답하도록 확인하는 것이다. 앞에서 논의한 차원들 외에도 다음과 같은 질문들이 거의 전략적인 운영 계획의 틀을 짜는 데 도움이 될 것이다.

- 비전을 실현하기 위해 반드시 수행해야 하는 서너 가지 변화나 시발점은 무엇인가?
- 그 변화나 시발점에 도움이 되는 세력과 방해가 되는 세력은 무엇인가? 우리는 앞으로 마주치게 될 대적이나 반대를 다루기 위해 어떻게 계획을 세울 것인가?
- 어떤 리더십의 가치관이나 열정이 우리의 비전을 앞당기는 데 도움이 되며, 어떻게 하면 그것들을 확대할 수 있는가? 예를 들어, 강연을 부탁할 수 있는 영감이 충만한 리더는 누구인가?
- 어떤 팀이나 하위 팀을 인내로 세워야 할 필요가 있는가?
- 어떤 종류의 기술 훈련이나 리더십 코칭이 우리의 대의명분에 도움이 되는가?
- 조직 전반에 걸친 어떤 형태의 커뮤니케이션이나 가르침이 비전을 앞당기는 데 도움이 될 수 있는가? 어떤 이야기를 들려줄 필요가 있는가?
- 어떤 구체적인 경험이나 특별한 이벤트를 열어 사람들 스스로 비전을 충분히 파악하게 할 수 있겠는가?
- 이 노력을 든든하게 뒷받침할 어떤 추가적인 자원(사람, 기술, 자본 등)이 있는가? 그 자원은 어디서 올 수 있는가?
- 일이 어떻게 진행되며 교정이 필요한 부분은 어느 곳인지에 관한 자료를 주려면 어떤 피드백 회로가 필요한가?

- 우리의 비전 성취를 향한 전진을 어느 시점에서, 어떻게 축하(격려)하여 실망감이 끼어들지 못하게 하겠는가?
- 확인된 전략적 차원을 진전시키는 데 도움이 되기 위해 다음 6개월 동안 우리가 추구해야 할 세 가지 구체적인 목표는 무엇인가?
- 리더십 팀이 개인적으로 서로 연결되고 특히 우리의 비전과 계획에 초점을 맞추는 데 필요한 제휴의 흐름은 무엇인가?

해돈 로빈슨은 이렇게 말한 적이 있다. "우리 모두는 도시 전체를 뒤덮고 있는 안개를 보지만, 리더는 도시를 본다. 리더는 다른 사람들 눈에는 보이지 않지만, 그들이 사로잡히는 것들을 어렴풋이 본다. 바로 그것 때문에 그들은 도시에 도착하기 위해 모든 위험을 무릅쓴다."3) 또한 리더들은 바로 이런 이유로 많은 생각과 에너지를 다른 사람들이 그 멀리 떨어진 성벽과 그곳을 향해 난 작은 길을 보도록 돕는 데 투자한다. 하나님이 당신과 당신의 동료들에게 복을 내리사 이 여행을 떠날 수 있게 되기를 바란다.

리더십 트레이닝

비전을 세우는 계획 만들기

오브리 맬퍼스 박사는 (우리가 약간의 생각을 덧붙인) 몇 가지 유용한 비전 계발 훈련을 제안한다.[4] 그 훈련은 당신이 개인적으로 연습하거나 리더십 팀과 함께 사용할 수 있도록 구성되어 있다.

1. 하나님의 비전을 위해 기도하라

- 이번 주에 별도로 시간을 할애하여 하나님께서 당신과 당신의 리더십 팀을 향해 갖고 계신 비전을 심거나 정련하는 일을 위해 기도하라. 이 내용을 당신의 정규 기도제목에 포함시키라.

창조주 하나님, 세상의 빛 되신 주님, 불을 내리시는 성령님, 저에게(우리에게) 지혜를 허락하셔서 당신이 보고 계신 부족함을 보게 하시고 당신처럼 생각하고 느낄 수 있는 마음을 주옵소서.…나의(우리의) 상상력을, 당신이 그 부족함을 채우시기 위해 존재하기 원하시는 것들로 채우소서.…제게(우리에게), 당신이 당신의 비전을 이루는 일에 동역자로 삼기 원하는 사람들을 볼 수 있는 눈을 허락하소서.

- 위의 기도를 하는 동안 어떤 생각과 이미지 그리고 사람들이 머릿속에 떠오르는가? 그리고 그 기간 동안 만나게 될 사람들은 누구인가?
해결 가능한 구체적인 필요들

_____
_____
_____

접근 방법

___

동역자가 될 만한 사람

___

2. 하나님처럼 생각하라
   - 만일 내가 스스로 결정하고 행동한다면, 기존에 확인된 부족한 영역(들)에서 어떤 일을 분별 있게 행할 수 있겠는가?

   ___

   - 이 일이 일어나게 하기 위해서는 하나님의 어떤 개입이(그리고 그분이 내게 붙여주신 다른 사람들이) 필요한가? (엡 3:14~21을 읽으라.)

   ___

   - 내가 아는 사람들 가운데 큰 그림을 생각하거나 리더십에 필요한, 작지만 결정적인 투자에 관심을 기울이는 사람은 누구인가? 균형 잡힌 시각과 지혜를 구하기 위해 내가 자문을 구할 수 있는 사람들의 목록을 작성해보라.

   ___

3. 꿈을 적으라

- 일기장이나 공책에 하나님께서 당신이 기도하는 동안 생각나게 하신 것들을 기록하고 묵상하고 다시 살펴보라. 그 가운데 마음의 그림을 그리는 데 도움이 되는 비유나 이미지가 있는가? 참고가 될 만한 비전 선언문을 발견하면 모아두라.

_____
_____
_____
_____
_____

- 간결하면서도 생생한 용어로 하나님께서 오늘 당신에게 주시는 비전을 기록하라.

_____
_____
_____
_____
_____

4. 비전을 나누고 질문하라

- 그 꿈은 명확한가? 그 비전을 몇 사람과 나누어보고 그것을 자신이 이해한 말로 정리해서 들려 달라고 요청하라. 만일 그들이 그렇게 하지 못하면 문장을 다시 다듬으라.

_____
_____
_____
_____
_____

- 그 비전은 도전적인가 혹은 용기를 북돋아 주는가? 다양한 사람들에게 당신이 설명한 꿈에 대해 느끼거나 생각한 것을 솔직하게 말해 달라고 요청하라.

- 그 비전은 시각적인 것인가? 당신과 다른 사람들이 그 비전을 올바로 이해했을 때 무엇을 '보게' 되는가? 그 이미지를 입체적으로 그려본다면 어떤 것인가?

- 그 꿈은 실현 가능한 것인가? 그것은 하나님의 특별한 능력 가운데 현실성과 믿음이 바르게 결합된 것인가?

- 그 비전은 삶과 어우러진 것인가? 다른 사람들에게, 그 꿈을 이루었을 때 사람들에게 어떤 영향이 미치는지 말해 달라고 요청하라.

5. 당신의 전략을 세우거나 다듬기 시작하라
   • 어깨를 딛고서는 독서 가운데 '자신에게 적용하기' 부분에 나오는 질문들을 다시 살펴보라(225~226쪽). 그 질문 목록 가운데 뒤로 미루지 않고 빨리 대답해야 할 중요한 질문 두세 가지는 무엇인가?

   _____
   _____
   _____
   _____

   • 이 질문들이 지금 당신에게 가장 시기적절한 이유는 무엇인가?

   _____
   _____
   _____
   _____

The Shaping of a Leader

리더의 단련

우리는 기독교 사역이나 기업 세계 혹은 정치 영역이나 교육 기관을 가리지 않고 어디서나 "오늘날 참되고 용기 있는 리더는 어디에 있는가?"라는 부르짖음을 듣게 된다. 기꺼이 책임을 떠맡고 앞장서서 길을 인도하는 리더들은 항상 부족했다.

하나님의 부르심을 받은 사람들은 많지만 그 부르심에 응답하는 사람은 적은 것처럼 보인다. 이렇게 '고개를 숙이고 피하는' 현상의 주된 이유는 리더십이 그만큼 어려운 것이기 때문이다. 사람들은 쉬운 길을 택하려 한다. 무엇보다 리더는 비판의 대상이 된다. 스스로 앞으로 나서기보다는 다른 사람이 잘못하고 있는 것을 말하기가 훨씬 쉬운 법이다. 리더십은 의사결정의 부담감을 져야 하고, 다른 사람의 안녕을 보장해야 하는 책임이 따른다. 리더라는 자리는 은혜를 모르는 사람 앞에서 은혜를 나타내야 하고, 다양한 의견과 성숙도의 차이라는 복잡함 사이를 헤쳐나갈 지혜가 필요하다.

성경 전체를 통하여 모세로부터 베드로에 이르기까지, 내키지 않음이야말로 경건한 리더십의 증표인 것처럼 보인다. 하나님께 감동을 받은 잠재적인 리더는 결국 그 자리를 받아들이며, 압력밥솥과 같은 상황에 직면하게 된다. 그러나 하나님은 그 압력을 사용하셔서 그를 다른 사람이 따르는 리더로 만들어가신다.

우리는 이 마지막 부분에서 하나님께서 리더의 성품을 만들기 위해 사용하시는 수단들을 살펴보려 한다.

유혹 길들이기(10과). 예수님은 세례라는 임명식을 거친 즉시 최대의 적인 사탄을 만나셨다. 그리고 바리새인이라는 종교 기득권층의 위협, 문둥병자의 고름을 비롯해 제자들로부터 버림받은 일까지 각종 은밀한 방식으로 악의 세력과 만나셨다. 마찬가지로 크리스천 리더에게는 사람들의 기대라는 피할 수 없는 요구이든 돈, 섹스, 권력과 같은 유혹과 매력이든, 숱한 싸움들이 있을 것임을 충분히 예상할 수 있다. 그러나 비록 우리가 불 가운데 있더라도 신실하신 하나님은 우리를 단련하셔서 정금이 되게 하신다.

비난 이겨내기(11과). 예수님은 '죄인들의 친구'요 '먹기를 탐하고 포도주를 즐기는 사람'이라는 비난을 받으셨다. 하나님의 아들이 그런 비난을 받으셨다면, 우리는 그 어떤 비난도 감수해야 할 것이다. 리더는 공적인 비난의 대상이 된다. 그것은 마치 우리 등에 이렇게 쓴 광고판을 붙이고 다니는 것과 같다. "잘 겨냥해 맞추시오." 비난은 필연적인 것이다. 우리는 그 비난을 걸러내고 "주님, 어떤 진리는 귀담아 들어야 하고, 어떤 것을 한 귀로 흘려보내도 될까요?"라고 물을 수 있는, 위로부터 오는 지혜와 은혜가 필요하다. 주님은 우리 안에 관용의 정신과 인내력을 기르고 자칫 냉소주의에 빠지지 않도록 비난을 사용하신다. 그러기 위해서는 그 앞에 있는 즐거움을 위하여 십자가를 참으신 그분 가까이에 붙어있어야 하다.

낙심 극복하기(12과). 리더십은 외로운 것이며, 때로는 계란으로 바위치기처럼 느껴질 때도 있다. 모세는, 애굽에서 종노릇하던 것이 광야에서 자유를 누리는 것보다 훨씬 좋아 보인다고 불평하는 군중들을 다루어야 했다. 그는 '나는 불쌍해' 신드롬(하나님이 자기에게 맡기신 것에 불평하기)과 분노(그런 배은망덕한 사람과는 당장 연을 끊어야 해) 사이를 항해해 가야 했다. 이것이 바로 리더 직분의 현실이다. 리더는 자기 직무와 관련된 불가피한 분노나 의기소침함을 어떻게 다루어야 하는가?

10 유혹 길들이기

[
심비에 새기는 말씀 베드로전서 5:1~4
자유케 하는 진리의 말씀 열왕기상 11:1~13
어깨를 딛고서는 독서 하나님의 사랑받는 아들답게
유혹에 맞서기
리더십 트레이닝 우리가 받는 유혹에 이름 붙이기
]

 핵심 진리

크리스천 리더가 반드시 경계해야 하는 것은 무엇인가?

기독교 공동체의 건강은 그 공동체의 리더의 건강을 드러내므로, 리더 곧, 이끄는 제자는 악한 무리가 노리는 첫 번째 대상이 된다. 사탄은 리더를 그의 능력의 근원이 되는 것, 즉 살아계신 하나님과의 관계를 끊어놓으려고 유혹할 것이다. 만일 크리스천 리더가 그리스도의 사랑받는 자라는 자신의 정체성 위에 견고히 서있지 않는다면, 그는 그 결핍을 채우기 위해 특히 돈이나 섹스 혹은 권력의 유혹에 약해질 수밖에 없다.

위에서 제시한 질문과 대답의 핵심 문구가 무엇인지 확인해보라.

심비에 새기는 말씀

심비에 새기는 말씀 전체를 이곳에 적어보라.
베드로전서 5:1~4

_____
_____
_____
_____
_____
_____
_____
_____
_____

사도 베드로는 소아시아 전역에(오늘날 터키 지역, 벧전 1:1을 보라) 흩어져 있던 교회의 장로들에게 편지를 보냈다. 베드로는 리더가 해야 할 일(직무 설명)보다는 그것을 수행하는 이유와 방식에 더 많은 관심을 기울이는 신약 저자들을 대변하고 있다. 이 과의 '심비에 새기는 말씀'에서 베드로는 리더들이 반드시 피해야 하는 함정들에 대해 경고하고 있다.

1. 베드로전서 5장 1절에서 베드로는 장로들에게 자신도 장로라고 밝히고, 자신이 '그리스도의 고난의 증인'이라고 진술한다. 이 구절은 베드로전서 4장 12~19절과 어떻게 연결되는가?

_____
_____
_____
_____

2. 베드로는 크리스천 리더가 빠지기 쉬운 세 가지 잘못된 동기를 밝히고 있다. 베드로가 리더들에게 멀리하라고 명하고 있는 것들을 당신의 말로 표현해보라.

"부득이함으로 하지 말고"(2절)

___

"더러운 이를 위하여 하지 말고"(2절)

___

"맡기운 자들에게 주장하는 자세를 하지 말고"(3절)

___

3. 위 세 가지 중 당신에게 특히 부담되는 것은 어느 것인가?

___

4. 베드로는 이런 잘못된 동기들과 맞서 싸우기 위해 어떻게 하라고 권면하는가(3절)?

_____
_____
_____
_____

5. 4절에 의하면 리더가 자기 마음을 정결케 하는 가장 중요한 동기는 무엇인가?

_____
_____
_____
_____

자유케 하는 진리의 말씀

솔로몬 왕은 어쩌면 성경 전체에서 가장 슬픈 인물로 보아도 무방할 것이다. 그는 처음에는 매우 잘나갔지만 그 모든 것을 가지고서도 치욕스럽게 생을 끝냈다. 그는 처음에는 이스라엘 왕으로 등극하면서 얻게 될 권력이나 장수 혹은 부귀 대신에 무엇이 옳은지를 분별하는 지혜로운 마음을 구하였다(왕상 3장). 하나님은 그에게 멀리서도 사람들이 찾아올 만한 탁월한 지혜를 주셨다(잠언을 보라). 거기에 솔로몬은 자기 부친 다윗이 할 수 없었던 일, 곧 예루살렘에 하나님의 집으로 간주되는 훌륭한 성전을 짓도록 허락 받았다. 성전을 봉헌하면서 드린 그의 기도는 한 분이신 참 하나님에 대한 공경을 드러낸다(왕상 8:23). 그러나 그의 삶은 수치로 마감되었다. 이방 아내들의 유혹은 그를 참 하나님에게서 멀어지게 만들었다. 솔로몬의 비극은 모든 리더의 마음에 거룩한 두려움을 갖게 하기에 충분하다.

1. 약간의 시간을 내어 열왕기상 1~3장을 훑어보라. 하나님의 몇 가지 호의가 솔로몬에게 어떤 방식으로 임했는가?

_____
_____
_____
_____
_____
_____
_____

2. 솔로몬에게 주어진 약속과 경고가 반복되고 있음에 주목하라(왕상 3:14, 6:11~13, 9:4~9). 열왕기상 8장 22절에서 시작하는 솔로몬의 성전 봉헌 기도에 특히 주의를 기울이라. 그리고 그가 백성들에게 선포하는 축복에 초점을 맞추라(왕상 8:56~61). 솔

로몬이 알고 있는 하나님은 어떤 분이며, 그분이 자기와 하나님의 백성들을 향해 가지신 기대는 어떤 것이라고 생각하는가?

_____
_____
_____
_____
_____
_____

3. 열왕기상 11장 1~13절을 읽으라. 1~8절에 의하면 솔로몬의 마음을 참 하나님에게서 멀어지게 만든 것은 무엇인가?

_____
_____
_____
_____
_____
_____

그 힘은 얼마나 매력적인 것인가?

_____
_____
_____
_____
_____

4. 당신은 솔로몬처럼 모든 장점을 가진 사람이 어떻게 자신이 옳다고 여기던 길에서 이탈하게 되었다고 보는가?

_____
_____
_____
_____
_____
_____

5. 당신의 마음에 자리 잡아 주님을 향한 뜨겁고 신실한 섬김에서 멀어지게 만들까 두려운 것은 무엇인가?

_____
_____
_____
_____
_____
_____

어깨를 딛고서는 독서

하나님의 사랑받는 아들답게 유혹에 맞서기

크리스천 리더여, 당신의 등에는 과녁이 그려져 있다. 사탄은 당신을 리더의 자리에서 끄집어 내리기를 원한다. 비록 사탄의 궁극적인 야망은 십자가에서 자기를 이기신 그분을 무너뜨리는 것이지만, 그는 우리를 통해 예수님께 상처를 입히려고 애쓸 것이다. 사도 베드로는 자기 동료 장로들에게 편지를 보내어 이렇게 경고한다. "너희 대적 마귀가 우는 사자 같이 두루 다니며 삼킬 자를 찾나니"(벧전 5:8). 사탄은 우리의 인격에 손상을 입혀 그리스도와 그분의 목적에 손해를 끼치려 한다.

광야에서의 예수님의 유혹

우리는 사탄이 이끄는 제자를 무너뜨리기 위해 어떤 유혹을 사용하며, 우리 자신이 어떤 부분에서 그의 전략에 가장 넘어가기 쉬운지 반드시 알아야 한다. 따라서 우리는 마귀의 행동양식이 어떤 것인지 숙지하기 위해 예수님이 받으신 유혹을 살펴보고자 한다. 사탄은 예수님을 성부 하나님에게서 떼어놓기 위해 그 앞에 무엇을 흔들어 보였는가?

예수님이 당하신 구체적인 유혹을 살펴보기에 앞서, 광야에서의 만남 직전에 어떤 일이 있었는지 알아보는 것은 매우 중요하다. 공관복음 세 곳 모두 예수님이 사탄과의 만남 이전에 세례 받으신 사건을 언급하고 있다. 성경은 예수님이 요단강에서 나오시자 성령님이 비둘기 모양으로 내려오셨고 이어서 하나님 아버지의 특별한 음성이 들렸다고 말씀한다. 마가와 누가의 기록에서 성부 하나님의 말씀은 개인적인 것이다. "너는 내 사랑하는 아들이라 내가 너를 기뻐하노라"(막 1:11, 눅 3:22). 이는 마치 아버지 하나님께서 "아들아, 너를 이 대적의 나라에 보내면서 나는 다른 무엇보다 네가 내 마음 가운데 특별한 자리를 차지하고 있다는 것을 알기를 바란다"라고 말씀하시는 것과 같다.

마태는 그 메시지를 살짝, 그렇지만 의미심장하게 바꾸었다. 마태는 예수님께 주어진 사적인 말 대신 성부 하나님이 예수님 주위에 있던 사람들에게 하신 말씀을 기록했다. "이는 내 사랑하는 아들이요 내 기뻐하는 자라"(마 3:17). 이 말은 자식이 대견스러워 호들갑을 떠는 아비의 마음에 강조점을 두고 있다. 자기 자식이 상을 받거나 결승골을 넣었을 때 자리를 박차고 일어나 소리를 지르고 싶어하는 인간 아버지처럼, 성부 하나님이 이렇게 말씀하시는 것이다. "너희들 이 아이가 누군지 아느냐? 바로 내 아들이란다." 이는 마치 하나님 아버지가 자신을 억제하지 못하는 것과 같다. 유진 피터슨은 메시지에서 아버지 하나님의 흥분한 마음을 이렇게 간파했다. "이는 내 아들이라, 내가 사랑으로 선택하고 표시한, 내 삶의 기쁨이다."

성부 하나님으로서는 자기 아들의 구속 사역이 시작하는 시점에서 해줄 수 있는 수많은 말들이 있었을 텐데 그 가운데 왜 하필 이 말이었을까? 그것은 예수님이라도 자기가 아버지 하나님께 어떤 의미인지, 즉 자기가 아버지 하나님의 눈동자와 같이 귀한 존재임을 알아야 할 필요가 있기 때문이다. 예수님이 십자가로 이어질 공생애 사역의 문턱을 넘는 순간에 성부 하나님은 자기 아들의 삶이 제아무리 모질게 변하여도 그는 변함없이 아버지의 사랑받는 아들로 남아 있다는 사실을 알기를 원하셨다. 세례는 예수님이 공식 무대에 '등장하신' 순간이었다. 궁극적으로 안전하고 유일한 장소는 아버지 하나님의 마음 가운데 있으며, 예수님은 그곳에 숨으실 수 있었다.

광야 체험

왜 예수님이 시험 받기 전에 그분의 가치와 의미가 성부 하나님께 재확인 받는 일이 선행되어야 하는가? 두 사건 사이에 직접적인 연관이 존재하는가? 그렇다. 첫째, 이 유혹은 자신이 하나님 아버지의 사랑받는 아들이라는 예수님의 믿음을 사탄이 공격하는 것이다. 둘째, 자신이 하나님 아버지의 사랑받는 자라는 예수님의 인식은 그가 수행하는 전투의 기반이 된다.

예수님께 참인 것은 우리에게도 참이다. 크리스천 리더의 삶에서 가장 높은 특권과 근본이 되는 본질은 우리가 하나님의 가족에 양자로 들여졌다는 것이다. 하나님 아버지의 유일하시며 영원한 아들이신 예수님께서 자기 목숨을 바치셨기 때문에, 자기 죄로 인하여 고아로 태어나 하나님 아버지와 멀어지고 불화하던 우리가 양자가 되고, 하나님의 사랑하는 아들과 딸이 될 수 있는 것이다. 사도 바울은 이렇게 말한다. "너희는 다시 무서워하는 종의 영을 받지 아니하고 [입양을 통하여] 양자의 영을 받았으므로 [예수님이 그랬던 것처럼, 막 14:36을 보라] 아빠 아버지라고 부르짖느니라 성령이 친히 우리의 영과 더불어 우리가 하나님의 자녀인 것을 증언하시나니"(롬 8:15~16). 패커는 이렇게 간결하게 말한다. "그리스도인이란 무엇인가? 이 질문은 여러 가지로 대답할 수 있지만 내가 알고 있는 가장 풍성한 대답은 그리스도인은 하나님을 자기 아버지로 모시는 사람이라는 것이다."1)

예수님의 유혹은, 결국 모든 유혹은 하나님 아버지와 자녀의 관계가 멀어지도록 쐐기를 박는 것임을 보여준다. 결과적으로 만일 우리가 "하나님의 사랑받는 자"라는 우리 존재의 핵심을 믿지 못한다면, 우리를 하나님에게서 멀어지게 하고 리더로서 무너지게 할 수 있는 마귀의 속임수에 손쉽게 넘어갈 것이다.

따라서 우리의 정체성, 우리의 가치와 의미에 대한 인식이야말로 사탄이 집중공격을 날리는 지점이다. 예수님은 자신의 정체성을 확실

"만일 그 최종 결과가 그 사람을 빛에서 멀어지게 하고 허무 가운데 사라지게 한다면, 그 죄가 얼마나 작은지는 문제가 되지 않는다.…실제로 지옥에 가는 가장 확실한 길은, 그 경사가 완만하고 발밑이 부드럽고 갑작스러운 방향전환도 없고, 이정표도 없고, 교통표지판도 없이 점진적으로 이어진 길이다."
– C. S. 루이스, 『스크루테이프의 편지』 중에서

히 한 후에 광야로 나가셨다. 그분은 자기가 아버지 하나님의 마음에 차지한 위치로 인해 자신의 가치를 분명히 아셨다. 그러므로 우리도 여기서 시작해야 한다. 만일 우리가 하나님 아버지의 마음 가운데 차지하고 있는 자리에 대해 깊이 확신하지 못한다면 우리는 역할 분산이나 역할 혼란을 경험하기 십상이다.

역할 분산

만일 우리의 진정한 가치가 위에서부터 오는 것이 아니라면, 다른 사람들에게 인정받는 것으로 자신의 가치를 추구할 것이다. 아쉽게도 크리스쳔 리더는 종종 하나님을 기쁘시게 하는 것이 아니라 사람을 기쁘게 하는 자가 된다. 우리는 사람들의 기대가 우리를 규정하게 하고 그들의 인정이나 불만이 우리를 통제하도록 허용한다. 이것은 목회자 리더들이 자신의 최우선 소명인 "성도를 온전하게 하여 봉사의 일을 하게"(엡 4:12) 하는 것에서 멀어질 때 분명히 나타나는 징후다. 하나님의 백성은 봉사의 일을 해야 하며, 그 일은 다시 그리스도의 몸을 세운다. 목회자가 성도들을 온전하게 하지 않고 홀로 일한다면 어떤 일이 일어날까? 목회자의 역할을 분산되게 만드는 중대한 한 요인은 '우선적으로 사랑을 베푸는 사람'(care-giver)가 되는 것이다. 많은 교회에서 관례적으로 사랑을 베푸는 사람의 역할이 전문화 되어서, 병원 심방, 경조사, 상담이 목회자의 중심 직무가 되고 있다. 그러나 신약은 교회의 구성원들이 서로를 보살피라고 분명하게 말씀한다. 목회자에게 왜 하나님의 백성이 직접 그 일을 하도록 준비시키지 않느냐고 물어보면 대개 이렇게 대답한다. "나는 성도들의 삶이 힘들 때 그 자리에 있어야 한다는 기대를 받고 있습니다. 만일 내가 그들을 보살피는 일에 실패하다면 목회자로서도 실패하게 됩니다."

초대 교회 역사에서 사도들도 비슷한 유혹을 받고 이를 거부했다. 교회 안에서 몇몇 헬라 출신 과부와 히브리 출신 과부들 사이에 양식을 분배하는 일로 분쟁이 일어났다. 그 분쟁은 사도들에게 넘어갔다. 사도들은 그 일에 직접 관여할 수도 있었는데, 그들은 지혜롭게 이런 분산을 피하여 이렇게 말했다. "우리가 하나님의 말씀을 제쳐놓고 접대를 일삼는 것이 마땅하지 아니하니"(행 6:2). 선한 일을 하는 것이 최악의 적이 될 수도 있다.

역할 혼란

따라서 만일 우리가 그리스도 안에서 아버지 하나님의 사랑받는 자녀라는 진리에 바탕을 두지 않는다면 쉽게 역할 분산에 빠질 수 있다. 반면에, 변화무쌍한 문화 속에서 리더들은 역할 혼란에 쉽게 넘어갈 수 있다.

학자들은 지금 우리가 교회의 패러다임이 크게 바뀌는 와중에 있다고 지적한다. 간략하게 말해서, 4세기 초 콘스탄틴 대제의 통치부터 20세기에 이르기까지 교회는 서방세계에서 우위를 점하고 있었다. 이 시대는 기독교가 서방세계를 통치한 기독교 국가 시대다.

기독교 국가에서 직업 사역자의 역할은 매우 정적이고 예측 가능한 것이었다. 목회자와 교구사람들은 크리스천 리더가 무엇을 해야 하는지에 대해 서로 의견이 일치했다. 목회자에 대한 기대는 다음과 같이 요약할 수 있다.

- **신학 전통을 가르치는 교사.** 목회자는 자신들의 특정한 신학적 유산이 갖고 있는 교리들을 배우고, 그 동일한 유산에 충성하는 사람들에게 그것을 가르쳤다.
- **보살피는 자.** 목회자는 병원 심방, 경조사 사역, 상담 등을 통하여 사람들의 삶에 일어난 위기들에 응답한다. 그들은 사람들이 필요로 할 때 그들의 반석이 되어준다.
- **거룩함의 상징.** 성직자는 교회라는 성스럽고 거룩한 기관을 상징하는 공적인 얼굴이다. 성직자가 높이 존경받는 것은 그들이 맡은 거룩한 역할 때문이다.
- **통과의례의 주재자.** 목회자는 세례, 임명식, 혼인, 장례와 같이 사람들의 삶 가운데 일어나는 이정표와 같은 순간을 주재하는 사람이다.

서로에 대한 기대가 명확하면 스트레스의 수준은 비교적 낮다.

이런 패러다임의 붕괴, 곧 더 이상 기독교 국가가 존재하지 않게 된 상황은 오늘날 크리스천 리더가 직면하는 중대한 도전이 된다. 사역이 행해지는 곳이 친근하고 호의적이고 문화적으로 뒷받침이 되던 시대는 지나갔다. 작금의 교회는 이 땅에 존재하기 시작한 처음 3세기 동안 그랬던 것처럼 사명을 감당하는 단체가 된다는 것이 어떤 의미인지를 놓고 갈등하고 있다. 오늘날 새로운 종류의 리더가 요구된다. 그러나 많은 이들은 과거의 교회를 그리워하고, 목회자들이 마치 기독교 국가가 아직도 존재하는 것처럼 행동하기를 원한다. 교회가 또다시 사명을 감당하는 모임이 되지 않으면 소멸될까 두려워하는 다른 이들은 새로운 종류의 리더를 요구한다. 때때로 목회자들은 자신이 사탕을 만드는 모임 안에서 사탕인 것처럼 느낀다.

리더는 선지자, 교사, 지략가, 작동스위치를 누르는 사람, 종교 전문가, 설교자, 상담가, 치료사, 최고경영자, 간사, 리더, 보급병, 행정가, 목자, 사회운동가가 되거나 혹은 이 모든 것이 되어야 하는가? 이 모든 기대를 한데 모아놓으면 그것은 처리 불능 상황이 되고 만다.

사람들의 다양한 기대에 귀를 기울이는 것은 명확한 테두리가 없는 삶, 즉 역할 혼란으로 이어질 수 있다. 한 목회자는 이 역할 혼란을 이렇게 잘 표현했다. "나는 매번 전화를 걸거나 사무실로 갈 때마다 죄책감을 느낀다. 그리고 이런 생각을 한다. '지금 바로 집에 가야 하는데⋯. 나는 어떤 종류의 남편이자 아버지인가?' 그리고 집에 앉아 있을 때면 이런 생각을 하고 있는 자신을 발견한다. '오늘밤은 밖에 나가 전화를 해야 하는데⋯. 나는 어떤 목회자일까?'"2)

우리에게는 두 가지 선택이 있다. 자신의 가치와 하나님의 부르심에 기초하여 자신의 일정을 규정하거나 아니면, 다른 사람이 우리를 규정하게 하는 것이다. 우리가 누구이며 하나님께서 우리에게 무엇을 하라고 부르셨는지 분명히 알지 않으면, 그리고 우리의 기대를 성경적으로 규정하지 않으면, 사람들은 자신의 기대를 우리에게 떠넘길 것이다.

이러한 사역 환경은 사탄의 구체적인 공격의 서곡에 지나지 않는다. 군사 전략 용어로 말하자면, 사탄은 먼저 공중폭격으로 전장을 기선제압하고 있으며, 이후에는 지상군의 공격이 뒤따를 것이다. 리더십은 전쟁이 벌어지고 있는 전장 그 자체이다.

리더가 직면하는 주요 유혹들

예수님은 전투를 위해 마련된 광야로 들어가셨다. 그분은 (1) 자신이 아버지 하나님께 어떤 존재인지, (2) 자신이 행하도록 부름 받은 사명이 무엇인지 확실히 아셨다. 비록 예수님은 사람들을 섬겼지만, 먼저 성부 하나님의 기쁨 아래에서 그리고 그분께 순종하는 가운데 사셨다. 그분은 자신의 확고부동한 정체성을 바탕으로 사탄의 특정한 전략들을 대처하실 수 있었다. 당신은 어떤가? 만일 당신이 아버지 하나님의 마음 안에 있는 자신의 정체성으로 계속해서 되돌아오지 않는다면, 당신은 사탄의 공격에 쓰러지기 쉬울 것이다. 사탄은 당신을 유혹하기 위해 돈, 권력 그리고 섹스라는 고전적인 무기 삼총사를 사용할 것이다.

돈. 사십일 동안의 금식이 끝난 후, 사탄은 가장 시급한 것부터 시작했다. 예수님은 당연히 배가 고프셨고, 사탄은 예수님의 정체성을 무너뜨리려고 이 점을 이용하였다. "네가 만일 하나님의 아들이어든 명하여 이 돌들이 떡덩이가 되게 하라"(마 4:3). 사탄은 생명을 물질로 격하시켰다. 당신의 필요를 만족시켜라. 이것은 안락한 서구 사회의 유혹이다. 당신이 쌓은 것에 당신의 안전을 두라.

크리스천 리더에게 유혹은 안락한 생활방식을 받아들이고 편안하게 사는 것이다. 루이스는 『스크루테이프의 편지』에서 사탄의 관점으로 유혹을 분석한다. 마귀인 스크루테이프는 새로 그리스도의 제자가 된 사람들의 믿음을 무력화하기 위해 자기 조카 웜우드에게 교육을 시키고 있다. 스크루테이프는 이렇게 말한다. "번영은 사람을 세상에 밀착시켜주지. 그 사람은 세상 안에 자기가 있을 자리를 발견했다고 생각하지만, 실제는 세상이 그 사람 안에 있을 자리를 찾은 거야. 그의 늘어가는 명성, 넓어지는 지인들의 범위, 그의 존재감, 흥미진진하고 자신에게 잘 맞는 일이 많아질 때 그의 안에 자신이 이 땅 위에서 편안히 살아가고 있다는 감각을 만들어주지. 바로 그것이 우리가 바라는 거야."3) 만일 우리 자신의 안락한 생활방식을 보존하려는 욕망이 우리를 지배한다면, 우리는 탐욕이라는 우상에 이의를 제기하기를 주저하거나 우리 사역에 참여하는 사람을 공격하게 될 것이다.

예수님은 성경을 인용하여 사탄에게 반격하셨다. "기록되었으되 사람이 떡으로만 살 것이 아니요 하나님의 입으로부터 나오는 모든 말씀으로 살 것이라 하였느니라"(마 4:4). 달리 말해서, 단순히 물질적이고 만질 수 있는 것이 마치 전부인 것처럼 하지 말고, 영적인 지혜라는 영원한 관점 위에 당신의 삶을 세우라는 것이다.

권력. 예수님이 마주친 다음 두 가지 유혹은 권력의 다른 측면과 관련이 있다. 마귀는 예수님 앞에 엄청난 장관을 보여달라는 유혹을 제기했다. 당신이 진실로 하나님의 아들이라면 보여줄 수 있는 극적인 무언가를 해보라는 것이다. 그것은 인간의 육체 안에 담긴 신성을 감싸고 있는 베일을 벗어보라는 것이다.

이에 마귀가 예수를 거룩한 성으로 데려다가 성전 꼭대기에 세우고 이르되 네가 만일 하나님의 아들이어든 뛰어내리라 기록하였으되 그가 너를 위하여 그의 사자들을 명하시리니 그들이 손으로 너를 받들어 발이 돌에 부딪치지 않게 하리로다 하였느니라(마 4:5~6).

마귀도 성경을 이용할 줄 안다

사탄은 이런 말을 하고 있다. "예수여, 섬김 같은 것은 잊어버리고, 당신의 능력을 드러내 보이시오. 우리에게 당신의 신성을 보여주시오." 이 얼마나 자존심을 건드리는 말인가! 성공과 개인적인 하나님 나라 건설이 얼마나 은밀하게 그 사람의 영혼을 공격할 수 있는지 모른다. "모두가 우러러 보는 스타가 되어 보시오." 만일 우리가 하나님 아버지의 사랑받는 자라는 정체성이 확실하지 않다면 이런 결핍감을 사람들의 칭찬으로 채우려고 할 것이다. 우리의 가치는 우리 사역의 크기와 조직 안에서 자신이 차지하고 있는 위치로 결정될 것이다. 우리는 다른 사람의 업적에 자기 자신을 비교해서 성공이나 실패를 판단할 것이다.

이어서 사탄은 높은 산으로 데려가 이 세상 나라들과 그 장엄함을 보여준다. "만일 내게 엎드려 경배하면 이 모든 것을 네게 주리라"(마 4:9). 바꿔 말하면, "십자가는 잊고 영광을 구하라. 종됨은 포기하고 면류관을 붙잡으라"는 것이다.

실현 가능한 비전을 갖고 있는 리더들은 종종 그 비전이 자신의 이상(ideal) 곧 하나의 신(a god)이 되도록 내버려둔다. 비전 달성은 리더에게 너무나 중요한 것이기 때문에, 다른 사람들은 그저 자신의 자아를 성취하는 도구에 지나지 않게 된다. 그런 고양된 자만심을 갖고 있는 리더에게는 그 비전에 대한 어떠한 반대도 위협, 곧 대적의 목소리로 간주된다. 어떤 사람이 하나님의 '기름부음 받은 자'에 대하여 감히 이의를 제기하면, 그는 종종 비난의 영을 가진 대적으로 비방당하는 신앙적인 모욕을 받게 된다.

예수님은, 권력을 붙잡으라는 유혹은 궁극적으로 하나님에 대한 공격임을 인식하셨다. 예수님은 자신이 섬겨야 할 대상인 아버지 하나님의 자리를 빼앗으라는 요청을 받으셨다. 그에 대한 방어로 예수님은 아버지 하나님의 마음 안에 있는 자신의 자리와 구속사역을 수행하라는 부르심을 스스로 항상 되새겼다.

섹스. 오늘날은 음란물이나 혼외정사를 통한 성적 탐닉이 만연한 시대다. 널리 알려진 지도자가 자신이 서약한 신뢰를 깨뜨리고 무너져 내렸다는 소식이 일주일이 멀다 하고 들려온다.

비록 크리스천 리더는 리더로서 받는 스트레스를 해소하거나 환상을 채우기 위해 성적 유혹에 굴복하라는 유혹을 받을 수는 있지만 그것은 결코 용납될 수 없는 일이다. 리더가 무의식중에 인간관계의 한계를 침범하면, 이것은 근본적으로 권력과 지위의 남용이다. 그 리더가 남자든 여자든, 처음에는 영적인 양육과 편안함 가운데 만들어진 관계가 건강한 애정과 감사에서 벗어나 강력한 감각적 끌림으로 변질될 수 있는 것이다. 리더가 자신의 마음을 지키고 이성을 대할 때 시간과 장소에 관하여 엄격한 지침을 유지하는 일은 아무리 조심해도 지나치지 않는다.

인터넷 시대의 도래와 함께 사람들은 "인격적인 만남 없이도 성적 욕망을 해결할 수 있는"[4] 기술을 갖게 되었다. "나는 한순간 당신을 행복하게 만들어줄 거예요. 포토샵으로 처리한 사진이 보여주는 환상의 세계로 도피하세요. 당신은 이 사랑스러운 욕망의 대상을 마음대로 소유할 수 있답니다"라고 욕망을 부추기는 유혹의 노래가 우리를 끌어들인다. 존 파이퍼는 이렇게 말한다. "유혹이 가진 힘은 그것이 나를 더욱 행복하게 해줄 거라는 기대감이다."[5]

우리는 이 모든 죄들이 우리 심령 가운데 깊게 그리고 서로 얽히도록 뿌리를 내릴 수 있다는 사실을 분명히 인식해야 한다. 그것들은 사탄이 우리의 리더 직분에 흠집을 내려하는 가장 중요한 방법이므로 우리에게는 용기 있게 자신의 내면 깊숙한 곳을 바라보게 도와주는 숙련된 크리스천 상담가, 믿음의 친구 그리고 (혹은) 영적 인도자의 도움이 필요할 것이다. 이 과에서 우리가 할 수 있는 것은 함정이 될 수 있는 주요 요소와 모든 죄의 바탕에 놓인 핵심 쟁점들이 무엇인지 분별하는 것이다.

유혹에 맞서 싸우라

그러므로 안락함(돈)의 유혹이든, 권력이나 섹스의 유혹이든 그것들은 모두 만족을 주겠다고 약속하지만, 그것들이 가져다줄 수 있는 것은 일시적인 쾌락뿐임을 깨닫고 이 모든 우상과 싸워야 한다. 그것들은 우리 영혼에 솜사탕과 같다. 마귀가 크리스천 리더 앞에 흔들어대

"거짓의 아비는 떠돌이 약장수처럼 어르고 달래어 불가능한 것을 갖다주겠다고 약속해 놓고 재앙을 가져다준다."
– 맥스 루케이도, 『구원자 예수』 중에서

는 이 모든 유혹은, 우리가 하나님의 사랑받는 아들과 딸이라는 사실 외에 다른 곳에서 우리의 가장 중요한 만족과 궁극적인 정체성을 찾을 수 있다고 믿게끔 만드는 시도이다. 예수님은 아버지 하나님 안에 있는 자기 정체성을 언급한 성경을 인용하심으로써 아버지와의 관계를 끊으라는 유혹을 물리쳤다. 존 파이퍼는 이렇게 말한다. "기쁨과 의미와 열정을 향한 나의 목마름은 그리스도의 임재와 능력을 통해서 해갈될 때 죄의 능력을 깨뜨릴 수 있다. 그릴 위에서 구워지는 스테이크 냄새를 맡을 수 있을 때는 샌드위치를 주겠다는 제안에 넘어가지 않는 법이다."6)

 리더십 트레이닝

우리가 받는 유혹에 이름 붙이기

유혹을 물리치는 첫 번째 단계는 마귀가 사용하는 음모에 대해 자신의 취약성을 인식하는 것이다. 자신이 그 못된 존재에게 내보이는 특정 취약점에 이름을 붙여보면 유혹을 방어할 수 있는 유리한 고지를 점령하게 된다.

지주를 박아 기초 닦기

저자들(그레그와 댄)은 이 싸움이 그리스도 안에 있는 우리의 정체성이라는 든든한 기초 위에서 치러져야 한다고 지적한다. 예수님이 광야에서, 자신이 하나님 아버지의 사랑받는 아들이라는 지식을 가지고 당당하게 마귀를 내려다보신 것처럼, 우리 역시 하나님의 양자가 된 사랑받는 아들딸이라는 진리에 뿌리를 내려야 한다. 왜 이것이 우리의 기초가 되는지, 그리고 이 사실이 제자리를 차지하지 못할 때 우리가 왜 유혹에 취약해지는지를 당신 자신의 말로 적어보라.

_____
_____
_____
_____
_____
_____
_____
_____
_____
_____

리더십의 분위기(공중폭격)

우리는 현재 끊임없이 변화하는 문화라는 환경 가운데 사역하고 있다. 이런 여건의 변화는 역할 분산과 역할 혼란으로 이어질 수 있다.

역할 분산. 리더의 역할 가운데, 당신이 자신에게 기대하는 역할을 하지 못하도록 다른 곳으로 시선을 돌리게 만드는 기대들은 어떤 것이 있는가?

_____
_____
_____
_____
_____
_____

역할 혼란. 오늘날 사역이 이루어지는 환경의 변화가 당신이 맡아야 하는 역할에 대한 기대에 어떤 영향을 미치는가?

_____
_____
_____
_____
_____
_____

역할 기대는 종종 우리가 섬기는 사람들의 여러 기대들이 모인 집합체가 된다. 아래의 기대 목록에서 당신에게 해당되는 것에 모두 표시하라.

____ 선지자   ____ 상담가   ____ 행정가   ____ 교사
____ 치료사   ____ 목자   ____ 보급병   ____ 최고경영자
____ 사회운동가   ____ 추진가   ____ 간사
____ 종교 전문가   ____ 리더   ____ 설교자
____ 필요한 것을 채워주는 사람
____ 그 밖에 (   )

저자들은 말한다. "우리에게는 두 가지 선택이 있다. 자신의 가치와 하나님의 부르심에 기초하여 우리의 일정을 정하거나 아니면 다른 사람이 우리를 규정하게 하는 것이다." 당신이라면 리더로서 자신의 역할을 어떻게 규정하여 다른 사람의 기대에 휘둘리지 않겠는가?

_____
_____
_____
_____

리더에게 다가오는 구체적인 유혹(지상전)

사탄은 리더를 공격하기 위해 돈, 권력, 섹스라는 예측 가능한 수단들을 사용해왔다.

돈. 물질적 안락함의 유혹. 편안한 삶을 살려는 바람은 리더 직분의 효력을 상실하게 만들 수 있다. 이 유혹은 당신에게 어떻게 작용하는가?

_____
_____
_____
_____

권력. 자아의 유혹. 사람들에게 알려지고 높임을 받고자 하는 바람은 리더 자신을 중심에 놓게 만든다. 권력은 당신에게 어떤 의미가 있는가?

_____
_____
_____
_____
_____

섹스. 자기 충족의 유혹. 스트레스를 해소하기 위해 즉석 쾌락을 갈망하다 보면 기분이 좋아지는 다른 것들을 사용하게 될 수 있다. 이 유혹은 당신에게 어떻게 다가오는가?

_____
_____
_____
_____
_____

마귀의 계략

우리 모두는 사탄이 우리를 무너뜨리려고 사용하는 방식에 취약점을 갖고 있다. 당신은 자신이 어디에 가장 취약한지 알고 있는가?

_____
_____
_____
_____
_____

결론

한 중국 격언은 "지혜의 시작은 사물의 이름을 정확하게 부르는 것에서 시작한다"고 말한다. 우리가 직면한 문제에 이름을 붙일 때 그것을 제어할 능력과 자유가 주어진다. 이것은 유혹을 물리치는 맨 처음이자 가장 중요한 단계이다.

> ■ **더 깊이 나아가기**
>
> 리처드 포스터의 『돈 섹스 권력』과 C. S. 루이스의 『스크루테이프의 편지』를 읽어보라.

11 비난 이겨내기

[
심비에 새기는 말씀 시편 139:23~24
자유케 하는 진리의 말씀 마태복음 18:15~35
어깨를 딛고서는 독서 걸림돌이 디딤돌이 되다
리더십 트레이닝 저항에 대해 다시 생각하라
]

 핵심 진리

크리스천 리더는 자신이 자주 접하는 반대에 어떻게 대응하는가?

이끄는 제자는, 자신이 만나는 비난, 갈등 그리고 다른 형태의 저항에 어떻게 대응하는지로 자신의 인격과 포용력이 드러나고 규정된다는 것을 잘 알고 있다. 그들은 이런 적대 상황을 오히려 자신이 그리스도를 닮아가는 성숙을 추구하는 데 필요한 아군으로 보도록 자신을 훈련한다.

위에서 제시한 질문과 대답의 핵심 문구가 무엇인지 확인해보라.

심비에 새기는 말씀

심비에 새기는 말씀 전체를 이곳에 적어보라.
시편 139:23~24

시편 139편은 하나님의 편재하심(omnipresence)과 전지하심(omniscience)에 대한 묵상이다. 쌍둥이와도 같은 이 두 실체는 우리가 리더로서 저항에 직면했을 때 확신과 겸손의 근거를 형성하도록 도와준다.

1. 하나님께서 언제나 함께하시며(편재) 모든 것을 아신다는(전지) 사실은 리더에게 어떤 변화를 가져다주겠는가?

---

2. 오늘날 '감찰 당하다' 혹은 '시험당하다'라는 말에 기분 좋을 사람은 거의 없다. 시편 기자는 왜 하나님께서 자기에게 그런 일을 하시기를 원하는가?

---

3. 시편 기자는 자기가 '걱정하는 바'(표준새번역)에 대해 언급한다. 리더 직분에 따르는 몇 가지 걱정거리는 무엇인가?

4. 때때로 리더의 삶 가운데 자리 잡는 몇 가지 '악한 생각'들은 무엇인가?

5. 시편 기자의 마지막 기도는 "나를 영원한 길로 인도하소서"이다. 이 탄원과 그 앞에 놓인 말들은 그의 궁극적인 소원이 무엇임을 드러내 보이는가?

자유케 하는 진리의 말씀

마태복음 18장 15~35절은 예수님이 꿈꾸시는 교회가 갈등이 존재하지 않거나 맞붙어서 열심히 노력해야 할 문제거리가 없는 공동체가 아님을 분명히 보여주고 있다. 이와 동시에 예수님은 그런 문제들을 해결할 몇 가지 확실한 원칙과 과정들을 제시하셨다. 우리는 이 과에서 리더가 자신의 리더 직분과 관련해 일어나는 비난과 갈등을 어떻게 다루어야 하는지에 초점을 맞춘다. 마태복음 18장은 리더들의 문제 해결에 도움이 되는 중요한 관점들을 몇 가지 제공하고 있다.

1. 마태복음 18장 15~17절을 읽으라. 여기서 예수님은 불만을 해결하는 정당한 틀을 제시하신다. 그분이 제시한 네 단계를 쓰고 당신이 생각하는 각 단계의 의미를 적으라.

   _____
   _____
   _____
   _____
   _____

2. 18~20절을 자세히 살펴보라. 19절은 보통 두세 사람이 기도 가운데 모일 때 예수님이 함께하신다는 약속으로 간주된다. 이것이 훈련 과정이라면 또 어떤 해석이 가능해보이는가?

   _____
   _____
   _____
   _____

3. 21절을 읽으라. 당신 생각에 베드로는 무엇을 알고자 애썼는가? 당신도 이런 문제로 씨름해본 적이 있는가?

4. 22~34절을 읽으라. 우리가 다른 사람의 '빚'(혹은 '잘못')을 다룰 때 예수님은 어떤 가치에 강조점을 두시는가?

5. 예수님이 35절에서 말씀하시는 내용을 들으면 당신은 위로가 되는가, 도전이 되는가 아니면 혼란스러운가?

6. 이 본문에서 당신에게 떠오른 질문이나 토론거리가 있는가?

어깨를 딛고서는 독서

걸림돌이 디딤돌이 되다

"자기 땅에 오매 자기 백성이 영접하지 아니하였으나"(요 1:11). "내가 너희에게 종이 주인보다 더 크지 못하다 한 말을 기억하라 사람들이 나를 박해하였은즉 너희도 박해할 터이요"(요 15:20).

시기의 차이는 있겠지만 모든 리더는 언젠가 반드시 자신의 리더십에 저항하는 이들과 부딪히게 된다. 만일 우리의 위대한 리더이신 예수님도 그런 저항에 부딪혔다면 우리 역시 그런 일을 경험할 것이 분명하다. 그 일은 마치 유다가 예수님을 배반했을 때의 일처럼 리더십 팀 내부에서 일어날 수도 있다. 그리고 예수님이 잡히시던 금요일에 그랬던 것처럼, 우리가 섬기는 사람들 중에서 나올 수도 있다. 저항은 우리 주위의 강력한 이익집단 가운데 일어날 수도 있다. 예수님은 그 당시 종교지도자들과 정치지도자들의 반대에 부딪히셨다. 또한 저항은 심지어 자신의 가정 안에서도 일어날 수 있다. 분명한 것은, 저항은 리더의 삶에 일어날 가능성이 있는 어떤 것이 아니라 확실히 일어나는 무엇이라는 사실이다.

저항의 얼굴

수동적. 이 저항은 은근하다. 사람들은 종종 자기 지도자의 성격이나 행동에 대해 가벼운 불편함이나 이의를 표현한다. 그들은 참여했던 것에서 한 발 빼거나 그냥 자취를 감추어 버리기도 한다. 그리고 리더의 등 뒤에서 수군거리고 불평한다. 그들은 문을 닫아놓고 어떻게 했으면 그 일이 더 잘되었을지에 대해 이야기한다. 어쩌면 그것은 수동적인 공격이기도 하다. 그들은 자신의 실망감을 드러내놓고 따지지는 않지만 그럼에도 사람들의 주목을 끄는 방식으로 표현한다.

단정적. 때로는 저항이 더 공공연하게 나타나기도 한다. 사람들은 리더의 성격과 경쟁력 혹은 행동방침에 대하여 직접적으로 말하고, 심지어 흥분한 감정을 표현한다. 그들은 비판하는 편지를 쓰거나 자신의 불만이나 걱정거리를 토로할 수 있는 모임을 요구하기도 한다. 그들은 계획이나 진행되고 있는 것에 조직적인 반대를 하기 위해 모임을 결성하기도 한다. 그들은 더 큰 '손해'를 입기 전에 리더의 방향을 바꾸거나 멈추는 일에 착수한다.

공격적. 저항이 단순히 독이 될 때도 있다. 사람들은 리더나 영향력 있는 다른 사람들에게 익명으로 격정적인 편지를 보내기도 한다. 그들은 리더의 동기나 행동에 대해 악평하는 공개적인 비난이 널리 퍼지게 하기도 한다. 그들은 리더의 나쁜 성격이나 음모를 드러낼 적절한 자료나 더 깊은 증거들을 찾고 해석한다. 그들은 가능한 많은 사람들에게 의혹이나 분노 혹은 두려움을 조장한다. 그들은 리더나 리더의 평판 혹은 리더가 주장하는 명분을 무너뜨리는 데 몰두한다.

저항이 초래하는 위험한 결과

이런 사실들을 염두에 둘 때, 이끄는 제자가 저항에 대처하는 창조적인 방법들을 발견하지 못하면 그들의 삶과 영향력에 한 가지 이상의 매우 심각한 결과가 초래된다고 봐도 크게 틀리지 않다.

적극적 부인. 집중 공격을 받고 있는 리더들은 거기에 산만해지지 않고 사명에만 집중하기를 바라는 마음에서 중대한 저항이 존재하다거나 그것을 심각하게 받아들여야 한다는 사실을 부인하기도 한다. 종

"종종 군중은 리더가 사라지기 전까지는 그를 인식하지도 못하며, 그가 죽은 다음에야 생전에 그에게 던졌던 돌로 그를 위한 기념물을 세운다."
– 오스왈드 샌더스, 『영적 지도력』 중에서

종 이런 리더들은 현재의 행동방침들이 옳다고 말해주는 사람들만 주위에 두고, 다른 사람들의 말은 조금도 귀담아듣지 않는다. 이런 리더는 대개 따르는 사람이 많아서, 실망하거나 상처를 받고 떠난 사람들의 숫자는 그렇게 크게 표시가 나지 않을 수도 있다. 반면에 이런 리더는 왜 자신의 사명이 성공을 거두지 못하는지 당황해하기도 하고, 많은 사람들이 리더의 사퇴를 요구하며 몰려올 때 충격을 받기도 한다.

비자발적 중단. 해결되지 못한 저항이 주는 지속적인 압력은 리더에게 감정적으로 치우쳐 문을 닫아버리게 만들 수도 있다. 체제 안에 존재하는 심각한 저항을 부인할 수도 없고 그것을 해결할 수도 없는 리더들은 라디오를 꺼버린다. 그들은 점점 더 다른 사람들의 불평이나 걱정을 듣지 못하게 된다. 그것들을 껴안고 살기에는 너무 힘이 들기 때문이다. 이런 리더는 약간 멍하거나 정신을 잃은 것처럼 보이며, 다른 사람들은 왜 리더가 '이해하지' 못하는지 의아해한다.

과잉 보상. 어떤 리더들은 자기를 비판하는 이들에게 지나치게 민감하게 반응한다. 키스 밀러(Keith Miller)가 전에 대화 가운데 말한 것처럼, 그런 리더들은 다른 사람들이 '자기 생각 가운데 무상 임대'해 들어오도록 허용한다. 그들은 마치 모든 비판자들을 기쁘게 하고 진정시키는 것이 가능한 것처럼, 그러기 위해 노력하는 가운데 과도한 자원을 지출한다. 혹은 비판하는 사람 모두를 논박하거나 자신의 인격이나 행동이 옳았음을 증명하기 위해 필사적으로 애를 쓰느라 동분서주하기도 한다. 그들은 결국 극단적으로 불안해보이게 되고, 리더로서의 신뢰성을 잃고 자신의 창조적인 사명에서 이탈하게 된다.

반격하기. 어떤 리더들은 저항에 그저 똑같은 방식으로 대응한다. 그들은 다른 사람들, 특히 자신의 리더십에 반대한다는 것을 알거나 혹은 의심이 가는 사람들을 크게 비판한다. 그들은 독재적이거나 통제 불가능해보이는 행태를 드러내기도 한다. 그리고 확인된 실질적인 대적들과 적이라고 생각되는 사람들에게 화를 내고 상처를 주어, 그 결과 다른 많은 이들에게까지도 신뢰를 잃게 된다.

완전 소진. 마지막으로, 리더가 저항에 창조적으로 대처하지 못하면 마음에 지나친 부담이 되어 리더의 기운이 쇠할 수도 있다. 갈등과 비난을 장기간 접하게 되면 리더는 소진된다. 그래서 사역이나 리더 직분이 주는 기쁨을 빼앗긴다. 결과적으로 한때는 열정을 가졌던 많은 리더들이 그 자리를 '떠나고' 만다.

저항의 근원

크리스천 리더에게 저항의 위험한 영향력을 제거하기 위해 건설적으로 대응하는 것은 분명 중요한 일이다. 그러기 위해서는 저항을 불러일으킬 수 있는 근거를 인식하는 것이 주된 열쇠이다. 이런 관점에서 성경은 매우 유용한 실마리를 몇 가지 제공한다.

죄는 저항을 불러일으킨다. 갈라디아서에서 사도 바울은 만일 우리가 하나님과 계속해서 활기찬 관계를 유지하며 살아간다면 서로 간에 "사랑과 희락과 화평과 오래 참음과 자비와 양선과 충성과 온유와 절제"(갈 5:22~25)를 드러낼 것이고, 선을 추구하는 일에 멋진 동역자가 될 것이다. 물론 현실은 그렇지 않아서, 이런 온전한 교제를 즐기는 이는 아무도 없다. 우리는 교만과 불안('범죄한 본성')에 감염되었는데, 그것은 우리에게 "원수 맺는 것과 분쟁과 시기와 분냄과 당 짓는 것과 분열함과 이단과 투기"(갈 5:20~21)를 낳게 한다. 이 나쁜 열매들은 우리의 인간관계에 영향을 미치고 세상에서 선이 전진하는 것을 방해한다.

영적 세력은 저항을 불러일으킨다. 바울은 또한 우리의 싸움은 "혈과 육을 상대하는 것이 아니요 통치자들과 권세들과 이 어둠의 세상 주관자들과 하늘에 있는 악의 영들을 상대함"(엡 6:12)임을 일깨워준다. 아마 당신은 자신이 초자연적인 수준의 반대, 즉 왕의 목적이나 왕국이 승리하는 것을 보고 싶어하지 않는 '주관자들'과 '악한 세력들'과 맞서고 있다는 간단한 이유 때문에 아무리 많은 땀과 지혜를 쏟아도 자신이 직면하고 있는 저항을 이겨낼 것 같지 않을 수도 있다. 그리스도인들은 그리스도께서 이미 십자가에서 그런 주관자들에게 결정타를 날리셨다는 것을 알고 있다. 그들 '주관자들'의 날은 이미 계수되었다. 그러나 그들은 계속 저항을 하며, 우리는 그들과 여전히 접전을 벌인다.

사회심리적인 요인들. 사람들 사이에는 심리적으로나 사회적으로 엄청난 차이가 존재한다. 바울은 이 사실을 알리면서 이렇게 말했다. "몸은 한 지체뿐만 아니요 여럿이니…만일 온 몸이 눈이면 듣는 곳은 어디며 온 몸이 듣는 곳이면 냄새 맡는 곳은 어디냐 그러나 이제 하나님이 그 원하시는 대로 지체를 각각 몸에 두셨으니"(고전 12:14, 17~18). 그렇지만 바울은 고린도후서 10~11장에서 여러 지체들의 비난 앞에 자신의 리더십을 더듬거리며 변호하였다. 하나님의 피조물에 존재하는 다채로움은 크리스천 리더들에게 두 가지 의미로 도전을 던진다.

첫째, 사람들은 변화에 다양하게 대응한다. 앞서 8장에서 본 것처럼 우리가 만나는 사람들 가운데 18%만이 '혁신가' 혹은 '얼리어댑터'이다. 그들은 새로운 아이디어를 접하면 일단 시도해본다. 그리고 34%는 우리가 '미들어댑터'(middle adopter)라고 이름 붙일 수 있는 사람들이다. 그들은 디딤판에서 뛰어내리기 전에 어떤 이익이 있는지 따져본다. 또 다른 34%는 '레이트어댑터'(late adopter)이다. 이들은 혁신의 가치를 납득하기까지 많은 증거와 시간이 필요한 회의주의자들이다. 나머지 16%는 '메이비네버어댑터'(maybe never adopter)이다. 그들은 변화에 대해 결코 평화로움을 느끼지 못할 것이다. 교회라는 여건 안에서 이들은 화를 내거나 슬퍼하며 걸어나가거나 짜증을 내면서 남아 있는다. 이런 다양한 응답은 리더에게 다양한 그들을 존중하라는 도전과, 그들이 리더의 명분을 지지하기까지 걸리는 오랜 시간을 인내하라는 도전을 제기한다.

둘째, 사람들은 의사소통에 다양하게 대응한다. 리더십에서 중요한 부분은 사람들에게 비전을 파악하게 하고 그것을 따르도록 돕는 것이다. 그러나 모든 사람이 우리의 의사소통 노력에 같은 방식으로 응답하는 것은 아니다. 성경은 가끔 몇몇 개인들이 "들을 귀"(겔 12:2, 눅 8:8)를 갖고 있지 않기 때문이라고 말한다. 그들은 자신에게 익숙하거나 편안한 질서가 흐트러지는 것을 원하지 않을 수 있다. 그들은 현 상태를 있는 그대로 유지하려는 기득권을 가지고 있을 수 있다. 혹은 너무 바쁘거나 마음이 산만해져서 하나님의 부르심은 물론이고 리더의 주장에도 귀를 기울이지 못할 수도 있다. 그렇지만, 대부분 리더십에 대한 저항은 리더 개인이 얼마나 개방적이냐의 문제라기보다는 그의 메시지가 어떻게 제시되었느냐의 문제다.

몇 년 전에 하버대의 하워드 가드너(Howard Gardner)는 '다중지능이론'(Multiple Intelligence Theory)으로 알려진 교육학적 접근 방법으로 큰 인기를 얻었다. 그 이론은 교육의 영향력이 삶을 관통하고 개인적으로 동기를 부여하는 차원에서 사람들에게 전달될 때, 모든 사람이 동일한 방식으로 학습하는 것이 아니라는 사실을 반드시 인식해야 한다고 주장한다. 가드너는 일곱 가지 다른 학습 형태를 분류했다. 그의 저서 *Leveraging Learning Styles*를 읽어보고 당신이 처한 상황에서 사람들을 인도하는 데 어떤 의미가 있는지 생각해보라.(277쪽 보충 자료를 참고하라.)

적어도 크리스천 리더가 직면하는 몇 가지 저항은, 우리가 변화를 받아들이는 사람들의 다양한 방식을 존중하고 그에 맞게 전달하거나 피드백하지 않았다는 사실에 기인한다. 물론 우리가 단순히 죄로 어두워졌거나 마귀에게 붙잡힌 사람들을 다루고 있을 가능성도 있다. 그러나 이런 가정을 하기에 앞서 좋은 리더는 스스로 '더 좋은 결과를 만들기 위해 자신이 무언가를 변화시키고 있는가'라는 질문을 한다.

저항에 대한 창조적인 대응

마지막으로 저항은 관계의 차원이며, 예수님이 우리에게 모범이 되어주신 것처럼 관계란 모든 리더십의 바탕이다. 우리가 이 바탕 위에서 행하는 것들은 우리의 성품과 능력을 드러내고 연단시킨다. 그것은 우리가 무엇으로 만들어졌는지, 그리고 우리의 현재 모습을 넘어 더 나은 존재가 기꺼이 되려고 하는지를 보여준다. 저항에 미성숙함이나 무지로 대응할 때 오히려 저항을 조장하게 되고, 이는 더 효과적인 리더십을 발휘하는 데 걸림돌이 된다. 반면에 우리가 지혜롭게 대응할 때 저항하는 사람은 우리에게서 더 좋은 것을 요구하고, 그럼으로써 다른 사람에 대한 존중과 참여를 높여 실질적으로 우리의 리더십을 더욱 강하게 만들 수 있다. 걸림돌이라 여겼던 것이 디딤돌이 되는 것이다.

최고의 건축가이신 예수님은 이런 차원의 리더십에 관해 우리에게 가르쳐주실 것이 매우 많은 분이다. 그분 자신이 너무나 많은 저항에 부딪혔지만 그분은 그것을 자신의 위상과 영향력을 증진시키는 방식으로 다루셨다. 그분의 삶에서 다음과 같은 몇 가지 원칙이 도출된다.

1. **기도 가운데 아버지 하나님을 의지하라.** 예수님은 잡히시던 날 밤에 엄청난 저항에 부딪히셨다. 그분은 범죄한 인간들과 영적인 세력들 모두에게서 공격을 받으셨다. 그분은 심지어 자기가 사랑했던 이들로부터 배신과 버림을 받으셨다. 예수님은 다가오는 고통을 피해 자신의 육체를 편안하게 하고 싶은 욕망과 갈등하셨다. 그리고 이어서 조롱당하고, 채찍에 맞고, 고문당하고, 십자가에 못박히셨다. 문자적으로 '올리브기름을 짜는 압착기'라는 뜻을 가진 겟세마네 동산에서 예수님은 말 그대로 기름틀에 들어간 올리브열매가 되셨다. 그 순간 그분에게서 흘러나온 것은 아버지 하나님께 드리는 기도였다. "아빠 아버지여 아버지께는 모든 것이 가능하오니 이 잔을 내게서 옮기시옵소서 그러나 나의 원대로 마시옵고 아버지의 원대로 하옵소서"(막 14:35~36).

그리스도의 리더십에 내재된 회복력과 영향력은 그분과 아버지 하나님과의 친밀한 교제를 떼어놓고서는 도저히 설명할 수 없다. 예수님은 아버지 하나님을 자신의 사랑의 근원으로(요 15:9~10), 자신의 지혜의 샘으로(요 15:15) 그리고 자신의 능력의 공급원으로(마 26:53) 부르셨다. 예수님은 항상 아버지 하나님의 임재 가운데 사셨다. 따라서 예수님이 가장 큰 저항에 부딪혔을 때 아버지 하나님의 은혜를 구한 것은 조금도 놀라운 일이 아니다. 그리고 하나님은 아들에게 하나님의 뜻을 행할 힘을 주셨다.

당신은 어떤가? 당신에게 기댈 수 있는 더 큰 힘이 없다면, 당신이

"진리를 가지고 또 다른 사람을 대면하는 것은 우리가 감수해야 할 사랑의 가장 커다란 희생이다."
― 스캇 펙, 『아직도 가야할 길』 중에서

흔들리지 않도록 변함없이 뒷받침해주는 후원자가 없다면, 다른 사람들이 당신에 대해 무슨 말을 하거나 당신에게 무슨 행동을 하더라도 당신은 사랑받는 사람이라는 사실을 일깨워줄 만한 사람이 없다면 당신은 무너지고 말 것이다. 그러나 당신에게 한결같은 하나님 아버지가 계시다면 그 어떤 압력도 견딜 수 있는 정체성과 안전을 가진 것이다. 당신은 "아버지 하나님, 이 시대에 응답하기 위해, 당신의 뜻을 이루기 위해 제게 필요한 능력을 주십시오"라고 기도할 수 있고, 하나님은 그것을 공급하실 것이다.

2. 당신의 시련이 연단의 장소가 되게 하라. 거친 도전의 시기에 하나님은 때때로 우리 등을 두드리시며 우리가 하던 일을 계속하라고 격려하실 뿐 아니라 우리에게 인내로 고난을 견뎌내라고 명령하심으로 우리를 강하게 만드신다. 사실 예수님만이 사역하는 동안 다른 사람에게 큰 실수를 하지 않은 유일한 분이시다. 다른 모든 리더는 사역을 하면서 배워야만 위대해질 수 있다. 이런 연유로 크리스천 리더는 조만간에 자기반성이라는 훈련을 개발하게 된다. 그들은 십자가처럼 잔인한 것도 구속의 용광로가 될 수 있다는 것을 알기에, 때로는 비난이나 대적도 더 좋은 미래를 만들어가기 위한 하나님의 사랑의 손길이 될 수 있다는 것을 안다.

우리가 다윗 왕을 위대한 지도자로 기억하는 것은, 널리 알려진 그의 잘못들에도 불구하고 그가 이렇게 말하는 법을 배웠기 때문이다.

> 하나님이여 나를 살피사 내 마음을 아시며 나를 시험하사 내 뜻을 아옵소서 내게 무슨 악한 행위가 있나 보시고 나를 영원한 길로 인도하소서 (시편 139:23~24)

공격을 당할 때는 다른 사람의 잘못을 찾으려는 유혹이 항상 찾아온다. 그러나 어쩌면 하나님은 다른 사람의 저항을 사용하여 우리에게 빛을 비추어 주신다. 우리 리더들이 반드시 배워야 하는 절대적인 훈련은 우리의 성품, 역량 혹은 행동방침들에 관하여 냉혹하리만큼 솔직한 질문을 던지는 법이다. 여기 그런 질문의 몇 가지 예가 있다.

- **성품 관련 질문들.** 내 개인적인 동기나 행동에, 나를 신뢰하거나 우리의 목적에 헌신하려는 사람들의 능력을 허물어뜨리는 면은 없는가? 혹시 내게 다른 사람들은 다 아는데 나만 부인하는 어떤 죄(교만, 분노, 탐욕, 정욕, 탐닉, 시기, 기만 혹은 게으름)가 있지 않은가? 다윗에게는 자기 죄를 깨달을 수 있도록 도와준 나단이 있었다(삼하 12:1~13). 내겐 도와줄 누가 있는가?

- **역량 관련 질문들.** 나를 비판하는 사람들이 지적하고 있는 문제들 중 정당한 업무 수행과 관련된 문제나 가치관의 문제가 존재하는가? 나는 지금까지 내가 아는 나의 기술과 능력과 은사 외에 무리하게 일하고 있지는 않은가? 더 많은 훈련이나 팀 세우기가 필요한가? 지금은 다른 사람들이 보충해주는 은사를 받아들일 때인가? 그럴 때 있을 수 있는 격차에 대해 내가 감정적으로 덜 격앙된 시각에서 바라보도록 도와줄 수 있는 성숙한 리더는 누구인가?

- **행동 방침 관련 질문들.** 여기에 약간의 방침 수정이 필요한 부분이 있는가? 우리는 우리의 비전, 목표 혹은 시간표를 다른 시각에서 바라볼 필요가 있는가? 나는 사람들이 변화를 받아들이는 방식을 지나치게 조급한 마음으로 바라보고 있지는 않은가? 나는 사람들의 말을 충분히 들었는가? 나의 계획과 준비 가운데 재정의가 필요한 부분은 없는가? 나는 광범위한 부류의 사람들이 우리가 그렇게 되려고 하고, 행하려고 하는 일의 가치를 이해할 수 있도록 다양한 방식으로 우리의 비전을 소통하는가?

최근에, 당신을 비판한 사람에게 그 비판을 통하여 하나님의 빛이 당신의 삶 가운데 더 깊숙이 들어올 수 있었다고 감사했던 적은 언제인가? 하나님의 도우심으로 저항이라는 고통스러운 용광로가 우리의 리더 직분을 담금질하고 우리의 사역을 강하게 만드는 건설적인 용광로가 될 수 있다.

3. 거짓으로 망치는 것을 거부하라. 3장에서 강조한 것처럼, 겸손은 성경적 리더십의 중요한 표지다. 동시에 우리에게 필요한 대응이 회개

가 아니라 유연성인 경우도 존재한다. 리더 주위에 연기가 솟구친다고 해서 그 뒤에 리더십 실패의 불길이 반드시 존재하는 것은 아니다. 예수님의 사역을 둘러싸고 얼마나 많은 비난의 연기가 솟구쳤는지 생각해보라. 그러나 우리는 그분이 초라한 리더가 아니라는 사실을 잘 알고 있다. 우리는 가장 빠른 거짓말쟁이가 대중의 상상력을 사로잡는 세상에 살고 있다. 거짓말이 화려하면 화려할수록 신파조의 이야기 전개에 잘 들어맞고, 사람들이 더 잘 받아들인다.

크리스천 리더는 거짓을 방어하는 일에 매달리느라 자기 에너지를 소진해서는 안 된다. 예수님이 헤롯이나 빌라도 같은 이들에게 자기를 변호하는 일에 얼마나 적은 에너지를 사용하셨는지 생각하라. 에이브러햄 링컨은 한 유권자로부터 열화가 치미는 편지를 받고 이렇게 답장을 한 적이 있다. "부인, 만일 제가 부인이 말씀하신 것 같은 비난에 대응하느라 제 모든 시간을 사용한다면 부인의 조국을 위해 봉사할 시간은 조금도 남지 않을 것입니다." 당신은 어떤가? 더 많은 말로 거짓을 입증하려고 애쓰는 일을 중단하고, 자기 길을 꾸준히 갈 때 진리는 반드시 드러날 것이라 신뢰하는 것이 낫지 않겠는가?

4. 적을 친구로 만들어 없애라. 링컨이 상대했던 정적들 가운데 가장 잔혹했던 인물은 에드윈 스탠턴(Edwin Stanton)이라는 사람이었다. 스탠턴은 링컨의 주장만 공격한 것이 아니라 그의 외모까지 공개적으로 조롱했다. 나중에 링컨은 대통령의 자리에 올랐을 때 다름 아닌 스탠턴을 국방장관이라는 막중한 자리에 앉혔다. 그러자 링컨의 비서가 이렇게 항변했다. "대통령 각하, 이 사람은 각하의 적이라는 것을 모르십니까?" 이에 대한 링컨의 대답은 역사에 길이 남을 명언이었다. "내가 나의 적들을 나의 친구로 삼는 것이 바로 그들을 무찌르는 것이 아니겠나?" 스탠턴은 매우 뛰어난 내각의 일원이 되었고, 링컨의 장례식장에서 그가 바친 헌사는 링컨에게 바쳐진 헌사들 가운데 가장 훌륭했다.

물론, 전혀 합리적이지 못하거나 지나치게 노여워하거나 혹은 근본 철학이 달라서 그를 한 울타리 안에 끌어들이는 것은 위험하거나 재앙이 될 수 있는 몇몇 대적도 존재한다. 그렇지만 위대한 사도인 바울이 실은 피에 굶주린 비판자로 자신의 이력을 시작했다는 사실에 주목하는 것은 큰 도전이 된다. 만일 예수님이 그 괴로움을 이겨내고 바울에게 "사랑은 오래 참고 사랑은 온유하며"(고전 13:4)라고 가르쳐주지 않으셨다면 어떻게 되었겠는가? 만일 당신이 당신을 비난하는 사람들을 친구로 만드는 방법을 알 수만 있다면 그들이 하나님의 일을 앞당기는 데 도움이 될 수도 있다는 사실은 전혀 생각할 수 없는 일인가?

5. **강건한 은혜를 펼치라.** 예수님은 사람들을 밀어붙이는 분도 아니었고 그들의 말을 다 따라주는 순진한 분도 아니었다. 예수님은 잘못된 것은 단호하게 지적하셨다. 그분은 바리새인들의 '자기 의'를 통렬하게 비판하셨다. 그분은 성전을 더럽히고 가난한 자들을 뜯어먹던 환전상들의 탁자를 엎으셨다. 예수님은 여러 가지 방식으로 하나님이 중요하게 여기시는 것들을 적극적으로 옹호하셨고 약자들을 보호하셨다. 그러나 예수님이 개인적인 공격을 받으실 때는 악을 악으로 갚지 않으셨다는 사실은 놀라운 일이다. 십자가 위에서 예수님은 자기를 십자가에 못박고 그것을 즐기던 이들을 위해 기도하심으로써 자신의 성품을 가장 잘 드러내셨다. "아버지여 저들을 사하여 주옵소서 자기들이 하는 것을 알지 못함이니이다"(눅 23:34).

만일 당신이 크리스천 리더로 부르심을 받았다면, 당신이 무슨 일을 하는지 혹은 자신들의 태도와 행동이 당신에게 어떤 영향을 미치는지를 항상 이해하지는 못할 사람들이 있는 곳에서 섬기도록 부르심을 받은 것이다. 당신이 아무리 많은 노력을 기울여도 그들을 항상 당신 편으로 끌어들일 수는 없을 것이며, 그들은 당신을 무너뜨리려는 노력을 멈추지 않을 것이다. 리더로서 우리의 유일한 구원은 우리에게 가

"인내는 단지 힘든 것을 참아내는 능력이 아니라 그것을 영광으로 바꾸는 능력이다."
– 윌리엄 바클레이, *Daily Study Bible series* 중에서

장 훌륭한 동료가 있다는 사실을 아는 바로 그 순간이다. 예수님은 그런 자리에 몸소 계셨다. 그분은 그저 말로만 "너희 듣는 자에게 내가 이르노니 너희 원수를 사랑하며 너희를 미워하는 자를 선대하며 너희를 저주하는 자를 위하여 축복하며 너희를 모욕하는 자를 위하여 기도하라"(눅 6:27~28)라고 하신 것이 아니다. 그분은 십자가를 지겠다는 담대함을 가지고 그 말씀대로 사셨다. 그분은 가장 극심한 저항을 받는 상황에서 은혜의 용서가 어떤 모습인지를 보여주셨다. 우리는 이런 용기와 강건한 은혜가 없이도 나름대로 '리더'일 수는 있다. 그러나 그것은 크리스천 리더는 아닐 것이다.

6. **폭격 가운데서 세우라.** 예수님이 죽어가시는 중에도 사람들을 '더 좋은 삶'이라는 비전으로 인도하기를 멈추지 않은 것은 놀랍지 않은가? 예수님은 마지막 숨을 거두면서도 새로운 가족을 맞이하셨으며(요 19:26~27), 회개하는 한 강도를 낙원으로 안내하셨다(눅 23:39~43). 여기에는 한 가지 교훈이 있다. 모든 것을 무너뜨리는 압력 가운데서도 리더들은 건설적인 일을 계속 해나간다는 것이다. 제2차 세계대전 중 런던 전역에 폭탄이 쏟아지던 그 유명한 런던대공습 때에도 윈스턴 처칠은 그 도시 안에 남아 있었다. 처칠 수상은 폭격이 그 아름다운 도시를 거의 폐허로 만드는 동안 지하기지에 앉아 있었다. 그때 처칠은 자신의 불운을 한탄하지 않고 디데이(D-Day)에 있을 대반격과 유럽의 재건을 구상하고 있었.

이런저런 '폭격'은 항상 있을 것이다. 그러나 테디 루스벨트(Teddy Roosevelt)가 언젠가 말했던 것을 기억하라.

중요한 것은, 비난하는 사람도 아니고, 그 힘센 사람이 어떻게 넘어졌는지 혹은 그 일을 한 사람이 어느 곳에 가면 더 잘할 수 있는지를 지적하는 사람도 아니다. 공로는 그 전쟁터 안에 있는 사람, 얼굴이 먼지와 땀과 피로 뒤범벅이 된 사람, 힘을 다해 분발하는 사람, 실수하지만 다시 반복해서 조금씩 나아가는 사람의 몫이다. 왜냐하면 실수나 단점이 없는 노력은 없으며, 그들은 이 위대한 헌신을 알고, 가치 있는 일에 자기 자신을 바치며, 잘되면 결국 최고의 업적이 따르게 될 승리를 알고, 최악의 경우 실패하더라도 위대한 것을 시도하다 실패했으니 자기가 있을 곳은 승리도 패배도 모르는 냉담하고 소심한 영혼들이 있는 곳이 결코 아니라는 것을 아는 사람들이다.1)

예수님은 이 의미를 더 간단명료하게 표현하셨다. "세상에서는 너희가 환난을 당하나 담대하라 내가 세상을 이기었노라"(요 16:33). 담대히 이 사실을 믿으라. 처음에는 우리에게 해악이나 걸림돌로 보이던 저항이 예수 그리스도의 성숙과 지혜와 영향력에 이르는 디딤돌이 될 수 있다는 것을.

보충 자료: 다중학습이론

언어적 학습자(Verbal/Linguistic Learners)

이 사람들은 글이나 말로 표현된 낱말에 잘 반응한다. 이들에게는 이야기를 들려주라. 부족한 것과 유익한 것을 명확하게 알려주라. 자신이 이야기 안에 들어가 있다는 상상을 하도록 유도하라. 또한 그들의 주장을 밑바닥까지 파고들어가 보라고 요청하라. 만일 그 결과가 마음에 들면 그들은 그 메시지와 사명을 자기 것으로 삼을 것이다.

대인관계적 학습자 (Interpersonal Learners)

이런 사람들은 아무리 정교한 말이라도 공식적으로 널리 알려진 진리에서는 배우지 못한다. 그들의 학습은 인격적인 만남을 통해 증진된다. 그들은 관계라는 틀 안에서 삶을 상상하고 통합해나간다. 이런 사람들은 사명을 발견하고 그것을 삶으로 실현하고 있는 그룹 안으로 초대하라. 하나님은 공동체를 통하여 그들과 소통하신다.

신체운동적 학습자 (Bodily/Kinesthetic Learners)

이 사람들은 무언가로 몸을 활발하게 움직일 때 그 개념과 가장 잘 연결된다. 그들에게는 말로 하지 말고 함께 데리고 다녀라. 이런 사람들은, 필요한 것이 분명히 만져지고 기회가 어떤 것인지 맛볼 수 있는 환경 가운데 집어넣으라. 그들에게 당신이 품고 있는 이상을 몸으로 실천하는 일을 안겨주라. 그러면 리더가 무슨 생각을 하고 있는지 분명히 알게 될 것이다.

자기성찰적 학습자 (Intrapersonal Learners)

이 사람들은 변화에 대한 자신의 내적인 대응을 분별하기 위해 시간이 필요하다. 그들은 무언가에 뛰어들기 전에 먼저 자기 자신의 내면 세계에 도달할 필요성이 있음을 존중해주라. 그들이 갖고 있는 다양한 생각과 감정들을 다른 사람과 나눌 수 있게 유도하라. 무슨 일을 할 때

미리 깊이 생각하고 완전무결한 상태에서 행동하려는 그들의 욕구를 존중하라. 그들에게 급하게 재촉하면 거절당하게 될 것이다.

논리수학적 학습자 (Logical/Mathematical Learners)

이 사람들은 행동을 취하기 전에 분명한 사실들을 알기를 원한다. 그들은 사물의 틀과 질서와 논리적인 구조를 보고 싶어한다. 그들에게 자세한 내용을 알려주라. 그들에게 주제를 조사하게 하고 주어진 접근방법의 부족함이나 의미에 대해 나름대로 결론에 도달하게 하라. 이 생각쟁이들은 훌륭한 동역자가 될 수 있다.

음악리듬적 학습자 (Musical/Rhythmic Learners)

이 사람들은 정보가 음악이나 리듬감 있는 형태로 주어질 때 가장 잘 받아들인다. 그들에게 당신이 인도하고자 하는 목표에 대한 느낌과 생각을 노래로 표현해 들려주라. 그들에게 그와 동일한 응원가와 노래를 제공하거나 당신의 사명에 맞는 합창을 만들도록 권유하라.

시공간적 학습자 (Visual/Spatial Learners)

이 사람들은 눈과 상상력을 사용해 자신에게 주어진 목표를 공부한다. 이들에게 가능한 한 화려한 색상의 그림들을 제공해주라. 당신이 추진하고 있는 일의 의미를 시각적인 용어로 설명하라. 그들이 당신의 사명을 시각적인 틀로 잡을 수 있도록 도와주려 할 때 반갑게 받아들이라. 그러면 그 일이 그들에게 개인적인 의미와 동기를 부여해줄 것이다.

* 이 자료는 9과 '다른 사람이 보도록 돕기'에도 적합하다.

리더십 트레이닝

저항에 대해 다시 생각하라

1. 당신이 리더 직분에서 경험해보았거나 경험하고 있는 '저항의 모습'은 어떤 것인가?

   _____ 수동적   _____ 능동적   _____ 공격적

2. 다음의 '위험한 결과'들 가운데 당신이 주로 취하는 것은 어떤 것인가?

   _____ 적극적 부인   _____ 비자발적 중단
   _____ 과잉 보상   _____ 반격하기   _____ 완전 소진

   그 밖에 당신이 겪어본 장기화된 저항의 결과는 어떤 것인가?
   _____
   _____
   _____
   _____

3. 당신이 비판, 갈등 혹은 반대를 다루어본 경험을 떠올릴 때 다음과 같은 저항의 근원이 각각 어떠한 역할을 한다고 보는가?
   죄 : _____
   _____

   영적 세력 : _____
   _____

4. 당신은 변화를 채택하는 과정에서 다음 중 어느 지점에 있다고 생각하는가?

얼리어댑터	미들어댑터	레이터어댑터	레얼리어댑터
(Early Adopter)	(Middle Adopter)	(Later Adopter)	(Rarely Adopter)
'나는 이미 받아들였어!'	'내게도 한번 보여줘!'	'증명해줘'	'나는 지금 이대로 좋아'

5. 의사소통의 수용 방식과 관련해서 다음 학습 방식 가운데 당신과 가장 가까운 것은 무엇인가?

_____ 언어적 학습   _____ 인간친화적 학습
_____ 신체운동적 학습   _____ 자기성찰적 학습
_____ 논리수학적 학습   _____ 음악적 학습
_____ 시공간적 학습

당신과 다른 학습 방식을 갖고 있는 사람의 상상력과 열의를 파악하기 위해 무엇을 해야 하겠는가?

_____
_____
_____

6. 저항에 대한 창조적인 대응 가운데 당신에게 특별히 중요하거나 특별히 어렵게 느껴지는 것은 무엇인가?

_____ 기도 가운데 아버지 하나님을 의지하라
_____ 당신의 시련이 단련의 장소가 되게 하라
_____ 거짓으로 망치는 것을 거부하라
_____ 대적을 친구로 만들어 없애라

_____ 강건한 은혜를 펼치라

_____ 폭격 가운데서 세우라

당신이 중요하다고 믿는 또 다른 대응이나 접근방법에는 어떤 것들이 있는가?

_____
_____
_____
_____

7. 당신이 앞으로 며칠 안에 비판이나 갈등 혹은 반대를 만난다면 어떤 대응 방식에 초점을 맞추겠는가?(질문 6을 보라.)

_____
_____
_____
_____

■ 더 깊이 나아가기

윌리엄 백커스의 『서로 진실을 말합시다』, 하워드 가드너의 『마음의 틀』, 레지 맥닐의 『마음 빚기』, 마셜 셜리의 『선의의 가면을 쓴 용들』을 읽어보라.

Hauck, Kenneth. *Antagonists in the Church*. Minneapolis: Augsburg, 1988.

12 낙심 극복하기

[
심비에 새기는 말씀 갈라디아서 6:9
자유케 하는 진리의 말씀 디모데후서 4:9~18
어깨를 딛고서는 독서 일어서는 자
리더십 트레이닝 일어나 밖으로 나가 자기 길을 가라
]

 핵심 진리

어떻게 하면 크리스천 리더가 무거운 실망감에 파묻히는 것을 피할 수 있는가?

이끄는 제자는, 리더로서의 여정을 잘 마칠 수 있는지의 여부가 자신을 공격하는 중압감을 얼마나 효과적으로 이겨내느냐에 전적으로 달려 있다는 것을 잘 알고 있다. 그들은 이러한 고통스러운 압력을 딛고 일어나 자신에게 주어진 사명을 완수하는 데 필요한 신중하고도 반복적인단계들을 조심스럽게 밟아나간다.

위에서 제시한 질문과 대답의 핵심 문구가 무엇인지 확인해보라.

심비에 새기는 말씀

심비에 새기는 말씀 전체를 이곳에 적어보라.
갈라디아서 6:9

_____
_____
_____

사도 바울을 끊임없이 낙심하게 만들었던 여러 가지 상황들(예를 들어 고린도후서 11장 23~28절을 보라)에 스스로 처하고 싶어하는 리더는 거의 없다. 이 과의 '자유케 하는 진리의 말씀'에서 우리는 바울이 고통과 의심으로 가득한 순간들을 경험했음을 살펴보게 될 것이다. 그렇지만 바울은 갈라디아에 있는 제자들에게 보내는 편지에서 자신의 삶을 더 분명하게 대변하는 소망과 열정이 어우러진 힘찬 박동소리를 들려주고 있다.

1. 당신은 바울이 말하는 '선을 행하다'(9절)라는 말이 무슨 의미라고 생각하는가? 이 앞 구절을 읽어보면 문맥을 이해하는 데 도움이 될 것이다.

_____
_____
_____
_____

2. 바울 사도가 제시하는, '오랫동안 선을 행하는' 일에서 올 수 있는 부정적인 결과는 무엇인가?

_____
_____
_____

3. 바울은 이런 일이 일어나지 않도록 피할 수 있으면 어떤 결과가 나타날 것이라고 말하는가?

_____
_____
_____
_____

4. 당신은 바울이 말한 '때가 이르매'가 무엇을 의미한다고 생각하는가?

_____
_____
_____
_____
_____

자유케 하는 진리의 말씀

우리는 디모데후서 4장 9~18절에서 자신의 일생에 가장 비참한 순간에 처한, 역사상 가장 위대한 리더를 만나게 된다. 디모데에게 보내는 두 번째 편지는 주후 67년경에 기록된 것으로, 바울이 자신의 믿음의 아들에게 보낸 마지막 서신이다. 바울은 지금 그의 여정에 마지막으로 로마 감옥에 투옥되어 있다. 그리고 얼마 지나지 않아 그는 참수형을 당하게 될 것이다. 여기서 우리는 가장 훌륭한 리더라도 집어삼킬 만한 캄캄한 흑암의 문뿐만 아니라, 인생의 가장 힘든 시기에도 쉬지 않고 앞으로 나아가게 만드는 한 줄기 찬란한 빛을 어렴풋이나마 보게 된다.

1. 때로는 수많은 감정들이 단 한 줄의 요청으로 전달되기도 한다. 바울이 9절에서 표현하고자 하는 속내는 무엇인가?

   _____
   _____
   _____

2. 만일 당신이 10절과 16절에 나타난 바울의 분위기를 하나의 형용사로 설명해야 한다면 어떤 형용사를 사용하겠는가?

   _____
   _____
   _____

   무엇이 그런 분위기를 만들었다고 보는가?

   _____
   _____
   _____

3. 바울은 13절에서 어떤 종류의 위로를 구하고 있는가? 이것은 그 순간 그가 처한 상황에 대해 무엇을 말해주는가?

4. 바울은 '구리 세공업자 알렉산더'(14~15절) 때문에 피해를 입었다고 해서 자기 연민에 빠지지는 않았다. 바울은 이 피해를 어떻게 다루었으며, 이것이 어떻게 그를 낙심하지 않게 만들었는가?

5. 다음 구절에서 바울이 붙잡고 있거나 강조하고 있는 '긍정적인 것들'은 무엇인가?

    11절.
    14절.
    17절.

6. 바울이 끝까지 붙들고 있는 소망과 확신은 무엇인가(18절)?

7. 우리가 바울에게서 배우게 되는, 낙심을 막는 해독제는 무엇인가?

_____
_____
_____
_____

8. 이 본문에서 당신에게 떠오른 질문이나 토론거리가 있는가?

_____
_____
_____
_____

"그러니 당신은 어떻게 생각하십니까? 이처럼 하나님이 우리 편이시니, 우리가 어떻게 질 수 있겠습니까?…우리를 위해 죽으신 분, 그리고 우리를 위해 다시 살아나신 분이 지금 이 순간도 하나님의 존전에서 우리를 위해 변호하고 계십니다. 그 무엇이라도 우리와 우리를 향한 그리스도의 사랑을 갈라놓을 수 있겠습니까? 천만의 말씀입니다! 불행도, 고난도, 증오도, 굶주림도, 의지할 곳 없음도, 외톨이로 만들겠다는 위협도, 모함도, 심지어 성경에 기록된 가장 악한 죄라도 불가능합니다."
- 로마서 8:31, 34~35, 메시지 성경

어깨를 딛고서는 독서

일어서는 자

이 이야기는 한 농부가 기르는 당나귀가 오랫동안 사용하지 않아 바짝 마른 우물에 빠졌던 이야기다. 당나귀는 농부가 어떻게 하면 좋을지 궁리하는 몇 시간 동안 내내 애처롭게 울어댔다. 이윽고 농부는 당나귀가 늙었고 우물은 위험하니 두 가지 문제를 한 번에 해결할 수 있겠다고 생각했다. 농부는 즉시 이웃을 찾아가 우물을 메우려고 하니 도와달라고 부탁했다. 첫 번째 삽이 흙더미를 당나귀 머리에 떨어뜨리자 당나귀는 자기에게 무슨 일이 벌어지는지 눈치 챈 것 같았다. 그리고 처음에는 공포와 절망감에 빠져 무작정 울부짖기만 했다. 그러더니 이상스럽게도 갑자기 당나귀가 조용해졌다. 농부는 우물을 내려다보고 깜짝 놀라 숨을 멈추었다. 당나귀는 자기 등에 흙이 떨어질 때마다 모두 옆으로 털어냈다. 그리고 발로 그 흙을 다져서 바닥을 조금 높였다. 여러 시간이 흐르고 많은 삽질이 있은 뒤, 당나귀는 우물을 빠져나와 종종 걸음으로 그곳을 벗어났다!

압력을 받을 때 어느 리더가 이 당나귀처럼 창조적인 생각과 행동을 하고 싶어하지 않을까? 아마 이 당나귀 비유는 지나치게 미화된 점이 없지는 않으나, 우리 가운데 혹시 리더의 직분을 수행하다 함정에 빠지거나 쓰레기 더미를 만났을 때 그것을 딛고 일어설 수 있게 해달라고 기도하지 않을 사람이 누가 있겠는가?

낙심이라는 오물을 체로 치다

모든 리더는 언젠가는, 자기 자신이 우물 바닥에 빠졌다고 그리고 날이 빠르게 저물고 있다고 느끼게 된다. 그 우물은 리더 자신이 천천히 그리고 조금씩 빠져들고 있다고 의식하던 함정일 수도 있다. 아니면 그 하강은 갑작스런 추락처럼 느껴질 수도 있다. 리더는 자기 스스로 그 구덩이를 파내려갔을 수도 있고 아니면 어쩌다 미끄러져서 그 안에 빠졌을 수도 있다. 어떻게 그 안에 들어가게 되었는지와 상관없이 그 순간 떨어지는 흙덩이를 체로 걸러내면 다음과 같은 요소들이 몇 가지 혹은 전부 들어 있음을 알게 된다.

실망감. 우리를 비롯해 다른 사람들이 목표를 향하여 아무리 열심히 일해도 우리가 바라던 결과가 나타나지 않을 때도 있다. 우리는 미리 작성한 행동 계획이나 해야 할 일 목록을 완수하지 못한다. 우리가 기대했던 자원들을 얻지 못하고, 예상했던 응답이나 결과에 도달하지 못한다. 크리스천 리더는 대개 다른 사람들보다 더 밀도 있게 헌신하기 때문에 그 결과가 나타나지 않을 때 느끼는 실망감이란 훨씬 더 깊고 어두운 구덩이와 같다.

좌절. 때때로 실망감은 다른 사람이 우리를 배반했다는 생각과 뒤섞이기도 한다. 사람들은 리더에게는 분명히 보이는 큰 비전을 받아들이지 않는다. 그래서 자신의 직무를 감당하거나 자기가 한 약속을 지키지 못한다. 사람들은 필요한 만큼 충분히 빠른 속도로 움직이려 하거나 예상되는 기준에 맞추어 이행하려 하지 않는다. 그리고 전체의 이익을 위하여 자기 자신만의 이익을 포기할 것처럼 보이지 않는다. 그들은 이기적이거나 이해할 수 없는 방식으로 행동한다. 성경이 분명히 말하는 것처럼, 리더는 또한 하나님께 크게 실망할 수도 있다(예를 들어 시 13편을 보라).

실패. 또 다른 경우에 우리 얼굴을 때리는 것은 바로 자기 삶일 때도 있다. 우리는 두 번째 닭 울음소리를 들은 베드로처럼(막 14:66~72) 우리 자신이 얼마나 연약하고, 어리석고, 건방지고, 일구이언하고, 무기력한지에 대해 희미하게나마 깨닫고 멍하니 서 있게 된다. 우리는 도망하여 숨거나 혹은 누군가 우리가 저지른 이 추락을 막을 수 있는 다른 사람을 찾았으면 좋겠다고 바라지만, 우리가 스스로 구덩이를 팠다는 사실을 피할 수는 없다. 우리는 자기 자신에게서 더 많은 것을 기대했다. 혹은 그랬어야 했다. 그리고 이렇게 생각한다. '나는 리더가 되어야 했는데, 이건 영락없는 당나귀가 아닌가'라고.

무익함. 그밖에 크리스천 리더에게는 마치 자신이 다른 사람들에게 노새에 지나지 않다는 느낌을 받는 때가 있다. 우리는 이런 생각을 한다. '나는 정말 많은 일을 했어. 무거운 짐을 나르기도 했지. 내가 늑대와 파리에게 공격을 받는데도 사람들은 그걸 당연한 일로 받아들이지. 사람들은 최신 **경주마**가 모습을 드러내면 흥분하지만 그 등장이 누구의 등에서 이루어지는지는 망각하고 말지. 누군가에게 내가 가는 길에 가끔씩이라도 가벼운 호산나와 함께 종려나무 가지를 던져 달라고 요청하는 것은 주제넘은 일일까? 내가 정말 가치 있는 존재라는 것을 알아줬더라면 1km 정도는 얼마든지 더 갈 수 있었는데.'

외로움. 리더에게는 끔찍하게 외로운 시간이 있다. 진실을 말하자면, 고독이라는 이 고통스러운 감정은 리더의 삶에서 그렇게 낯설지 않은 주제이다. 에디 깁스는 『리더십 넥스트』(*LeadershipNext*)에서 이렇게 말한다.

> 외로움 가운데는 리더로의 부르심에서 비롯된 외로움도 있다. 그것은 동시대 사람들이 보지 못하는 것을 보는, 그리고 주위 사람들에게 의심의 여지없이 받아들여지고 있는 신념들에 공공연히 반대를 외치는 사상의 주인공인, 비전을 품은 사람의 외로움이다. 그것은 다른 사람의 삶에 영향을 끼치는 결정을 내려야만 한다는 외로움이다. 그리고 그 외로움은 불순종이나 뒤로 물러서는 나약한 믿음을 들추어내는 말씀, 곧 하나님께로부터 온 그 말씀을 전하는 부담을 진 설교자의 것이다. 또한 그 외로움은 리더들이 자신을 따르는 이들뿐만 아니라 자신의 가장 가까운 친구에게 버림 받았음을 아는 데서 오는 외로움이다.[1]

예수님은 가장 낮은 자리인 겟세마네 동산에서 이것을 체험하셨다 (막 14:32~42). 그리고 바울은 이 감정을 이렇게 잘 표현하였다. "아시아에 있는 모든 사람이 나를 버린 이 일을 네가 아나니"(딤후 1:15). 리더는 군중 속에 있을 때조차도 외로움을 심하게 느낄 수 있다.

낙심의 표시

리더가 "나는 마치 이 기업(혹은 이 그룹 사람들) 때문에 마음을 잃어버린 것 같은 느낌이다. 나의 확신과 에너지는 평소와 다르고, 내가 원했던 것에도 미치지 못한다. 나는 지금 일어나고 있는 일들에 관해 이야기할 누군가가 필요하고, 그렇게 되면 이 구멍에서 벗어나 다시 처음 가던 길로 돌아갈 수 있을 것 같다는 생각이 든다"라고 말한다면, 그것은 단지 낙심이라는 진흙덩이의 무게가 지나치게 무거워졌기 때문인 경우가 대부분일 것이다. 그러나 현실은, 많은 리더가 자신의 슬픔을 그렇게 분명하게 이야기하지 않는다는 것이다. 앞의 우화에 나온 당나귀처럼, 그들은 다른 방법들을 생각해보기 전에 우선 구슬프게 비명을 지르고 본다.

분노 때로는 낙심이 분노로 드러나기도 한다. 실망과 좌절 그리고 다른 감정들이 한계점에 도달할 때까지 쌓이는 것이다. 어떤 리더는 구약에 나오는 사울 왕처럼 병적으로 화를 잘 낸다. 그래서 자기를 파괴하는 방식으로 동료들이나 군중들을 향하여 자신의 분노를 표출한다(삼상 18:1~11). 결국 이 해소되지 못한 분노는 자기 자신과 리더 직분을 산 채로 삼켜버린다.

우울증 종종 낙심한 리더의 고통스러운 감정들은 밖으로 표현되는 대신 안으로 숨어든다. 성경에 나오는 요나에게 그러셨던 것처럼, 하나님은 리더들에게 이 문제와 정면으로 부딪치라고 명하신다. 그러나 선지자는 이 '니느웨'로부터 벗어나 더 힘든 일이나 음식 혹은 약물 남용이나 부적절한 관계와 같은 '다시스'로 도망한다. 그렇지만 리더가 삼킨 고통과 격정과 상실은 모두 결국 억압이라는 고래가 되어 짓눌린 리더를 집어삼킨다(욘 2장). 아치발트 하트(Archibald Hart)는 『우울증 이렇게 치유할 수 있다』(Dark Clouds, Silver Lining)라는 책에서 우울증의 증세로 에너지, 동기, 기쁨이 사라지고 불면증이 나타난다고 말한다. 리더가 비

탄의 검은 구덩이로 빠져들수록 삶의 더 많은 부분이 의미를 상실하게 된다.2)

사임 그리고 그 자리를 벗어나는 것으로 그 진흙덩이를 상대하는 사람들도 있다. 엘리야는 자신이 최선을 다해 노력했음에도 불구하고 이세벨 여왕의 타락과 바알 숭배를 이겨내지 못하자 자기 직분에서 물러나려 했다. 그래서 "주님 이제는 더 바랄 것이 없습니다"라고 말했다(왕상 19:1~10을 보라). 해마다 수많은 크리스천 리더가 그와 똑같은 말을 한다. 낙심의 진흙덩이에 짓눌린 그들은 자신에게 주어진 리더의 권한을 내려놓는다. 필자인 우리(그레그와 댄) 역시 그 우물 바닥에 내려간 적이 있으며, 이 과에서 논의된 문제들을 상당 부분 경험했다. 어쩌면 지금 바로 당신이 그곳에 있거나 혹은 그곳에 내려간 누군가를 알고 있을 것이다. 그리고 어쩌면 당신은 앞으로 언젠가 그 구덩이에 빠져 있는 자신을 발견하게 될 것이다. 당신과 같은 동료가 엄청나게 많다는 것을 아는 것은 도움이 될 수도 있지만, 그보다 그 구덩이에서 벗어난 놀라운 사람들처럼 되는 방법을 아는 것이 더 유익할 것이다.

구덩이에서 벗어나기

낙심을 가리키는 영어 단어 'discouragement'의 어근은 '마음'을 의미하는 라틴어 'cor'이다. 달라스 윌라드가 『마음의 혁신』에서 상기시켜 주듯이 성경은 마음(heart), 뜻(will) 혹은 정신(spirit)을 서로 구별하지 않고 혼용하고 있다. 왜냐하면 그것은 사람의 가슴에 자리 잡고 고동치는 근

"현실은 우리의 삶과 하나님의 계획을 파선시키는 것처럼 보이지만, 하나님은 그 폐허 가운데 무기력하게 앉아계신 분이 아니다. 우리의 부서진 삶은 실패하거나 쓸모없는 것이 아니다. 하나님의 사랑은 여전히 역사하고 계신다. 그분은 우리에게 찾아오셔서 그 재앙을 취하여 승리의 도구로 사용하심으로써 자신의 놀라운 사랑의 계획을 실행하신다."
– 에릭 리델(Eric Liddell), *Disciplines of the Christian Life* 중에서

육 덩어리가 아니라 자아의 "중심 집행기관"을 서술하기 때문이다. 당신의 '마음'은 당신 존재의 방향을 설정하고, 동기를 부여하고, 역동적으로 움직이게 하는 핵심이다. 이런 이유로 하나님의 말씀은 "무릇 지킬 만한 것 중에 더욱 네 마음을 지키라 생명의 근원이 이에서 남이니라"(잠 4:23)라고 말씀한다.

낙심은 문자적으로 '마음을 상실하다'라는 의미다. 그것은 그 마음에 있는 의지력, 목표를 향하여 힘차게 나아가게 하거나 창조적으로 행동할 수 있게 하는 추진력 있는 정신에서 분리되는 것이다. 낙심한 사람은 영적으로 '지쳐' 더 이상 '선을 행하는'(갈 6:9) 능력을 감지하지 못하는 지경에 이른다. 마음(용기)을 회복하는 것이 그리 만만치 않은 이유는 능동적인 실천을 필요로 하기 때문이며, 낙심이 들 때 바로 이 능동적으로 행동하게 하는 의지나 정신이 손상을 입기 때문이다. 그렇지만, 자신의 마음 전체를 빼앗기는 경우는 거의 없다. 우리 가운데 가장 낙심한 리더라도 박동하는 심장이 있으며(비록 느리고 미약하지만), 하나님의 은혜가 함께할 때 그 심장은 다시 고동칠 수 있다.

당신이나 당신의 리더십 아래에 있는 이가 그 깊고 어두운 장소에 가본 적이 있다면, 여기 시도해볼 가치가 있는 몇 가지 구체적인 단계들이 있다.

담대하게 도움을 요청하라. 회복으로 나가는 첫 번째 단계는 '우리가 어디에 있는가' 하는 현실 인식과 우리가 무력함을 느끼고 있다는 사실을 인정하는 것이다. 때때로 낙심이라는 오물은 우리 위에 너무도 두껍게 쌓여 있기 때문에 우리 힘만으로는 그 무게를 이겨내기가 사실 불가능하다. 우리에게는 그 구덩이에서 벗어나도록 도와주시는 하나님, 가까운 친구, 목회자, 상담가 혹은 심각한 우울증이나 불안이 나타나는 경우에는 의학 전문가가 필요하다. 얼마나 많은 사람들이 단지 도와달라고 소리지를 겸손이 부족해서 자기가 있는 곳에 그대로 처박혀 있는지 모른다.

살아있는 공동체와 관계를 맺어라. 엘리야는 자기 인생의 가장 낮은 곳에 있을 때 이렇게 말했다. "내가 만군의 하나님 여호와께 열심이 유별하오니 이는 이스라엘 자손이 주의 언약을 버리고 주의 단을 헐며 칼로 주의 선지자들을 죽였음이오며 오직 나만 남았거늘 그들이 내 생명을 찾아 빼앗으려 하나이다"(왕상 19:10). 이러한 엘리야에게 주신 하나님의 대답은 무척이나 교훈적이다. 그분은 이 외로운 리더를 위하여 공동체의 틀을 회복시켜주셨다. 먼저, 하나님은 엘리야에게 친히 나타나셔서 실은 그가 혼자가 아니라는 사실을 일깨워주셨다. 이어서 그분은 또 다른 칠천 명이 하나님의 뜻에 헌신하고 있음을 알게 하셨다. 그리고 마지막으로, 하나님은 엘리야에게 후계자를 발굴하라고 명하셨다.

엘리야의 이야기는 모든 리더에게 적용되는 한 가지 중요한 교훈을 갖고 있다. 당신이 하나님과의 관계, 그리고 멘토와 동반자 관계, 그리고 격려자가 되어 주는 친밀한 동료 집단과의 관계, 또한 당신이 양육하고 있는 몇 명의 후계자와 생명력 있는 관계를 유지할 때 낙심이라는 우물에 빠지기는 더 어려워지고 거기서 다시 벗어나기는 더 쉬워진다. 반대로, 공동체와의 연대 없이 리더 혼자 성실하게 남아 있기란 불가능하다. 낙심은 소외를 먹고 자란다. 예수님은 광야에 홀로 계실 때 가장 커다란 유혹과 부딪히셨다. 그래서 그분은 제자들을 보낼 때 반드시 둘씩 짝지어 함께 보내셨다. 또한 그분이 교회를 근본적으로 성경 안에 널리 제시된 "서로"[3]를 실천하는 일에 전념하게끔 만드신 것도 부분적으로 이런 이유에서다.

그러므로 당신은 매일의 삶 속에서 누구와 가까이 지내는가? 당신의 리더십 팀에 속한 사람들은 누구인가? 당신은 영적 유산을 물려주는 일에 당신의 뒤를 이을 사람들의 이름을 댈 수 있는가? 당신이 어떤 대답을 하느냐에 따라 당신과 다른 사람들이 낙심을 다루는 방식이 근본적으로 달라지게 된다.

위대하고 원숙한 리더가 되기로 결단하라. 내가(댄) 20대였을 때 한 원숙한 리더에게 이런 고민을 털어놓은 적이 있다. 내가 본 다른 리더들이 만들어내는 성공과 효율을 볼 때 나 자신이 얼마나 크게 낙심이 되는지에 관해서였다. 그 원로는 이렇게 대답했다. "자네는 잘못된 야망을 갖고 있네. 지금 자네의 임무는 치열하게 배우는 사람이 되어야 하는데, 벌써부터 완벽한 일꾼이 되기를 원하고 있네. 자네가 성숙해지기 위해서는 수많은 실수를 하고 그것들에서 배워야 할 필요가 있다는 것을 받아들이게. 그리고 언젠가 위대하고 원숙한 리더가 되겠다고 결심하게. 지금은 그저 '그 길'을 꾸준히 가게나. 그러면 언젠가 하나님께서 그 정신을 가지고 행하신 것에 놀라게 될 걸세." 예수님은 이것을 자기 제자들에게 이런 식으로 말씀하셨다. "나는 마음이 온유하고 겸손하니 나의 멍에를 메고 내게 배우라 그리하면 너희 마음이 쉼을 얻으리니 이는 내 멍에는 쉽고 내 짐은 가벼움이라"(마 11:29~30).

당신이 스스로, 예수님이 당신에게 부과하시려는 것보다 더 '무거운' 기준을 부과하는 것이 가능하겠는가? 당신은 진정으로 위대한 리더로 성장하기 위해 필요한 시간을 기꺼이 인내하겠는가? 수많은 이들에게 성숙한 멘토인 아치발트 하트는, 자기 자신을 받아들이는 마음을 키워나가는 것은 크리스천 리더의 마음 건강에 절대적으로 긴요한 것이라고 말한다. 에이미 카마이클은 이렇게 고백한다.

나는 가끔씩 정복자보다 더 뛰어났던 사람들의 이야기를 읽을 때면 기가 죽는 것을 느낀다. 그리고 나 같으면 절대 그런 사람이 될 수 없을 것이라는 느낌이 들곤 했다. 그러나 곧 바로 그들이 한 걸음씩, 작은 의지들이 모여서, 자아를 부인한 한 순간들이 모여서, 작은 내적인 승리들을 통해서, 아주 작은 일에 충성함으로 승리를 쟁취해나갔다는 것을 깨닫게 된다. 그들은 (태어날 때부터 그런 승리자가 아니라) 승리자가 되어진 것이다. 아무도 이 작고 가려진 발걸음들을 보지 않는다. 사람들은 그저 그들의 업적만 보지만, 설령 그렇다 하더라도 그 작은 걸음들이 없었던 것은 아니다. 세상에는 갑작스러운 승리도, 갑작스러운 성숙함도 존재하지 않는다. 그것은 시간이 만들어낸 업적이다.4)

당나귀조차도 그 작은 발걸음의 중요성을 깨달았다.

수를 셀 때는 신중하라. 우리는 리더로서 어떤 것을 정당하게 계수한다. 목회자들은 출석, 건물, 헌금의 숫자를 세려는 경향이 있다. 그리고 다른 리더는 들어오는 금액과 지출되는 금액, 미래의 예측치와 성장 흐름 등의 숫자를 세려고 한다. 이런 숫자들에 주의를 기울이는 것은 크리스천 리더가 반드시 수행해야 할 선한 청지기 직분의 일부임이 분명하다. 성경은 규빗, 세겔, 양떼의 숫자를 헤아리는 데 많은 지면을 할애한다. 그러나 성경을 면밀히 연구해보면 하나님께서 그분의 것인 HIS, 곧 '변화된 마음'(hearts changed), '그분과 갖게 된 친밀함'(intimacy gained with him), '드려진 예배'(services given)를 얼마나 귀하게 여기시는지를 분명히 알 수 있다. 리더의 사역의 결과를 이렇게 숫자로 매기는 것은 매우 힘든 일이다.

앞에서 리더가 헤아린 숫자들은 이러한 결과를 가리킬 수도 있지만, 숫자에 기만당할 가능성도 똑같이 존재한다. 하나님 나라 건설에는 별 관심을 두지 않거나 아마 미처 의식하지 못하는 가운데 그것과 반대되는 일에 열심을 내는 제자들(과 헌금)을 많이 거느리고 있는 리더도 많다. 이것을 생각하라. 그리스도께서 리더로서 행하시는 사역 가운데서 가장 결정적이고 궁극적인 영향력을 끼친 순간에, 그분을 따르는 제자의 수가 줄어들고 그분의 몸된 성전은 무너지고 그분의 물질적 자원들은 사라져버렸다는 것을.

당신의 마음이 낙심이라는 오물에 지나치게 으스러지기 전에, 실망이나 좌절 혹은 실패가 너무 무겁고 자신의 무력감과 외로움이 주는 무게가 당신이 감당할 수 없을 만큼 짓누를 때, 십자가를 기억하라. 오

'하늘과 땅'에서 가장 중요한 것은, 한 방향으로의 오랜 순종이 있어야 하며 그 결과로 인생을 살 만한 가치가 있게 만드는 무언가가 존재하며 또한 존재해 왔다는 것이다.
— 프리드리히 니체, 『선악의 저편 · 도덕의 계보』 중에서

직 하나님만이 천국의 계산기를 손에 들고 계시다는 사실을 기억하라. 어떤 경구에서 말하는 것처럼 "중요한 모든 것이 셀 수 있는 것은 아니며, 셀 수 있는 모든 것이 중요한 것은 아니다." 우리가 세는 것들은 여러 가지를 알려주는 지표이지만, 하나님은 영원한 하나님의(HIS) 영원한 잣대에서 그것만이 전부가 아님을 알라고 역설하신다.

신실함을 가장 높은 목표로 삼으라. 팀 한셀은 『하나님이 기뻐하시는 열정 성공 리더십』에서 농업과 성경언어 두 분야의 학위를 딴 대단한 능력과, 자신이 원하는 것을 거의 대부분 할 수 있는 잠재력을 가진 사람인 클레어런스 조던(Clarence Jordan)에 관한 이야기를 들려준다. 클레어런스 조던은 가난한 사람들을 섬기기로 결심했다. 그는 1940년대에 조지아 주 아메리쿠스에 농장을 세웠는데, 그곳은 대공황의 여파에서 살아남으려고 몸부림치던 가난한 백인과 흑인들에게 희망의 안식처가 되었다.

당신이 상상할 수 있는 것처럼, 조던이 세운 코이노니아 농장과 같은 기관은 인종차별이 존재하던 1940년대 최남부 지역에서는 그리 큰 인기를 얻지 못했다. 14년의 세월이 흐르는 동안 그의 이웃사람들은 자신들이 조던의 비전을 얼마나 좋아하는지를 보여주려고 그를 배척하고 농장 주민들의 타이어에 구멍을 내고, 더 모진 협박도 했다. 결국 1954년 KKK단은 더 이상 클레어런스 조던을 봐줄 수 없다고 결정하고 그를 영원히 제거하기로 결의했다. 그들은 한밤중에 하얀 두건을 쓰고 그의 농장에 찾아와 모든 건물에 불을 지르고, 조던의 집에 총알을 난사하여 조던 한 사람을 제외하고 모두 내쫓았다.

다음 날, 신문 기자가 코이노니아 농장에 무엇이 남아있는지 보려고 찾아왔다. 시커멓게 그을리고 불에 탄 잔해 사이를 걷던 그는 밭에서 괭이질을 하며 씨를 뿌리고 있는 조던을 발견했다. "나는 끔찍한 소식을 듣고 당신의 농장이 문을 닫았다는 비극적인 이야기를 기사화하려고 왔습니다." 기자의 목소리를 듣고 그가 전날 밤 그 장소에 있던 복면을 한 사람들 가운데 한 사람인 것을 알게 된 클레어런스는 아무 말없이 괭이질과 씨 뿌리는 일을 계속했다. 짐을 싸서 그곳을 이미 떠났어야 하는 이 사람을 말싸움으로 이기기로 결심한 이 KKK단원은 불쑥 이런 말을 던졌다. "저, 조던 박사님, 당신은 박사 학위를 두 개나 가지고 있고, 이 농장에 온 지 14년이 지났지만, 이제 이곳엔 아무것도 남지 않았습니다. 박사님 당신이 결국에 가서 어떤 성공을 거둘 거라고 생각하시는지 말해주시겠습니까?" 이윽고 클레어런스는 괭이질을 멈추고, 등을 쭉 펴고는 기자를 향해 돌아서서 얼음이라도 충분히 녹일 수 있는 열정적인 눈빛으로 조용하면서도 단호하게 말했다. "기자 양반, 나는 우리가 십자가만큼이나 성공했다고 생각합니다. 당신도 알겠지만, 나는 당신이 우리를 진정으로 이해한다고 생각하지 않습니다. 우리가 이곳에 있는 것은 성공 때문이 아닙니다. 충성 때문입니다." 그리고 클레어런스는 다시 자기 일을 묵묵히 해나가기 시작했다.5)

그 신실함의 열매인 HIS를 살펴보는 것도 의미 있는 일이다. 지미 카터와 같은 리더들은 그것으로 자신의 비전에 불을 지폈다. '사랑의 집짓기 운동'(Habitat for Humanity)과 같은 기관은 그것으로 자신의 사명에 촉매를 삼았다. 셀 수 없이 많은 개인과 가정이 이 일을 통해 자신의 삶이 변화되는 것을 보았다. 그리고 이 모든 일은, 현재의 결과가 전에 바라던 것이 아닐 때에도 '선을 행하기'를 포기하지 않은 크리스천 리더의 마음에서 흘러나왔다.

리빙 바이블(Living Bible)은 갈라디아서 6장 9절을 이렇게 번역한다. "옳은 일을 하다가 피곤해 지치지 맙시다. 왜냐하면 우리가 낙심하거나 포기하지 않으면 얼마 있지 않아 축복의 열매를 거둘 것이기 때문

"우리가 처음으로 슬픔을 겪을 때, 즉 고통을 받은 후 다시 낫는 것이 무엇인지, 절망했다가 다시 소망을 회복하는 것이 무엇인지 미처 알지 못할 때 느끼는 큰 슬픔만큼 절대적인 절망은 없다."
– 조지 엘리엇, 『아담 비드』 중에서

입니다." 크리스천 리더는 기계 일꾼이 아니라 천국의 농부이다. 그들은 성실함이 많은 열매를 거두게 하며 실천이 생산을 낳는다는 것을 알지만, 또한 하나님 한 분만이 추수의 때와 자연과 규모를 결정하는 주인이신 것을 안다. 이런 이유로 신실한 리더는 당장의 '편의'보다는 장기적인 '순종'을 생활 습관으로 실천한다. 그들은 자신을 향하는 삽질로 던져지는 진흙 덩어리를 계속 털어내며 자기 발밑을 다시 가다듬어 성실하게 다시 한 걸음씩 위를 향해 내딛는다. 그리고 그렇게 일어선 이들 가운데 속하게 된다.

승리의 나라를 선택한 이들을 기억하라. 이것은, 원래는 저수조, 곧 우물이었던 곳을 개조한 로마의 마메르티네 감옥 안의 어둡고 축축한 독방 안에서 디모데에게 보내는 마지막 편지를 쓰고 있는 바울에게서 만날 수 있는 정신이다. 바로 그 장소에서 바울은 자기가 있는 곳 바로 위에 위치한, 햇빛이 환히 비치는 로마 광장에서 들려오는 웃음소리와 장사꾼들의 소리를 또렷하게 들을 수 있었을 것이다. 그 소리는, 그가 포기했고 또한 얼마 안 있어 네로 황제가 그에게 참수형을 명할 때, 그리고 베드로가 십자가에 못 박히고 두 사람 모두 묻혀 완전하게 그들을 버릴 세상 나라의 메아리였다.

우리는 디모데후서 4장 9~16절에서 죽음의 무게감이 바울을 짓누르고 있다는 것을 알 수 있다. 그러나 바로 뒤이어 우리는 분명 연약하긴 하지만 포기하기를 거부하고 계속 고동치는 심장 박동소리를 듣는다. 우리는 또한 오랜 시간 동안 리더로서 받은 시련으로 단단해진 그의 어깨가 일순간 오싹해지는 것을 느낀다. 그리고 다시 한 번 바울이 성실하게 자기 등 뒤에 눌러붙은 낙심이라는 진흙 덩어리를 털어버리고, 발밑을 가다듬고, 한 걸음 위로 올라가는 것을 지켜본다. 바울은 그동안 걸어온 길고 긴 여정을 돌이켜보면서 자신이 좇은 리더인 그분께 마지막 영광을 돌린다. "주께서 내 곁에 서서 나에게 힘을 주심은 나로 말미암아 선포된 말씀이 온전히 전파되어 모든 이방인이 듣게 하려 하심이니 내가 사자의 입에서 건짐을 받았느니라 주께서 나를 모든 악한 일에서 건져내시고 또 그의 천국에 들어가도록 구원하시리니 그에게 영광이 세세무궁토록 있을지어다 아멘"(딤후 4:17~18).

오늘날 마메르티네 우물은 비어 있어서 예루살렘 외곽에 있는 어느 공원묘지와 약간 비슷하다. 로마 광장은 폐허 가운데 누웠고, 사람들은 자기가 기르는 강아지에게 한때는 그곳을 다스리던 황제의 이름을 붙여준다. 그러나 거의 수백만 명에 달하는 인파가 바울과 베드로의 이름을 따라 붙여진 영광스러운 성당 안으로 밀려들고 있으며, 자기 자녀에게도 그 이름을 붙여주고 있다. 그리고 전 세계적으로 수백만 이상의 사람들, 곧 주님께 기꺼이 자기 삶을 바친 제자들이 그분을 예배하고 섬기기 위해 겸손히 무릎 꿇는다. 그것은 그분이 먼저 그들을 위해 자기 목숨을 버리셨기 때문이다. 대학과 대학원, 병원과 고아원, 대규모 도서관과 인도주의 기관들, 모든 사법체제와 경제 제도, 헤아릴 수 없이 많은 사람들의 이야기, 이 모든 것이 아무리 많은 진흙이나 죽음으로도 최종적으로 파묻을 수 없는 주님과 그 나라의 빛나는 증인이 되고 있다.

그러므로 누가 더 큰 '당나귀'인가? 네로 같은 사람인가 아니면 바울 같은 사람인가? 예수님은 리더의 길에 시련이 따르지 않는다고 말하신 적이 한 번도 없다. 오히려 그 반대다(요 16:33을 보라). 그러나 그분은 우리와 항상 함께하시겠다고 약속하셨다(마 28:20). 그리고 우리가 사명을 감당하는 데 필요한 능력을 주시겠다고 약속하셨다(행 1:8). 그분은 우리가 그분의 나라 안에서 행하는 모든 투자는 반드시 영원히 지속되며 상급이 주어질 것임을 보증하셨다(마 19:29, 요 15:16). 그리고 예수님은 우리가 그분에 대한 믿음을 한 번에 한 걸음씩 굳게 지키면, 우리를 깊음 가운데 매장시킬 수 있는 것은 아무것도 없을 것이라고 확증하셨다. 우리는 죽음에서 일어선 이들 가운데 속하게 될 것이다(요 11:25).

이러므로 우리에게 구름 같이 둘러싼 허다한 증인들이 있으니 모든 무거운 것과 얽매이기 쉬운 죄를 벗어 버리고 인내로써 우리 앞에 당한 경주를 하며 믿음의 주요 또 온전하게 하시는 이인 예수를 바라보자 그는 그 앞에 있는 기쁨을 위하여 십자가를 참으사 부끄러움을 개의치 아니하시더니 하나님 보좌 우편에 앉으셨느니라(히 12:1~2).

이것이 바로 예수님이 자신의 이끄는 제자들을 향해 명하시는 고귀하고도 겸손한 부르심이다. 그리고 이 부르심은 그리스도께서 친히 여러분에게 명하신 것이다.

리더십 트레이닝

일어나 밖으로 나가 자기 길을 가라

1. 당신이 경험해본 낙심 중에 특히 힘들거나 어려운 것은 무엇인가?

　　_____ 실망("내가 기대했던 일이 일어나지 않았어")
　　_____ 좌절("하나님 혹은 다른 사람들이 나를 실망시켰어")
　　_____ 실패("좋은 기회를 날려버렸어")
　　_____ 무가치함("난 아무 쓸모가 없어")
　　_____ 외로움("난 외로워")

왜 그런 것을 느꼈는가?

_____
_____
_____

2. 다음에 나오는 낙심의 증거들 가운데 누군가 당신에게 충분히 가까이 접근하면 볼 수 있을 만한 것은 무엇인가?

　　_____ 분노　　_____ 의기소침　　_____ 사임

그것은 어떻게 모습을 드러내는가?

_____
_____
_____

3. 낙심이라는 구덩이에서 벗어나는 여러 단계들 가운데,
   • 만일 당신이 소리 질러 도움을 청한다면 당신을 도와줄 것으로 보이는 몇 사람의 이름을 적으라.
   _____
   _____
   _____

   • 당신이 정기적으로 참여하고 있는 공동체에 속한 특정 사람들의 이름을 작성해보라.
   멘토: _____
   동료: _____
   후계자: _____

4. 당신은 위대하고 원숙한 리더가 된다는 것으로 만족하라는 생각을 어떻게 받아들이는가?
   _____
   _____
   _____
   _____
   _____

5. 당신이 리더로서의 여정이 끝났을 때, 당신 안에 어떤 구체적인 모습들이 채워지기를 바라는가?
   _____
   _____
   _____
   _____
   _____

6. 당신은 자신이 리더 직분을 얼마나 효과적으로 수행하고 있는지 측정하기 위해 무엇을 세거나 식별하려고 애쓰는가?

_____
_____
_____
_____

7. 당신이 리더십을 계속 수행해 나갈 때 특히 성실히 수행해야 하는 씨 뿌리는 일이나 순종의 대상이 있다면 세 가지만 나열해 보라.

_____
_____
_____
_____

8. 당신은 그리스도의 나라와 그의 리더십 수행 방식이 반드시 승리한다는 진리의 말씀을 들을 때 어떤 위로를 받는가?

_____
_____
_____
_____

■ 더 깊이 나아가기

고든 맥도날드의 『영적인 열정을 회복하라』, 필립 얀시의 『하나님 당신께 실망했습니다』, 필립 얀시의 『내 영혼의 스승들 1, 2』를 읽어보라.
Farrar, Steve. *Finishing Strong: Going the Distance for Your Family*. Sisters, Ore.: Multnomah, 2000.

부록

주
심비에 새기는 말씀
과제물 점검표

주

서문

1) 로버트 그린리프의 『서번트 리더십 원전』(*Servant Leadership*, 참솔 역간). 1970년대 후반부터 섬기는 리더십은 목표설정을 통한 관리라는 이론들이 내세우는 고압적인 상명하복식 모델과 대립되는 모델로 자리 잡았다.

2) 그레그가 지은 『세상을 잃은 제자도 세상을 얻는 제자도』(*Transforming Discipleship*, 국제제자훈련원 역간)와 그 동반 교육 과정인 『영적 성장을 향한 첫걸음』(*Discipleship Essentials*, 국제제자훈련원 역간)은 제자를 만드는 재생산 과정을 설명하며, 제자들을 배가시키는 교육 과정을 담고 있다.

1과

1) Raymond McHenry, *The Best of In Other Words* (Houston: Raymond McHenry, 1996), p. 221.

2) Reynolds Price, "Jesus on Nazareth," Time, December 6, 1999 <www.time.com/time/magazine/aticle/0,9171,992745-1,00.html>.

3) Mark Link, S.J., *He Is the Still Point of the Turning World* (Chicago: Argus Communications, 1971), p. 111.

4) C. S. Lewis, *Letters to an American Lady* (Grand Rapids: Eerdmans, 1967), p. 19.

5) David Head, *He Sent Leanness: A Book of Prayers for the Natural Man* (New York: Macmillan, 1962).

6) Karl Barth, *The Word of God and the Word of Man* (Boston: Pilgrim Press, 1928), pp. 195~96.

2과

1) 존 오트버그, 『평범 이상의 삶』(사랑플러스, 2006).

2) 프리드리히 니체가 발견한 이 관점을 알기 쉽게 설명해준 유진 피터슨에게 감사한다. 피터슨의 *A Long Obedience in the Same Direction* (Downers Grove, Ill.: InterVarsity Press, 2000)을 보라.

3) 달라스 윌라드, 『마음의 혁신』(복있는사람, 2003).
4) 달라스 윌라드, 『하나님의 모략』(복있는사람, 2000).
5) 오트버그, 『평범 이상의 삶』.
6) 윌라드, 『하나님의 모략』.
7) Ruth Haley Barton, *Invitation to Solitude and Silence* (Downers Grove, Ill.: InterVarsity Press, 2004), p. 29.
8) 윌라드, 『하나님의 모략』.

3과
1) 고든 맥도날드, 『내면세계의 질서와 영적 성장』(IVP, 2003).
2) C. S. 루이스, 『순전한 기독교』(홍성사, 2001).
3) C. S. 루이스, 『영광의 무게』(홍성사, 2008).
4) 조나단 에드워즈, 『부흥론』(부흥과 개혁사, 2005).

4과
1) Sherman Roddy, "What It Means to Be a Pastor," *Leadership Journal* (Winter 1990).
2) Aubrey Malphurs, *Pouring New Wine into Old Wineskins* (Grand Rapids: Baker, 1993), p. 163.
3) Robert Raines, in *Creative Broodings* (New York: Macmillan, 1966).
4) C. S. 루이스, 『순전한 기독교』(홍성사, 2001).
5) 짐 콜린스, 『좋은 기업을 넘어 위대한 기업으로』(김영사, 2002).
6) 같은 책.
7) Harry Truman, David McCullough, *Truman* (New York: Simon & Schuster, 1992), p. 654에서 인용.
8) 콜린스, 『좋은 기업을 넘어 위대한 기업으로』.
9) 같은 책.

5과

1) Shirley Gurthrie, *Greek-English Lexicon*, quoted in George Cladis, *Leading the Team-Based Church* (San Frincisco: Jossey-Bass, 1999), p. 4.
2) 같은 책, p. 6.
3) Elton Trueblood, *The Incendiary Fellowship* (New York: Harper & Row, 1967), p. 41.
4) Gilbert Bilezikian, *Community 101* (Grand Rapids: Zondervan, 1997), p. 155.
5) 같은 책, p. 155.
6) 같은 책, p. 163.
7) Cladis, *Leading the Team-Based Church*, p. 12.
8) Paul R. Ford, *Knocking Over the Leadership Ladder* (St. Charles, Ill.: ChurchSmart Resources, 2006).
9) 같은 책, p. 14.

6과

1) 오스 기니스, 『소명』(IVP, 2000).

7과

1) C. S. 루이스, 『침묵의 행성 밖에서』(홍성사, 2009).
2) 프레드릭 뷰크너, 『통쾌한 희망사전』(복있는사람, 2005).
3) 그레그 옥던, 『영적 성장을 향한 첫걸음』(국제제자훈련원, 2009).
4) 달라스 윌라드, 미출판 원고(Oak Brook, Ill.: Oak Brook Conference on Ministry: Renovating the Heart, November, 2005).
5) Gerhard Kittel, "Mathetes," *Theological Dictionary of the New Testament*(Grand Rapids: Eerdmans, 1997), p. 441.
6) C. S. 루이스, 『나니아 연대기 1. 사자와 마녀와 옷장』(시공주니어, 2005).

8과

1) 달라스 윌라드, 『하나님의 모략』(복있는사람, 2007).

9과

1) http://en.wikiquote.org/wiki/Robert_F._Kennedy.
2) Rowland Forman (Statement made during the Center for Church-Based Training One-Day Seminar, Naperville, Ill., 2002).
3) Haddon Robinson, foreword to *Developing a Vision for Ministry in the 21st Century*, by Aubrey Malfurs (Grand Rapids: Baker Books, 1992).
4) 같은 책, pp. 239-41.

10과

1) 제임스 패커, 『하나님을 아는 지식』(IVP, 2008).
2) Glenn McDonald, "Imagining a New Church," *Christian Century*, September 8~15, 1999, p. 850.
3) C. S. 루이스, 『스크루테이프의 편지』(홍성사, 2000).
4) 필립 얀시, 『내 눈이 주의 영광을 보네』(좋은씨앗, 2004).
5) 존 파이퍼, 『장래의 은혜』(좋은씨앗, 2007).
6) 같은 책.

11과

1) 시어도어 루스벨트, "공화국에서의 시민정신" 소르본느 대학강연, 1910년 4월 23일. <www.theodoreroosevelt.org/life/quotes.htm>을 보라.

12과

1) Eddie Gibbs, *LeadershipNext* (Downers Grove, Ill.: InterVarsity Press, 2005), p. 185.
2) 아치발트 하트, 『우울증 이렇게 치유할 수 있다』(요단출판사, 2000).
3) 서로 사랑하라: 요 13:34~35, 롬 12:10, 13:8, 벧전 1:22, 4:8.
　서로를 위해 기도하라: 살후 1:11, 3:1, 약 5:16.
　서로 보살피고 위로하라: 고전 12:24~25, 살전 4:18.
　서로 격려하고 세워주라: 살전 5:11, 히 3:13, 약 4:11, 5:9.
　서로 용납하고 용서하라: 롬 14:13, 15:7, 엡 4:2, 32, 골 3:13.
　서로 짐을 지라: 갈 6:2.
　서로 권면하고 가르치라: 롬 15:14, 골 3:16.
　서로 사랑과 선행을 격려하라: 히 10:24.
　서로 교제하라: 행 2:42~46, 히 10:25, 요일 1:7.
　서로 복종하고 섬겨라: 갈 5:13, 엡 5:21, 벧전 5:5.
　서로 문안하고 대접하라: 고전 16:20, 고후 13:12, 벧전 4:9, 5:14.
　서로 하나가 되라: 롬 12:16, 고전 1:10, 벧전 3:8.
4) 팀 한셀, 『하나님이 기뻐하시는 열정 성공 리더십』(성경읽기사, 1999)에서 인용됨.
5) 같은 책.

심비에 새기는 말씀

부	과	제목	성구
1부 리더의 성품	1	거룩 : 그리스도를 닮은 성품 개발하기	베드로전서 1:14~19
	2	습관 : 리더십을 기르는 영적 훈련 계발하기	고린도전서 9:24~27
	3	겸손 : 자신의 영혼을 돌아보기	마태복음 7:1~5
2부 리더의 자세	4	무릎 꿇기 : 예수님처럼 섬기는 사랑으로 끌어안기	마가복음 10:42~45
	5	팀 세우기 : 공동의 사명을 성취하도록 팀 만들기	고린도전서 12:4~7
	6	청지기로 섬기기 : 은사, 열정, 개성 관리하기	마가복음 3:13~15
3부 리더의 비전	7	그리스도께 사로잡힘 : 그리스도를 뜨겁게 사랑하기	골로새서 1:15~20
	8	하나님 나라 끌어안기 : 사명 안에서 만나는 사람 포용하기	마가복음 1:14~15
	9	다른 사람이 보도록 돕기 : 사람들을 무기력과 타성에서 끌어내기	잠언 29:18
4부 리더의 단련	10	유혹 길들이기 : 돈, 섹스, 권력의 유혹 물리치기	베드로전서 5:1~4
	11	비난 이겨내기 : 겸손과 인내로 비난 다루기	시편 139:23~24
	12	낙심 극복하기 : 낙심, 좌절, 분노, 스트레스 대처하기	갈라디아서 6:9

과제물 점검표

이름 :

○ : 과제물을 빠짐없이 했을 때   △ : 일부만 했을 때   × : 전혀 하지 못했을 때

날짜	출석	예습	성경 읽기	성구 암송	Q.T.	예배 참석	기도	생활 숙제	교제	특별 과제

↑ 숫자로 기록   ↑ 숫자로 기록   ↑ 횟수로 기록

저자 　**그레그 옥던** Greg Ogden

그레그 옥던은 일리노이 주 오크 브룩 그리스도 교회의 제자훈련 담당 목사이다. 그는 23년간 미국 장로교회 목사로 사역했으며, 풀러 신학대학원에서 목회학 박사 프로그램의 학사 책임자이자 평신도 양육과 제자훈련 과목을 가르치는 조교수로 일한 바 있다. 저서로는 『영적 성장을 향한 첫걸음』 시리즈와 『세상을 잃은 제자도 세상을 얻은 제자도』, 『새로운 교회개혁 이야기』 등이 있다. gregogden.com

저자 　**대니얼 마이어** Daniel Meyer

대니얼 마이어는 일리노이 주 오크 브룩 그리스도 교회의 담임목사이다. 그의 설교는 매주 시카고 전역의 라디오와 텔레비전을 통해 시청할 수 있고, 월간지 "크리스채너티 투데이"의 오늘의 설교란에 자주 등장한다. 또한 텔레비전 프로그램 "라이프 포커스"Life Focus의 사회자이자 풀러 신학교의 다문화연구학교의 학장 자문위원, 시카고 신학대학원의 비상근 교원으로 섬기고 있다.

역자 　**김창동**

한국외국어대학교 화란어과를 졸업하고 전문번역가로 활동 중이다. 역서로는 『하늘에서 온 특별한 E-mail』, 『달란트 발견 완전 정복』 이상 국제제자훈련원, 『하나님의 인생 레슨』, 『16:23 리더와 리더십』 이상 디모데 외 다수가 있다.